Dagmar Giersberg / Arwen Schnack / Christiane Seuthe / Urs Luger
Lukas Mayrhofer / Isabel Buchwald-Wargenau / Daniela Niebisch

Vielfalt B1+

Deutsch als Fremdsprache

Kurs- und Arbeitsbuch
plus interaktive Version

Hueber Verlag

Wissenschaftliche Beratung:
PD Dr. habil. Marion Grein, Leitung Masterstudiengang DaF / DaZ,
Johannes Gutenberg-Universität Mainz, Deutschland

Beratung Kursbuchlektionen:
Rita Espenberger, Spanien
Luisa Friederici, Kolumbien
Anne Gampert, Deutschland
Anna Jeleń, Polen
Katarzyna Sowa, Polen
Helga Lucía Valdraf, Mexiko
Dr. Dörte Weers, Deutschland
Dr. Karin Willinger-Rypar, Österreich

Beratung Erklär-Clips zur Grammatik:
Dr. Tamara Zeyer, wissenschaftliche Mitarbeiterin am Zentrum für Medien
und Interaktivität der Justus-Liebig-Universität Gießen, Deutschland

Der Verlag weist ausdrücklich darauf hin, dass im Text enthaltene externe Links vom Verlag nur bis zum Zeitpunkt der Buchveröffentlichung eingesehen werden konnten. Auf spätere Veränderungen hat der Verlag keinerlei Einfluss. Eine Haftung des Verlags ist daher ausgeschlossen.

Das Werk und seine Teile sind urheberrechtlich geschützt. Jede Verwertung in anderen als den gesetzlich zugelassenen Fällen bedarf deshalb der vorherigen schriftlichen Einwilligung des Verlags.

Eingetragene Warenzeichen oder Marken sind Eigentum des jeweiligen Zeichen- bzw. Markeninhabers, auch dann, wenn diese nicht gekennzeichnet sind. Es ist jedoch zu beachten, dass weder das Vorhandensein noch das Fehlen derartiger Kennzeichnungen die Rechtslage hinsichtlich dieser gewerblichen Schutzrechte berührt.

3.	2.	1.		Die letzten Ziffern
2027	26	25	24 23	bezeichnen Zahl und Jahr des Druckes.

Alle Drucke dieser Auflage können, da unverändert,
nebeneinander benutzt werden.
1. Auflage
© 2023 Hueber Verlag GmbH & Co. KG, München, Deutschland
Umschlaggestaltung: Sieveking · Agentur für Kommunikation, München
Layout und Satz: Sieveking · Agentur für Kommunikation, München
Verlagsredaktion: Sara Vicente, Andrea Prammer, Silke Hilpert, Oksana Fischer,
Sabine Hyna, Hueber Verlag, München; Manuela Georgiakaki, Hueber Hellas, Athen
Druck und Bindung: Passavia Druckservice GmbH & Co. KG, Passau
Printed in Germany
ISBN 978-3-19-001036-3

WEGWEISER

Vielfalt

- trainiert die kommunikativ-sprachlichen Aktivitäten des erweiterten Gemeinsamen Europäischen Referenzrahmens (Rezeption, Produktion, Interaktion, Mediation) und fördert plurilinguale und plurikulturelle Kompetenzen.
- ist ein motivierendes Lehrwerk: **Vielfalt** weckt mit spannenden Protagonistinnen und Protagonisten, Themen und Geschichten die Neugier der Lernenden, macht Lernziele transparent und schafft viele Erfolgserlebnisse.
- ist handlungsorientiert und bereitet auf Alltag, Studium und Beruf vor.
- fördert das gemeinsame Lernen im Kurs durch kooperative Aufgaben.
- ermöglicht individuelles Lernen durch vielfältige Angebote für heterogene Gruppen und durch ein umfassendes Angebot an Filmen, Erklär-Clips und interaktiven Übungen.
- enthält eine interaktive Version und bietet eine geschickte Verzahnung von print und digital.

Kursbuch – Struktur

Pro Teilband 4 Module mit jeweils einem Moduleinstieg, 3 Lektionen, einer Doppelseite Extra Beruf und einem Modulausstieg

Modul – Aufbau

Moduleinstieg

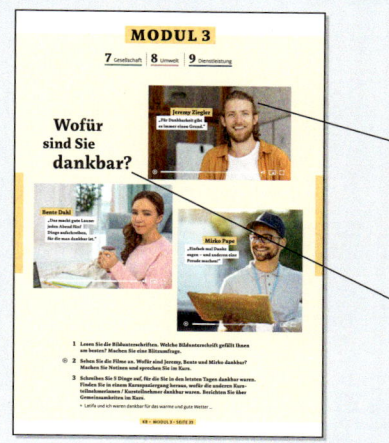

Emotionaler Moduleinstieg: Unterschiedlichste Protagonistinnen und Protagonisten, die in den darauffolgenden Lektionen auftreten, ermöglichen einen persönlichen Einstieg in die aktuellen, lebensnahen und vielfältigen Themen des Moduls.

Im Zentrum steht eine modulübergreifende Fragestellung, die in einem **Film** von den Protagonistinnen und Protagonisten beantwortet wird.

3 Lektionen à 4 Seiten (S. II – III)

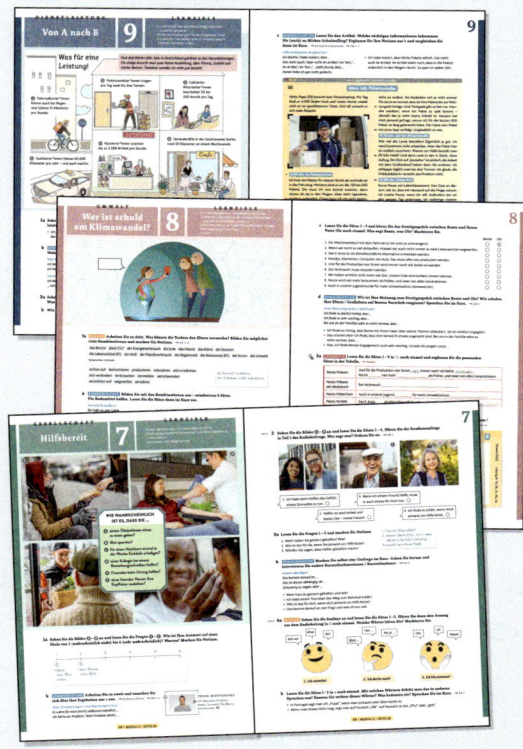

Extra Beruf

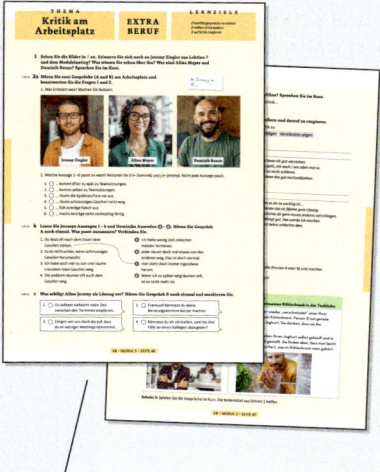

Im Mittelpunkt der **Extra-Beruf**-Seiten steht immer eine Protagonistin / ein Protagonist aus den vorherigen Lektionen. Ihre Geschichten bilden den Rahmen für **berufsübergreifende Szenarien**, **Textsorten** und **Sprachhandlungen**.

Modulausstieg

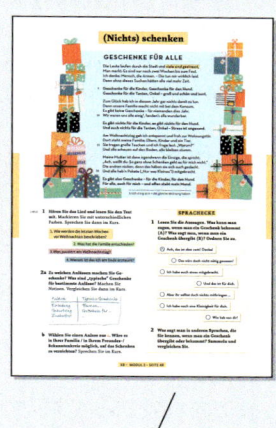

Vielstimmiger Modulausstieg: Sprachlich und interkulturell spannende Texte und Aufgaben zu einem facettenreichen Thema runden das Modul ab.

WEGWEISER

Lektion – Aufbau

Die **Lernziele** der Lektion werden **transparent** und **übersichtlich** dargestellt.

Zusätzliche **Methoden** fördern die Interaktion und Kooperation im Unterricht.

Ein großes Spektrum an **digitalen** und **analogen Textsorten**, die sprachliche Variation und Registerunterschiede berücksichtigen.

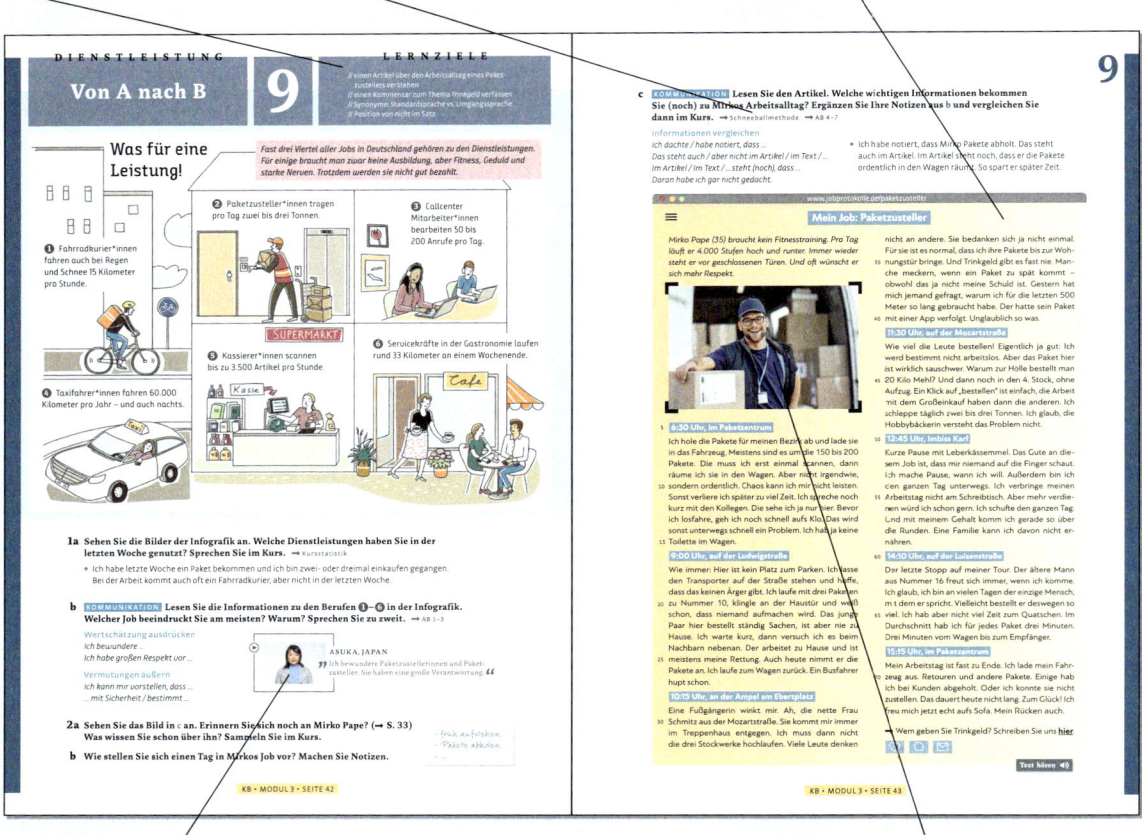

Pro Lektion gibt es einen **Film mit Beispielantworten** von Deutschlernenden aus aller Welt. Ihre Antworten dienen als Inspirationsquelle und stellen **erreichbare Sprachmodelle** dar.

Jede Lektion hat einen thematischen Schwerpunkt und **eine eigene Protagonistin / einen eigenen Protagonisten**. Unterschiedliche Lektionseinstiege ermöglichen einen vielfältigen und emotionalen Zugang zu den Themen des Moduls.

Piktogramme und Symbole

KB	Kursbuch
AB	Arbeitsbuch
1 ◀)) 01	Hörtext
▶	Film
👆	Erklär-Clip zur Grammatik oder interaktive Übung
⟷	Wortbildung
Text hören ◀))	Vertonter Lesetext

→ Konjunktiv II der Gegenwart	Verweis auf den Anhang **GRAMMATIK**
→ Kursspaziergang	Verweis auf den Anhang **METHODEN**
→ AB 4	Verweis auf Übung im Arbeitsbuch

WEGWEISER

Unter **WÖRTER** wird der Wortschatz entweder **thematisch** oder **systematisch** erarbeitet.

In jeder Lektion gibt es einen animierten **Erklär-Clip zur Grammatik**, der sowohl im Präsenz- als auch im Online-Unterricht optimal eingesetzt werden kann.

Unter **GRAMMATIK** wird der Grammatik-Lernstoff der Lektion **im Kontext** eines Lese- oder Hörtextes eingeführt und **induktiv** erarbeitet.

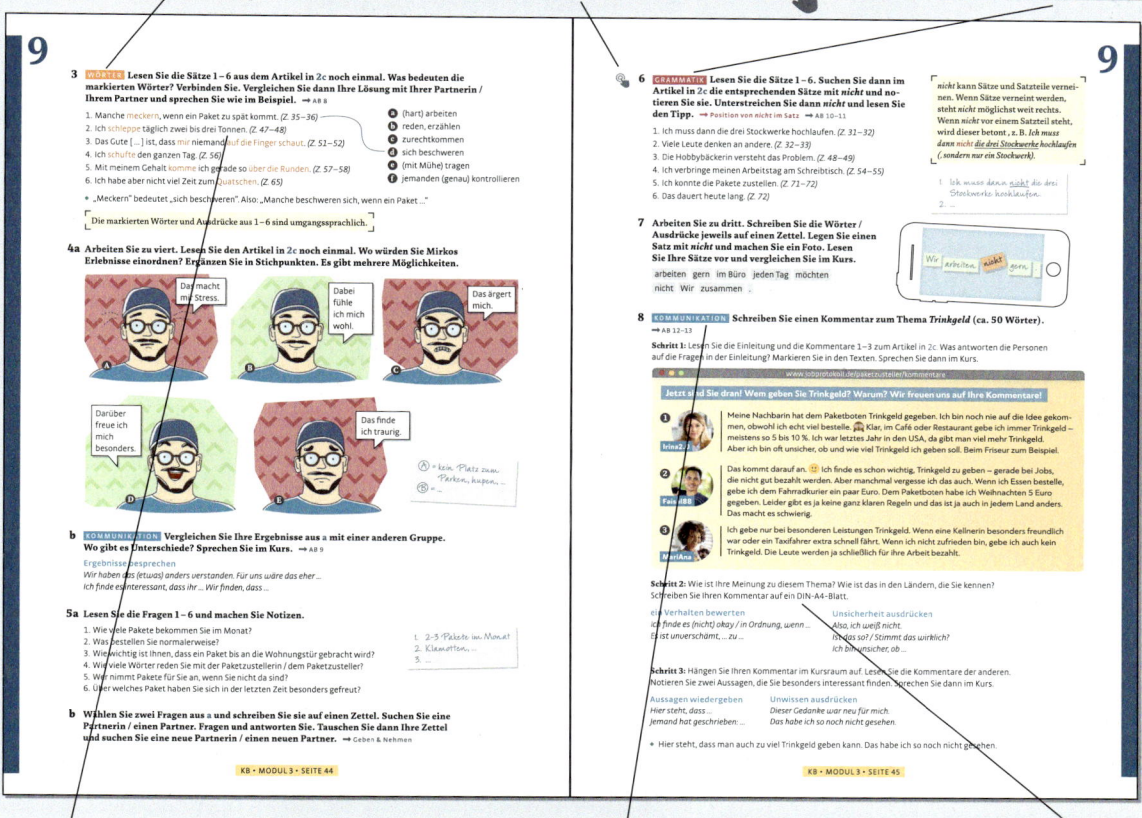

Plurilingualität: Sprachvergleichende Aufgaben erweitern das Wissen über Sprache und erleichtern die Sprachverwendung in unterschiedlichen Kommunikationssituationen. Die Lernenden werden darauf vorbereitet, innerhalb und zwischen Sprachen und Kulturen erfolgreich Brücken zu bauen (**Mediation**).

Unter **KOMMUNIKATION** werden Redemittel eingeführt und geübt. **Handlungsorientierte Aufgaben** und das Üben relevanter Textsorten helfen den Lernenden dabei, in authentischen Kommunikationssituationen sprachlich handeln zu können.

Plurikulturalität: Spannende Aufgaben fördern Neugierde und Offenheit und laden zum Perspektivenwechsel und zum Wertedialog ein.

Unterrichten und Lernen – wie und wo Sie wollen

Ob im Kursraum, von zu Hause oder unterwegs per Tablet oder Laptop: Wir stellen Ihnen **Vielfalt** digital als interaktive Version zur Verfügung. Egal ob off- oder online.

- Alle Hörtexte, Filme, Erklär-Clips zur Grammatik sowie interaktive Übungen lassen sich direkt aufrufen und im integrierten Player abspielen – ganz einfach ohne Download oder weitere Abspielgeräte.
- Die Aufgaben im Buch stehen Ihnen interaktiv mit Lösungsanzeige zur Verfügung und lassen sich direkt starten.

- Integrierte Werkzeuge wie Marker, Kommentar, Lupe und Vollbildmodus unterstützen Sie bei der Unterrichtsvorbereitung und Präsentation im Unterricht am Whiteboard oder Touchscreen.
- Mit unserer App *Hueber interaktiv* können Sie die interaktive Version auch offline nutzen und auf eine Vielzahl der Materialien des Lehrwerks per Smartphone zugreifen.

Übrigens: Ihren Startcode zur Aktivierung der interaktiven Version zu diesem Buch finden Sie auf der vorderen Umschlagseite unter der Landkarte.

INHALT

			WÖRTER
Die erste Stunde im Kurs Seite VIII			
MODUL 1 — Wo sind Sie gern? Seite 1			
	1 FREIE ZEIT — Ohne Hobby glücklich? Seite 2	ein Kennenlerngespräch verstehen • einen Magazinartikel zum Thema *Hobbys früher und heute* verstehen • eine Diskussion zur Frage *Brauchen wir Hobbys?* führen	Ausdrücke mit *Zeit*
	2 REISEN — Raus aus dem Alltag Seite 6	eine Infografik zum Thema *Reisen* verstehen • einen Beitrag zum Thema *Mikroabenteuer* und zur Arbeit eines Influencers verstehen • eine Präsentation über eine Influencerin / einen Influencer halten	Wortfeld *Aufgaben eines Influencers*
	3 STADT UND LAND — Neustart als Landärztin Seite 10	einen Zeitungsartikel über einen Umzug aus beruflichen Gründen verstehen • Schaubilder ergänzen und vergleichen	🔗 Wortbildung: Nomen mit den Endungen *-heit*, *-keit*, *-schaft* und *-ität*
	Extra Beruf: **Berufsberatung** Seite 14	ein Beratungsgespräch verstehen • einen Text zum dualen Ausbildungssystem verstehen • über das eigene berufliche Profil sprechen	
Türen Seite 16			
MODUL 2 — Wann fühlen Sie sich willkommen? Seite 17			
	4 ESSEN UND TRINKEN — Gemeinsam essen Seite 18	Angebote auf der Webseite eines Cafés verstehen • ein Radiointerview über ein Café-Konzept verstehen • einen Kursabend planen und eine Einladung verfassen	Nomen-Nomen-Verbindungen
	5 KLEIDUNG — Im Schrank Seite 22	eine Kurzgeschichte über ein Kleidungsstück verstehen • von einem persönlichen Gegenstand berichten	Wortfeld *Körperreaktionen*
	6 BEZIEHUNGEN — Getrennt und doch zusammen Seite 26	ein Radiointerview zum Thema *So leben wir* verstehen • einen Kommentar zum Thema des Radiointerviews verfassen	Wortfelder *Haushalt*, *Beziehungen*
	Extra Beruf: **Geschäftskommunikation** Seite 30	Tipps für höfliche Geschäftskommunikation verstehen • eine höfliche E-Mail verfassen	
Grüßen Seite 32			

INHALT

GRAMMATIK	KOMMUNIKATION	ARBEITSBUCH
Konjunktiv II der Gegenwart	Vermutungen äußern • Verständnis / Unverständnis ausdrücken • eine Meinung äußern • zustimmen • widersprechen	Wortbildung: Adjektive mit den Endungen *-ig*, *-isch*, *-lich* Aussprache: *ch* und *sch* in Adjektiven auf *-isch*, *-lich*, *-ig* Seite 1
Adjektivdeklination	Wissen / Unwissen ausdrücken • über persönliche Erfahrungen berichten • zustimmen (und begründen) • eine Person vorstellen	Wortbildung: Verben mit den Vorsilben *hin-* und *her-* Aussprache: Betonung von bekannten Informationen Seite 8
Infinitivsatz mit *zu*	Vermutungen äußern • Überraschung ausdrücken • über persönliche Erfahrungen berichten • Ergebnisse besprechen	Wortbildung: Nomen mit den Endungen *-heit*, *-keit*, *-schaft* und *-ität* Aussprache: Betonung bei Nomen Seite 15
	über berufliche Erfahrungen sprechen • über Interessen sprechen • über Berufswünsche sprechen	Extra Prüfung Seite 22

GRAMMATIK	KOMMUNIKATION	ARBEITSBUCH
Fragewort *wo(r)-* / Pronomen *da(r)-* + Präposition • Pronomen *da(r)-* + Präposition bei Nebensätzen	über Gewohnheiten berichten • eine Meinung äußern • etwas bewerten • Vorschläge / Gegenvorschläge machen • zustimmen (und begründen) • sich einigen	Wortbildung: Nomen aus Adjektiven Aussprache: Betonung bei Präpositionalpronomen Seite 25
kausale Zusammenhänge: Gründe angeben; konzessive Zusammenhänge: Gegengründe angeben und Widersprüche ausdrücken	einen zeitlichen Ablauf beschreiben • über Erinnerungen berichten • Gefallen ausdrücken • Wichtigkeit ausdrücken	Wortbildung: Zusammengesetzte Adjektive mit *-voll* und Adjektive mit der Endung *-los* Aussprache: Der Konsonant *h* Seite 32
modale Zusammenhänge: Art und Weise beschreiben und Einschränkungen ausdrücken	eine Auswahl erklären • zustimmen • widersprechen • eine Meinung äußern • Verständnis / Unverständnis ausdrücken • Einschätzungen formulieren	Wortbildung: Zusammengesetzte Adverbien mit *-einander* Aussprache: Der Vokal *ü* Seite 39
	eine geschäftliche E-Mail schreiben	Extra Prüfung Seite 46

INHALT

MODUL 3

Wofür sind Sie dankbar? — Seite 33

		WÖRTER
7 GESELLSCHAFT — **Hilfsbereit** — Seite 34	einen Radiobeitrag zum Thema *Helfen* verstehen · Rollenspiele machen (Hilfe anbieten / annehmen / ablehnen)	Interjektionen
8 UMWELT — **Wer ist schuld am Klimawandel?** — Seite 38	ein Streitgespräch zu Umweltthemen verstehen · einen Meinungsartikel zu den Themen *Klimawandel* und *Generationenkonflikt* verstehen · eine Präsentation über plastikfreie Alternativen halten	Wortfeld *Umwelt und Klima*
9 DIENSTLEISTUNG — **Von A nach B** — Seite 42	einen Artikel über den Arbeitsalltag eines Paketzustellers verstehen · einen Kommentar zum Thema *Trinkgeld* verfassen	Synonyme: Standardsprache vs. Umgangssprache
Extra Beruf: **Kritik am Arbeitsplatz** — Seite 46	Konfliktgespräche verstehen · höflich Kritik äußern · auf Kritik reagieren	

(Nichts) schenken — Seite 48

MODUL 4

Was wünschen Sie sich? — Seite 49

10 MEDIEN — **Einfach Kult!** — Seite 50	eine Podcastfolge über Schallplatten verstehen · eine Diskussion zum Thema *Medien analog oder digital?* führen	Anglizismen: Musik
11 LERNEN — **Bildungs(um)wege** — Seite 54	zwei Grafiken über Bildungschancen in Deutschland beschreiben und vergleichen · ein Interview über einen Bildungsweg verstehen · über Schulsysteme und Bildungschancen berichten	Wortfeld *Schule und Studium*
12 GESCHICHTEN — **Erzähl doch mal!** — Seite 58	Blogbeiträge über das Erzählen von Geschichten verstehen · eine Geschichte verfassen	Adjektive: Personenbeschreibung
Extra Beruf: **Arbeitsvertrag** — Seite 62	einen Arbeitsvertrag verstehen · einen Arbeitsvertrag erklären	

Weg(e) — Seite 64

Anhang: Wörter, Grammatik, Kommunikation, Methoden — Seite 1

INHALT

GRAMMATIK	KOMMUNIKATION	ARBEITSBUCH
Konjunktiv II der Vergangenheit	über Einstellungen und Werte sprechen · etwas abwägen · um Hilfe bitten · auf eine Bitte positiv / negativ reagieren · Hilfe anbieten · sich für Hilfe bedanken · auf Dank reagieren · Hilfe ablehnen	Wortbildung: Nomen mit den Endungen -er und -in Aussprache: Der Konsonant *ch* Seite 49
Passiv	Vorwürfe äußern · Forderungen äußern · eine Meinung teilen / ablehnen · eine Präsentation einleiten · Lösungen vorstellen · Materialien angeben · eine Funktion erklären	Wortbildung: Nomen aus Verben Aussprache: Der Vokal *o* Seite 56
Position von *nicht* im Satz	Wertschätzung ausdrücken · Vermutungen äußern · Informationen vergleichen · Ergebnisse besprechen · ein Verhalten bewerten · Unsicherheit ausdrücken · Aussagen wiedergeben · Unwissen ausdrücken	Wortbildung: Zusammengesetzte Nomen Aussprache: Betonung von Negationswörtern Seite 63
	Kritik äußern · auf Kritik / einen Vorschlag reagieren · sich entschuldigen · Verständnis zeigen · Kompromisse machen / Lösungen vorschlagen	Extra Prüfung Seite 70

GRAMMATIK	KOMMUNIKATION	ARBEITSBUCH
Futur I	Vorteile / Nachteile nennen · zustimmen · widersprechen · ein Fazit ziehen	Wortbildung: Zusammengesetzte Adjektive mit *-reich* Aussprache: Betonung bei Gradpartikeln Seite 73
temporale Zusammenhänge: Zeitangaben machen	wichtige Informationen einer Grafik erklären · Auffälligkeiten beschreiben · Grafiken vergleichen · über ein Schulsystem berichten · Wichtigkeit / Unwichtigkeit ausdrücken · Wissen ausdrücken · Rückfragen stellen	Wortbildung: Das Verb *machen* Aussprache: Die Reduktionsvokale *-e* und *-er* Seite 80
Relativsätze mit *was* und *wo*	eine Auswahl begründen · Gefühle beschreiben · über seine Lieblingsgeschichte berichten	Wortbildung: Nomen mit der Endung *-ung* Aussprache: Der Vokal *ö* Seite 87
	einen Arbeitsvertrag erklären	Extra Prüfung Seite 94

Lernwortschatz — Seite 23	Quellenverzeichnis — Seite 32

DIE ERSTE STUNDE IM KURS

1 Was möchten Sie über die anderen Kursteilnehmerinnen und Kursteilnehmer wissen? Wählen Sie drei Fragen und schreiben Sie sie auf einen Zettel.

- Was machst du fast täglich in deiner freien Zeit?
- Wohin reist du oft und sehr gern?
- Was magst du lieber: Frühstück oder Abendessen?
- Mit welcher prominenten Person würdest du nicht gern zusammenwohnen?
- Hast du schon einmal einer fremden Person geholfen?
- Worauf könntest du verzichten: auf Fernreisen oder auf Fleisch?
- Was war in dem letzten Paket, das du bestellt hast?
- Welche Musik hast du als Jugendliche / Jugendlicher am liebsten gehört?
- Was konntest du als Kind in der Schule am besten?
- Wem erzählst du gern deine Geschichten?

> Wohin reist du oft und sehr gern?
> Was konntest du als Kind …
> …

2 Machen Sie einen Kursspaziergang und interviewen Sie eine Partnerin / einen Partner.

- ◆ Hallo, ich heiße Svetlana. Und wie heißt du? Ich möchte dich gern fragen: Wohin reist du oft und sehr gern?
- ▲ Hallo, ich würde gern wissen, was …

3 Tauschen Sie Ihre Fragezettel und suchen Sie sich eine neue Partnerin / einen neuen Partner.

4 Welche Antworten waren besonders interessant? Berichten Sie im Kurs.

MODUL 1

1 Freie Zeit | **2** Reisen | **3** Stadt und Land

Fiona Doyle
lebt in einer WG in Trier.

Wo sind Sie gern?

Erik Keller
wohnt mit seiner Freundin in Hannover.

Natalia Rofallski
ist mit ihrer Familie in die Lausitz gezogen.

1a Lesen Sie die Bildunterschriften und sehen Sie die Filme ohne Ton an. Wo sind Fiona, Erik und Natalia gern? Notieren Sie Ihre Vermutungen und sprechen Sie im Kurs.

b Sehen Sie die Filme mit Ton an. Vergleichen Sie mit Ihren Vermutungen aus a.

2 Wo sind Sie gern? Wählen Sie verschiedene Orte, suchen Sie Fotos dazu und sprechen Sie im Kurs.

♦ Ich bin gern in den Bergen. Denn da ist es ruhig und ich wandere gern.

FREIE ZEIT

Ohne Hobby glücklich?

1

LERNZIELE
// ein Kennenlerngespräch verstehen
// einen Magazinartikel zum Thema *Hobbys früher und heute* verstehen
// eine Diskussion zur Frage *Brauchen wir Hobbys?* führen
// Ausdrücke mit *Zeit*
// Konjunktiv II der Gegenwart

A Finde, was passt — **Fiona • 22**

Hobbys: Schlafen (falls das ein Hobby ist 😄)
An einem freien Tag …
… mache ich keine Pläne.

B Finde, was passt — **Sascha • 25**

Hobbys: Ausgehen, Karaoke
An einem freien Tag …
… erhole ich mich von der letzten Party.

C Finde, was passt — **Elias • 23**

Passt!

Hobbys: Modelleisenbahn
An einem freien Tag …
… vergesse ich die Zeit.

D Finde, was passt — **Matteo • 29**

Passt!

Hobbys: Kajak
An einem freien Tag …
… bin ich am liebsten draußen.

---

1 Sehen Sie die Profile **A** – **D** an und beantworten Sie die Fragen 1 und 2. → AB 1–2

1. Was für eine App ist das?
2. Profil A: Erinnern Sie sich noch an Fiona Doyle? (→ S. 1) Was wissen Sie schon über sie?

2 Erstellen Sie ein eigenes Profil wie in **1** und hängen Sie es im Kursraum auf. Lesen Sie die Profile der anderen. Wo gibt es Gemeinsamkeiten oder Unterschiede? Nehmen Sie ein Profil ab und sprechen Sie mit der Autorin / dem Autor. → Kursspaziergang

♦ Tammo, du gehst auch gern wandern. Wo wanderst du am liebsten?

3 **KOMMUNIKATION** Arbeiten Sie zu zweit. Sehen Sie noch einmal die Profile in **1** an. Was meinen Sie? Mit wem trifft sich Fiona? Äußern Sie Vermutungen. → AB 3

Vermutungen äußern
Ich nehme an, dass …
… vielleicht / eventuell / wahrscheinlich / …

♦ Ich nehme an, dass Fiona gern ihre Ruhe hat. Das passt doch gut zu Elias. Für Modelleisenbahnen braucht man wahrscheinlich auch viel Ruhe.

1🔊 01 **4a** Mit wem hat sich Fiona tatsächlich getroffen? Hören Sie das Gespräch und vergleichen Sie mit Ihren Vermutungen aus **3**.

b Lesen Sie die Aussagen 1–7 und hören Sie das Gespräch noch einmal. Sind die Aussagen richtig **r** oder falsch **f**? Markieren Sie. Korrigieren Sie dann die falschen Aussagen. → AB 4, 6

1. Matteo findet es langweilig, „Schlafen" als Hobby anzugeben. **r f**
2. Fiona findet das Wort „Hobby" altmodisch. **r f**
3. Fiona fragt sich, ob jeder ein Hobby haben muss. **r f**
4. Fiona möchte von Matteo wissen, warum ein Hobby glücklich macht. **r f**
5. Matteo liebt sein Hobby, möchte aber nicht darüber reden. **r f**
6. Für Matteo ist sein Hobby nicht immer nur Erholung, weil er immer besser werden will. **r f**
7. Matteo rät Fiona, sich ein Hobby zu suchen, damit sie mehr Spaß im Leben hat. **r f**

1. Matteo findet es mutig, …

5 KOMMUNIKATION **Welche Gedanken und Gefühle können Sie besser verstehen, Fionas oder Matteos? Sprechen Sie im Kurs.** → Flüstergespräch → AB 5

Verständnis ausdrücken
Ich kann gut verstehen, dass …
Ich finde es verständlich, dass …

Unverständnis ausdrücken
Ich verstehe nicht so richtig / ganz, dass …
Ich finde es ein bisschen komisch / seltsam, dass …

GABIJA, LITAUEN
„Ich kann gut verstehen, dass Fiona kein Hobby hat."

 6a GRAMMATIK **Lesen Sie die Sätze 1–5. Was drückt hier der Konjunktiv II aus? Verbinden Sie.** → Konjunktiv II der Gegenwart → AB 7

1. Wenn ich so ein langweiliges Hobby (hätte,) dann würde ich das niemandem sagen.
2. Na, du könntest dir ja ein Hobby suchen. Was hältst du davon?
3. Könntest du mir das bitte erklären? Vielleicht versteh ich's dann.
4. Wenn ich dir einen Rat geben darf […] Du solltest einfach tun, was dir Spaß macht.
5. Am liebsten würde ich jetzt einfach das Thema wechseln.

a Wunsch
b irreale Bedingung
c Ratschlag / Vorschlag
d Ratschlag / Vorschlag
e höfliche Bitte

b Markieren Sie die Formen des Konjunktiv II in **a** und ergänzen Sie die Tabelle. → AB 8–9

Konjunktiv II der Gegenwart	
Form ohne *würde*	Form mit *würde*
• sein → wäre • haben → *hätte* • dürfen, müssen, können, sollen → dürfte, müsste, ……………, ……………	• …………… … • …………… …

7a Arbeiten Sie zu viert und lesen Sie die Zukunftsvisionen zum Thema *Freizeit und Leben*. Wählen Sie dann vier Visionen aus und markieren Sie sie.

○ Alle Freizeitangebote sind gratis.
○ Das Internet fällt einen Monat lang aus.
○ Niemand arbeitet mehr als drei Tage pro Woche.
○ Wir können ewig leben.
○ Wir müssen zwei Stunden pro Tag draußen verbringen.
○ Alle haben gleich viel Geld.

KB · MODUL 1 · SEITE 3

b Formulieren Sie Ihre Visionen aus **a** in *wenn*-Sätze um und ergänzen Sie sie mit möglichst vielen Ideen. Verteilen Sie die Zettel im Kursraum. Gehen Sie herum und lesen Sie die Ideen der anderen Gruppen. Welche Ideen gefallen Ihnen gut? Malen Sie Smileys. → AB 10

> Wenn wir ewig leben könnten,
> – wäre ich gern für immer 28 Jahre alt. ☺
> – würden wir anders über das Alter denken.
> – könnte ich Urururgroßmutter werden.
> – …

8 Lesen Sie den Magazinartikel und lösen Sie die Aufgaben 1 und 2. Vergleichen Sie dann Ihre Notizen mit einer Partnerin / einem Partner. → AB 11–12

1. Wie definiert der Autor das Hobby früher und heute? Ergänzen Sie und notieren Sie auch Gründe und / oder Beispiele.
2. Was finden Sie interessant? Ergänzen Sie jeweils den Satzanfang.

Abschnitt ①: Hobby früher	Abschnitt ②: Hobby heute
1. Beschäftigung, bei der … – … – Beispiel: …	1. Hobby ohne Zweck … – … – Gründe: … – Beispiele: …
2. Ich finde interessant, dass …	2. Ich finde interessant, dass …

www.gedankenzeit.de/ohne_ziel_und_zweck

Ohne Ziel und Zweck: Ist das gute alte Hobby tot?

❶ Laut Umfragen gehörte in den 1950er-Jahren „Aus dem Fenster schauen" zu den beliebtesten Freizeitbeschäftigungen der Deutschen. Heute findet man diese Beschäftigung in keinem Hobby-Ranking[1]. Warum eigentlich nicht? Das gute alte Hobby war eine Beschäftigung, bei der man sich von der täglichen Arbeit oder vom Lernen erholte. Es musste keinen
5 besonderen Zweck haben. Ein Hobby sorgte nur dafür, dass die Zeit vergeht. Mit einem Hobby wollte man seine freie Zeit auf eine angenehme Art verbringen.

❷ Heute ist freie Zeit knapp. Kaum jemand behauptet, zu viel Zeit zu haben. Im Gegenteil: Die meisten klagen darüber, dass ihre Zeit nicht für alles reicht. Andere sprechen sogar von „Freizeitstress". Denn wir stehen ständig vor einem riesigen Angebot an Möglichkeiten:
10 Medien, Shoppen, Sport, Veranstaltungen, …
Wir wollen unsere Zeit gut nutzen, denn wir haben wenig davon. Wofür sollen wir uns also Zeit nehmen? Ein Hobby ohne Zweck kann man sich da kaum leisten. Und so geht es auch in der Freizeit immer mehr darum, besser, klüger, fitter oder erfolgreicher zu werden. Freizeit und Leistung gehören zusammen. Man joggt nicht einfach ein bisschen im Park,
15 sondern meldet sich gleich zum Halbmarathon[2] an. Man näht nicht für sich selbst, sondern postet[3] die Ergebnisse und denkt am besten schon über einen eigenen Online-Shop nach. Man schaut nicht einfach nur aus dem Fenster. Obwohl … das wäre eigentlich richtig schön.

Wer schreibt hier?
Maximilian Schulz

1 das Ranking: die Bestenliste // **2** der Halbmarathon: ein Lauf über 21,0975 Kilometer // **3** etwas posten: einen Beitrag in den sozialen Medien veröffentlichen

Text hören 🔊

9a WÖRTER Lesen Sie den Magazinartikel in **8** noch einmal und markieren Sie alle Ausdrücke mit *Zeit*. Ergänzen Sie dann das Wörternetz.

1. die Zeit _vergeht_ (Z. 5)
2. seine Zeit auf eine angenehme Art _____ (Z. 6)
3. die Zeit ist _____ (Z. 7)
4. zu viel Zeit _____ (Z. 7)
5. die Zeit _____ nicht (Z. 8)
6. die Zeit gut _____ (Z. 11)
7. sich Zeit für … _____ (Z. 11–12)

b Arbeiten Sie zu viert. Wählen Sie jeweils einen Ausdruck mit *Zeit* aus **a** und schreiben Sie einen Satz wie im Beispiel auf einen Zettel. Falten Sie den Zettel und geben Sie ihn nach rechts weiter.

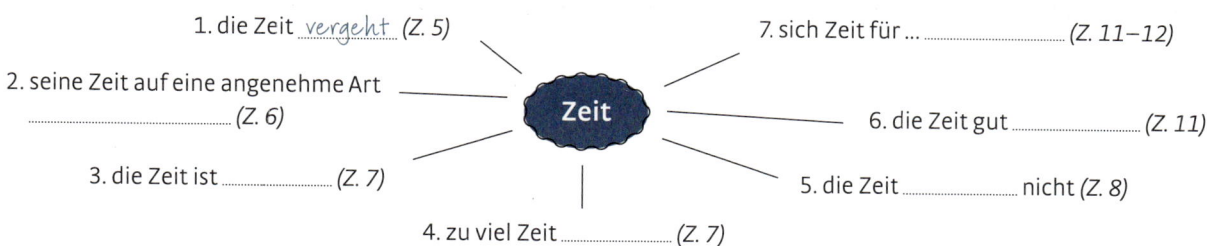

c Ergänzen Sie den Satzanfang auf dem Zettel, den Sie bekommen haben, und geben Sie ihn nach rechts weiter. Wiederholen Sie den Vorgang, bis Ihr Zettel wieder bei Ihnen ist.

d Falten Sie den Zettel auseinander und lesen Sie die Sätze in der Gruppe vor. Welcher Satz gefällt Ihnen am besten? Einigen Sie sich und präsentieren Sie ihn im Kurs. → AB 13

10 KOMMUNIKATION Machen Sie eine Diskussionsrunde zur Frage: *Brauchen wir Hobbys?* → AB 14

Schritt 1: Lesen Sie die Aussagen von Matteo und Fiona. Bilden Sie dann zwei Gruppen. Gruppe A vertritt Matteos Standpunkt, Gruppe B Fionas. Notieren Sie Argumente zu den jeweiligen Standpunkten. Jedes Gruppenmitglied braucht mindestens ein Argument.

„Mein Hobby ist mir total wichtig."

„Ich brauche kein Hobby."

Ⓐ – freie Zeit gut nutzen
– etwas lernen
– …

Ⓑ – oft Leistung und Druck → stressig
– lieber Freunde einfach so treffen
– …

Schritt 2: Eine Person der Gruppe A trägt das erste Argument vor. Eine Person der Gruppe B reagiert mit einem passenden Gegenargument. Die Personen können sich auch gegenseitig zustimmen, wenn sie ein Argument überzeugt. Wiederholen Sie den Vorgang so oft, bis alle Argumente ausgetauscht sind.

eine Meinung äußern	zustimmen	widersprechen
Ich bin der Meinung, dass …	Da hast du recht.	Das sehe ich nicht so.
Meiner Meinung nach …	Da stimme ich dir zu.	Das kann man so nicht sagen.
Ich glaube / denke / meine, …	Stimmt, so kann man das auch sehen.	Da muss ich dir widersprechen.

♦ Mein Hobby ist mir total wichtig. Ich bin der Meinung, dass ich mit einem Hobby meine freie Zeit gut nutze.

▲ Das sehe ich nicht so. Hobby bedeutet oft Leistung und Druck. Das ist mir zu stressig. So ein Hobby brauche ich nicht.

REISEN
Raus aus dem Alltag

2

LERNZIELE
// eine Infografik zum Thema *Reisen* verstehen
// einen Beitrag zum Thema *Mikroabenteuer* und zur Arbeit eines Influencers verstehen
// eine Präsentation über eine Influencerin / einen Influencer halten
// Wortfeld *Aufgaben eines Influencers*
// Adjektivdeklination

Auf die Koffer, fertig, los!

❶ Zwischen Ländern und Städten hin und her reisen und die Welt ansehen: Dazu braucht man heute kein Verkehrsmittel mehr, es reicht ein Computer mit Internetanschluss. Und mit einer Virtual-Reality-Brille hat man das Gefühl, selbst da gewesen zu sein.

❷ Für ungefähr sechs von zehn Urlaubern aus Deutschland, Österreich und der Schweiz spielt die Umwelt bei der Reiseplanung eine immer größere Rolle. Das betrifft die Frage, wie man dort hinkommt (per Bahn, keine langen Flugreisen), aber auch die Unterkunft (vorzugsweise ökologisches Hotel, Bauernhof, Camping usw.).

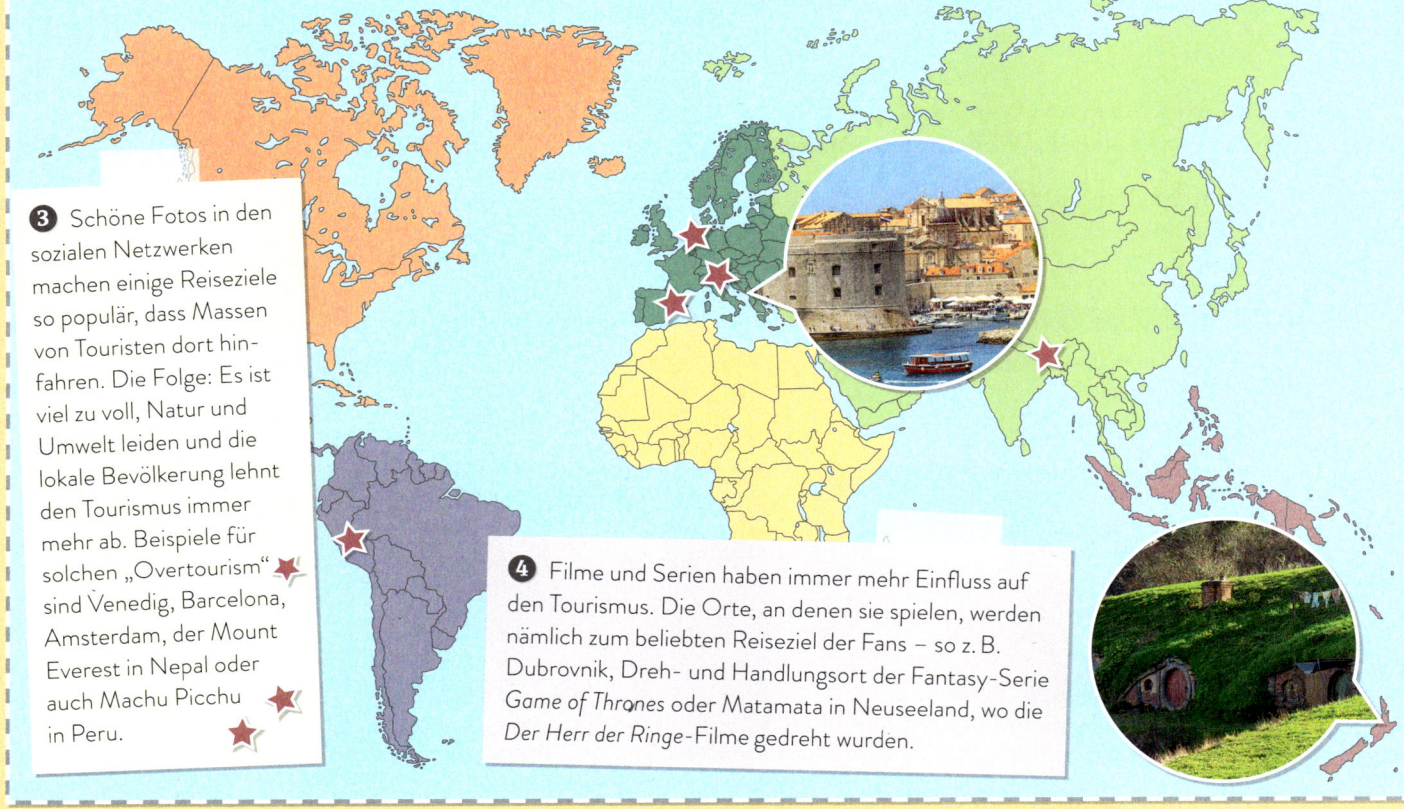

❸ Schöne Fotos in den sozialen Netzwerken machen einige Reiseziele so populär, dass Massen von Touristen dort hinfahren. Die Folge: Es ist viel zu voll, Natur und Umwelt leiden und die lokale Bevölkerung lehnt den Tourismus immer mehr ab. Beispiele für solchen „Overtourism" sind Venedig, Barcelona, Amsterdam, der Mount Everest in Nepal oder auch Machu Picchu in Peru.

❹ Filme und Serien haben immer mehr Einfluss auf den Tourismus. Die Orte, an denen sie spielen, werden nämlich zum beliebten Reiseziel der Fans – so z. B. Dubrovnik, Dreh- und Handlungsort der Fantasy-Serie *Game of Thrones* oder Matamata in Neuseeland, wo die *Der Herr der Ringe*-Filme gedreht wurden.

❺ Spannende und spontane Erlebnisse vor der Haustür, ohne große Vorbereitung oder Kosten – Mikroabenteuer liegen im Trend. Drei der beliebtesten in Deutschland, Österreich und der Schweiz sind:

1. in einem Fluss schwimmen
2. ohne festes Ziel losgehen
3. das eigene Stadtviertel als Tourist:in erkunden

1a Sehen Sie die Infografik an und lesen Sie die Texte ❶–❺. Ordnen Sie dann die Texte den Überschriften ⓐ–ⓔ zu. → AB 1–5

ⓐ ○ Abenteuer vor der Haustür
ⓑ ④ Den Stars auf der Spur
ⓒ ○ Der Umwelt zuliebe
ⓓ ○ Mit der Brille um die Welt
ⓔ ○ Wenn der Tourismus zum Problem wird

b KOMMUNIKATION Markieren Sie in der Infografik in a mit zwei unterschiedlichen Farben. Welche Informationen waren für Sie neu? Welche waren schon bekannt? Welche Erfahrungen haben Sie schon gemacht? Sprechen Sie im Kurs. → Reißverschluss → AB 6–7

Wissen ausdrücken
… wusste / kannte ich schon.
Von … habe ich schon gehört. / gelesen.
Mir war schon bekannt, dass …

über persönliche Erfahrungen berichten
Vor … Monaten / Jahren war ich einmal …
Ich habe / bin selbst schon einmal …
Ich habe etwas Ähnliches erlebt, als …

Unwissen ausdrücken
… wusste / kannte ich noch nicht.
Von … habe ich noch nie gehört. / gelesen.
Für mich war neu, dass …

◆ Von Overtourism habe ich schon gehört. Leider kenne ich das Problem sehr gut, denn ich lebe auf Mallorca. Hier gibt es sehr viele Touristen, die auch viel Müll produzieren. Überall ist es voll und auch die Mieten sind in den letzten Jahren stark gestiegen.

2 Lesen Sie den Eintrag in einem sozialen Netzwerk und beantworten Sie die Fragen 1 und 2. → AB 8

1. Worüber spricht Simone Kumara mit Erik Keller?
2. Erinnern Sie sich noch an Erik Keller? (→ S. 1) Was wissen Sie schon über ihn? Und was erfahren Sie noch?

3a Hören Sie den Beitrag und bringen Sie die Themen in die richtige Reihenfolge.

Im Beitrag geht es darum, …
○ was Malik und Verena während des Ausflugs erlebt haben.
○ wie Eriks Arbeitsalltag aussieht.
① wie der Tagesausflug von Malik und Verena beginnt und was die beiden vorhaben.
○ wie Erik Reise-Influencer für Mikroabenteuer geworden ist.

b Lesen Sie die Aussagen 1–6. Hören Sie den Beitrag noch einmal. Sind die Sätze richtig **r** oder falsch **f**? Markieren Sie. Vergleichen Sie dann Ihre Ergebnisse zu zweit. → AB 9

1. Verena schaut auf die Anzeigetafel und wählt einen Zug aus.
2. Die Fahrt dauert nur eine Stunde.
3. Erik mochte lange Roadtrips und Trekkingtouren durch die ganze Welt noch nie, weil es auf den Reisen viel zu einsam ist.
4. Er möchte einen engen Kontakt zu seinen Followern, die ihm auch von ihren Abenteuern berichten können.
5. Er testet keine Produkte, weil er nicht für sie werben möchte.
6. Verena und Malik waren dieses Mal nicht so zufrieden, weil sie nichts Besonderes erlebt haben.

KB · MODUL 1 · SEITE 7

4 KOMMUNIKATION Lesen Sie die Kommentare. Wie finden Sie die Idee des Mikroabenteuers? Welcher Aussage stimmen Sie eher zu? Warum? Schreiben Sie einen Kommentar (30–40 Wörter). → AB 10

www.vernetzt.de/kumara/kommentare

de.travel.felix
Ich verstehe diesen Hype nicht. Für mich ist Mikroabenteuer nur ein anderes Wort für Ausflug: Wandern in den Bergen, zelten, picknicken, … Das ist ja wohl nichts Neues … und so richtig nach Abenteuer klingt das für mich wirklich nicht …

nadine_02
Richtig guter Beitrag! Es gibt so viel in der Nähe zu entdecken. Ich finde es super, dass Leute wie Erik darauf aufmerksam machen. Man muss nicht immer weit fliegen, um ein tolles Abenteuer zu erleben. Das ist auch besser für die Umwelt.

zustimmen (und begründen)
Ich stimme (eher) … zu, denn …   *Ich bin der gleichen Meinung wie …, weil …*
Ich sehe das ähnlich wie …   *Genauso wie … finde ich, dass …*

 5 GRAMMATIK Lesen Sie die Sätze 1–7 aus dem Beitrag in 3. Ergänzen Sie die Endungen mithilfe der Tabellen. → Adjektivdeklination → AB 11

1. Mit dem nächst**en** Zug geht es los.
2. Er zeigt seinen Followern, wie sie vor der Haustür klein…… Abenteuer erleben können.
3. Die interessantest………… Erlebnisse seiner Follower wählt er aus.
4. Der persönlich…… Kontakt zu seinen Followern ist ihm wichtig.
5. Es war schön………… Wetter.
6. Wir haben einen schön………… See gefunden.
7. Ich habe eine Menge toll………… Reaktionen bekommen.

Adjektivdeklination: bestimmter Artikel				
	maskulin	*neutral*	*feminin*	*Plural*
Nominativ	der nächst**e**	das nächst**e**	die nächst**e**	die nächst**en**
Akkusativ	den nächst**en**	das nächst**e**	die nächst**e**	die nächst**en**
Dativ	dem nächst**en**	dem nächst**en**	der nächst**en**	den nächst**en**
Genitiv	des nächst**en**	des nächst**en**	der nächst**en**	der nächst**en**

Adjektivdeklination: unbestimmter Artikel / Negativartikel / Possessivartikel / ohne Artikel (–)				
	maskulin	*neutral*	*feminin*	*Plural*
Nominativ	ein / kein / mein klein**er** – klein**er**	ein / kein / mein klein**es** – klein**es**	eine / keine / meine klein**e** – klein**e**	* / keine / meine klein**en** – klein**e**
Akkusativ	einen / keinen / meinen klein**en** – klein**en**	ein / kein / mein klein**es** – klein**es**	eine / keine / meine klein**e** – klein**e**	* / keine / meine klein**en** – klein**e**
Dativ	einem / keinem / meinem klein**en** – klein**em**	einem / keinem / meinem klein**en** – klein**em**	einer / keiner / meiner klein**en** – klein**er**	* / keinen / meinen klein**en** – klein**en**
Genitiv	eines / keines / meines klein**en** – klein**en**	eines / keines / meines klein**en** – klein**en**	einer / keiner / meiner klein**en** – klein**er**	* / keiner / meiner klein**en** – klein**er**

* Im Plural gibt es keinen unbestimmten Artikel.

6a Arbeiten Sie zu viert und bilden Sie zwei Teams (A und B). Jedes Team wählt ein Mikroabenteuer (❶–❹) aus. Was würden Sie alles mitnehmen? Erstellen Sie im Team eine Liste mit 6–8 Dingen. Die Adjektive und Nomen helfen. Suchen Sie auch Fotos dazu.

❶ Frühstück bei Sonnenaufgang auf dem Berg ❷ Auf dem Balkon zelten ❸ Ein schnelles Picknick in der Mittagspause ❹ Eine Nachtwanderung im Wald

bequem flach frisch groß gut heiß klein passend verschieden voll warm wasserdicht zuverlässig …

das Brot die Decke das Gebäck die Kamera der Kompass der Müllbeutel das Obst die Playlist die Regenjacke der Schlafsack die Schuhe die Socken die Süßigkeiten die Taschenlampe das Taschenmesser die Thermoskanne die Trinkflasche …

> ① Frühstück bei Sonnenaufgang
> – Thermoskanne mit heißem Kaffee
> – frisches Brot
> – …

b Team A präsentiert mithilfe der Satzteile 1–4 seine Liste. Team B wiederholt alles, was es sich merken konnte. Die Teams tauschen dann die Rollen. Welches Team konnte sich die meisten Dinge merken? → AB 12–14

1. … brauchen / besorgen wir auf jeden Fall.
2. … sollte / sollten nicht fehlen.
3. Wir nehmen … mit.
4. Ganz wichtig ist / sind …

♦ Eine Thermoskanne mit heißem Kaffee brauchen wir auf jeden Fall.

1📢 03 **7** **WÖRTER** Was sind Eriks Aufgaben als Influencer? Hören Sie, was er darüber erzählt und ergänzen Sie die Verben in der richtigen Form. → AB 15

beantworten drehen posten machen verlinken

> Als Influencer verbringe ich viel Zeit am Computer: Ich _beantworte_ (1) Anfragen und antworte auf Kommentare. Manchmal kommt da einiges zusammen. Vor allem, wenn ich ein Video _____ (2). Wenn ich unterwegs bin, _____ (3) ich auch viele Fotos. Die besten _____ (4) ich sofort. Ab und zu teste ich auch neue Produkte. Wenn ich sie gut finde, _____ (5) ich sie.

8 **KOMMUNIKATION** Halten Sie eine Präsentation über eine Influencerin / einen Influencer. → AB 16

Schritt 1: Recherchieren Sie in einer Sprache Ihrer Wahl über eine Influencerin / einen Influencer, der / dem Sie gern folgen oder von der / dem Sie schon gehört haben.

Schritt 2: Machen Sie Notizen auf Deutsch zu mindestens fünf Inhaltspunkten.

> Name: Manu en Alemania

Name Sprache Social-Media-Plattform Anzahl Followerinnen / Follower Inhalte Produkte …

Schritt 3: Erstellen Sie mithilfe der Notizen einen Steckbrief und hängen Sie ihn im Kursraum auf. Präsentieren Sie dann Ihre Influencerin / Ihren Influencer im Kurs. Warum würden Sie sie / ihn empfehlen?

eine Person vorstellen
Ich stelle Ihnen / euch … vor.
… postet / schreibt Beiträge / dreht Videos auf …
… ist in / auf … aktiv und hat … Followerinnen und Follower.
… wurde bekannt / berühmt, weil …
… beschäftigt sich in ihren / seinen Beiträgen mit … und …
… macht Werbung für / wirbt für …
Es lohnt sich auf jeden Fall / mit Sicherheit, ihr / ihm zu folgen. Denn …

ABRIL, ARGENTINIEN
„Ich stelle euch *Manu en Alemania* vor."

STADT UND LAND
Neustart als Landärztin

3

LERNZIELE
// einen Zeitungsartikel über einen Umzug aus beruflichen Gründen verstehen
// Schaubilder ergänzen und vergleichen
// Wortbildung: Nomen mit den Endungen *-heit*, *-keit*, *-schaft* und *-ität*
// Infinitivsatz mit *zu*

Was sind die häufigsten Gründe für einen Umzug in Deutschland?

- Liebe
- Familie
- Beruf
- Probleme mit der Wohnung
- Ausbildung / Studium
- Haus-/Wohnungskauf

1a KOMMUNIKATION Arbeiten Sie zu zweit. Lesen Sie die Frage und die Gründe. Wie ist die richtige Reihenfolge? Äußern Sie Vermutungen.

Vermutungen äußern
Der häufigste / wichtigste Grund für … ist vielleicht …
Die häufigsten / wichtigsten Gründe für … sind vielleicht …
An zweiter / dritter / … Stelle ist vermutlich …
Gleich danach kommt wahrscheinlich …
Am wenigsten wichtig ist vielleicht …

◆ Der häufigste Grund für einen Umzug ist vielleicht der Beruf.

b Vergleichen Sie Ihre Vermutungen aus **a** mit der Lösung (→ Anhang, S. 22). Was überrascht Sie? Sprechen Sie im Kurs. → AB 1

Überraschung ausdrücken
Mich überrascht, dass …   *Es wundert mich, dass …*   *Ich bin erstaunt, dass …*

2a Lesen Sie die Fragen 1 und 2 und beantworten Sie sie in Stichpunkten.

1. Sind Sie als Kind / als Jugendliche(r) / als Erwachsene(r) schon einmal umgezogen? Warum?
2. Können Sie sich vorstellen, in Zukunft umzuziehen? Aus welchen Gründen?

- als Kind: mit Familie von Mexiko in die USA (nach Houston) gezogen
- als junger Erwachsener: mit 19 nach Aachen umgezogen, wollte studieren
- hoffentlich: im Oktober Praktikum im Konsulat machen; nach Frankfurt umziehen

b Arbeiten Sie zu zweit und tauschen Sie sich aus.

◆ Als Kind bin ich mit meiner Familie von Mexiko nach Houston in die USA gezogen. Mit 19 bin ich dann nach Aachen umgezogen, um zu studieren. …

3a Sehen Sie das Bild auf S. 11 an. Erinnern Sie sich noch an Natalia Rofallski? (→ S. 1) Was wissen Sie schon über sie? Sammeln Sie im Kurs.

b Arbeiten Sie zu viert und lesen Sie den Zeitungsartikel. Was erfahren Sie über Natalia? Paar A macht sich Notizen zu Natalias Berufsleben, Paar B zu Natalias Privatleben.

A: Natalias Berufsleben
- Ärztin
- in Leipzig 12 Jahre in einer großen Klinik gearbeitet
- …

B: Natalias Privatleben
- in einem kleinen Ort in der Lausitz aufgewachsen
- verheiratet, eine Tochter
- …

Gegen den Trend – Hausärztin auf dem Land

Immer mehr ländliche Hausarztpraxen schließen, denn der Nachwuchs[1] fehlt. Junge Menschen bleiben nach dem Medizinstudium lieber in der Stadt. Natalia Rofallski macht es anders: Zwölf Jahre nach ihrem Studium zieht sie in ihren Heimatort zurück und übernimmt dort eine Praxis.

Den Weg zum Haus der Patientin kennt Natalia Rofallski auswendig. Hier im Dorf ist sie aufgewachsen und hat als Kind in der Nachbarschaft gespielt. Heute leben etwa 1.000 Menschen in dem kleinen Ort in der Lausitz – weniger als in Rofallskis Kindheit.

Natalia Rofallski untersucht die 93-jährige Patientin und spricht mit ihr über ihre Tabletten und die Enkelkinder. Die beiden kennen sich gut. Dann verabschiedet sich die Ärztin und fährt zum nächsten Hausbesuch weiter.

Rofallski hat an der Universität Leipzig studiert und zwölf Jahre als Ärztin in einer großen Klinik gearbeitet. Ihre Karriere lief gut, doch ihr fehlte immer mehr die Gemeinschaft. Allmählich störte es sie, dass sie ihre Patient*innen kaum kannte. Dann hörte sie von ihren Eltern, dass der alte Hausarzt der Familie mit 76 Jahren noch immer arbeitete. Er konnte niemanden finden, der die Praxis übernehmen wollte. Rofallski sah eine Möglichkeit, als Ärztin dort zu arbeiten, wo sie ihre Patient*innen kennt. Sie hatte ohnehin vorgehabt, die Klinik bald zu verlassen. Aber sollte sie wirklich in den kleinen Heimatort zurückziehen? Nach der Schule hatte sie sich gefreut, endlich von dort wegziehen zu können. Und fühlte sie sich überhaupt bereit, die Verantwortung für eine eigene Praxis zu übernehmen? Würden ältere Patient*innen sie ernst nehmen oder würden sie in ihr das kleine Mädchen von früher sehen?

Sie besprach die Idee mit ihrem Mann. Seine Reaktion half ihr bei der Entscheidung für den Umzug: Er war sofort begeistert und fand es spannend, aufs Land zu ziehen. Ihre zehnjährige Tochter mussten sie langsam überzeugen. Für sie war es schwierig, ihre vertraute Umgebung hinter sich zu lassen.

Natalia Rofallski ist froh über ihre Entscheidung. „Ich habe hier das Gefühl, wirklich gebraucht zu werden", sagt sie. „Außerdem kenne ich alle meine Patient*innen, manche sogar noch aus meiner Kindheit. Und jetzt sehe ich deren Kinder aufwachsen. Ich finde es schön, das alles mitzuerleben. Und auch die älteren Patient*innen nehmen mich ernst. Das alles hat meine Persönlichkeit positiv beeinflusst", sagt sie.

Rofallski muss allerdings sehr viel arbeiten, manchmal bis zu zwölf Stunden am Tag. Neben Sprechstunden und Hausbesuchen muss sie als selbstständige Ärztin auch die Verwaltung[2] ihrer Praxis organisieren. Da sie die einzige Ärztin in der Gegend ist, hat sie viele Patient*innen zu versorgen[3]. Ihre Sprechstunde ist eigentlich von 8 bis 12 Uhr, doch oft endet sie erst um 13 oder 14 Uhr. Danach erledigt Rofallski „den Papierkram[4]", wie sie sagt, und macht dann Hausbesuche. Nicht selten hat sie erst um 20 Uhr Feierabend. „Es ist nicht immer möglich, um 17 oder 18 Uhr Feierabend zu machen. Ich habe manchmal keine Zeit, mit meiner Familie zusammen Abendbrot zu essen."

Und noch etwas erlebt sie heute ganz anders: die gesellschaftliche Position, die sie als Ärztin im Ort hat. „Man hat einen ähnlichen Status wie der Pastor und die Bürgermeisterin", sagt sie. „Die Menschen begegnen einem mit Respekt – und auch immer mit ein bisschen Distanz. Sie nennen mich Frau Doktor. Daran habe ich mich noch nicht gewöhnt." Ihre Freizeit verbringt sie gern außerhalb des Ortes, zum Beispiel im Nationalpark Sächsische Schweiz, wo sie gern mit ihrer Familie wandern geht. Mit ihrer Entscheidung ist sie zufrieden. „Obwohl es viel Arbeit ist, weiß ich, dass es für mich als Ärztin und für uns als Familie richtig war, aufs Land zu ziehen."

Ärzt*innenmangel[5]

Im ländlichen Raum bleiben immer mehr Hausarztpraxen unbesetzt, weil die Stellen für den Nachwuchs unattraktiv sind. Gründe sind die hohen Kosten für eine eigene Praxis, viel Verwaltungsarbeit, fehlende Infrastruktur[6] (z. B. die fehlende Kinderbetreuung) und lange Arbeitszeiten. Eine medizinische Rund-um-die-Uhr-Versorgung ist deshalb in vielen Regionen in Gefahr. Problematisch ist die Situation vor allem in Orten mit weniger als 100.000 Einwohner*innen.

---

1 der Nachwuchs: hier: junge Ärztinnen / Ärzte // **2** die Verwaltung: Administration // **3** jemanden versorgen: sich kümmern um // **4** der Papierkram (ugs.): hier: z. B. Rechnungen, Arztbriefe // **5** der Ärztemangel: zu wenig Ärztinnen / Ärzte // **6** die Infrastruktur: hier: alles, was man braucht, um an einem Ort gut leben zu können, z. B. Schulen, Krankenhäuser, Bus, Bahn, Züge

Text hören 🔊

c Fassen Sie Ihre Notizen aus b für die andere Gruppe zusammen. → AB 2–4

◆ Wir erzählen euch etwas über Natalias Berufsleben. Sie ist Ärztin und hat zwölf Jahre in Leipzig in einer großen Klinik gearbeitet. Dann …

3

4a Lesen Sie noch einmal die Zeilen 66–78 und den Infokasten am Ende des Zeitungsartikels auf S. 11. Welche Aspekte werden angesprochen? Markieren Sie im Zeitungsartikel und sprechen Sie im Kurs.

◆ Im Zeitungsartikel wird über die gesellschaftliche Position von Ärztinnen und Ärzten gesprochen. Natalia hat den Eindruck, dass die Menschen auf dem Land viel Respekt vor ihr haben.

b KOMMUNIKATION Wie ist die Situation von Ärztinnen und Ärzten bzw. die medizinische Versorgung dort, wo Sie wohnen / lange gewohnt haben? Was wissen Sie darüber? Was sind Ihre Erfahrungen? Sprechen Sie im Kurs. → AB 5

über persönliche Erfahrungen berichten
Bei mir / uns war / ist das so: …
Ich habe erlebt, dass … / Ich erlebe immer wieder, dass …

DARIO, KROATIEN
„Bei uns ist die medizinische Versorgung sehr gut."

5a WÖRTER Welche Endung passt? Ergänzen Sie und vergleichen Sie mit dem Zeitungsartikel auf S. 11.

-heit   -keit (2x)   -schaft (2x)   -ität

1. die Nachbar*schaft* (Z. 6)
2. die Kind............ (Z. 9)
3. die Univers............ (Z. 16)
4. die Gemein............ (Z. 19)
5. die Möglich............ (Z. 24–25)
6. die Persönlich............ (Z. 48)

> Nomen mit -heit, -keit, -schaft und -ität sind immer feminin (z. B. die Nachbarschaft).

b Arbeiten Sie in Gruppen (A und B). Ergänzen Sie die passenden Endungen aus a. Schreiben Sie dann zu jedem Wort in Ihrer Liste einen Satz und lassen Sie die Endungen weg.

Gruppe A	Gruppe B
1. Krank............	1. Schwierig............
2. Qual............	2. Bot............
3. Süßig............	3. Gesund............
4. Land............	4. Real............
5. Schwanger............	5. Sicher............
6. Vergangen............	6. Fähig............

Ⓐ 1. Die Ärztin sagt mir, welche Krank............ ich habe.

Ⓑ 1. Bei der Eröffnung der Praxis hatte die Ärztin einige Schwierig............ .

c Tauschen Sie Ihre Sätze mit der anderen Gruppe. Ergänzen und vergleichen Sie. Wer hat die meisten richtigen Sätze? → AB 6

 6a GRAMMATIK Lesen Sie die Sätze 1–8. Wo steht *zu*? Schreiben Sie die Sätze richtig. Vergleichen Sie dann mit dem Zeitungsartikel auf S. 11. → Infinitivsatz mit *zu*

1. Sie **hatte** ohnehin **vorgehabt**, die Klinik *bald zu verlassen* (bald verlassen). (Z. 26–27)
2. Nach der Schule **hatte** sie **sich gefreut**, endlich .... (von dort wegziehen können). (Z. 28–30)
3. Er war sofort begeistert und **fand es spannend**, ... (aufs Land ziehen). (Z. 36–38)
4. Für sie **war es schwierig**, ihre vertraute Umgebung .... (hinter sich lassen). (Z. 39–40)
5. „Ich **habe** hier **das Gefühl**, wirklich .... (gebraucht werden)." (Z. 42–43)
6. „Ich **finde es schön**, das alles .... (miterleben)." (Z. 45–46)
7. „**Es ist** nicht immer **möglich**, um 17 oder 18 Uhr .... (Feierabend machen)." (Z. 62–63)
8. „Ich **habe** manchmal keine **Zeit**, mit meiner Familie zusammen .... (Abendbrot essen). (Z. 63–65)

b Lesen Sie die Sätze in **a** noch einmal und ergänzen Sie. → AB 7–8

Der Infinitivsatz mit *zu* steht nach ...
• bestimmten Verben: <u>vorhaben</u> , sich _____ , ...
• *haben* + abstrakte Nomen: das _____ haben, _____ haben, ...
• *es ist / war* + Adjektiv: es war _____ , es ist _____ , ...
• *finden* + *es* + Adjektiv: er fand es _____ , ich finde es _____ , ...

7 Arbeiten Sie zu dritt. Jede/r formuliert mithilfe der Satzanfänge 1–6 <u>drei</u> Aussagen über sich selbst. Zwei Aussagen sind wahr, eine ist gelogen. Die anderen aus der Gruppe entscheiden, welche Aussage nicht stimmt.

1. Es ist wichtig für mich, ...
2. Ich finde es total langweilig, ...
3. Ich könnte mir vorstellen, ...
4. Für mich war es schwer, ...
5. Ich hätte Lust, ...
6. Ich habe das große Glück, ...

8 **KOMMUNIKATION** Schaubilder ergänzen und vergleichen: Leben in der Stadt und auf dem Land. → Schneeballmethode → AB 9–10

Schritt 1: Was verbinden Sie eher mit dem Leben in der Stadt bzw. auf dem Land? Was passt zu beiden? Ergänzen Sie das Schaubild und vergleichen Sie. Lesen Sie die Ausdrücke und ordnen Sie sie ins Schaubild ein. Sie können auch weitere Ausdrücke ergänzen.

alte Gebäude   ältere Bevölkerung   Einsamkeit   gute ärztliche Versorgung   gute Bildungschancen   gute Einkaufsmöglichkeiten   hohe Mieten   Lärm   schlechte Bus- und Bahnverbindung   schlechter bezahlte Jobs   schlechter Internetempfang   Smog   ~~Stau~~   Stress   viele Freizeitangebote   weniger Arbeitsplätze   zu wenig Wohnraum   ...

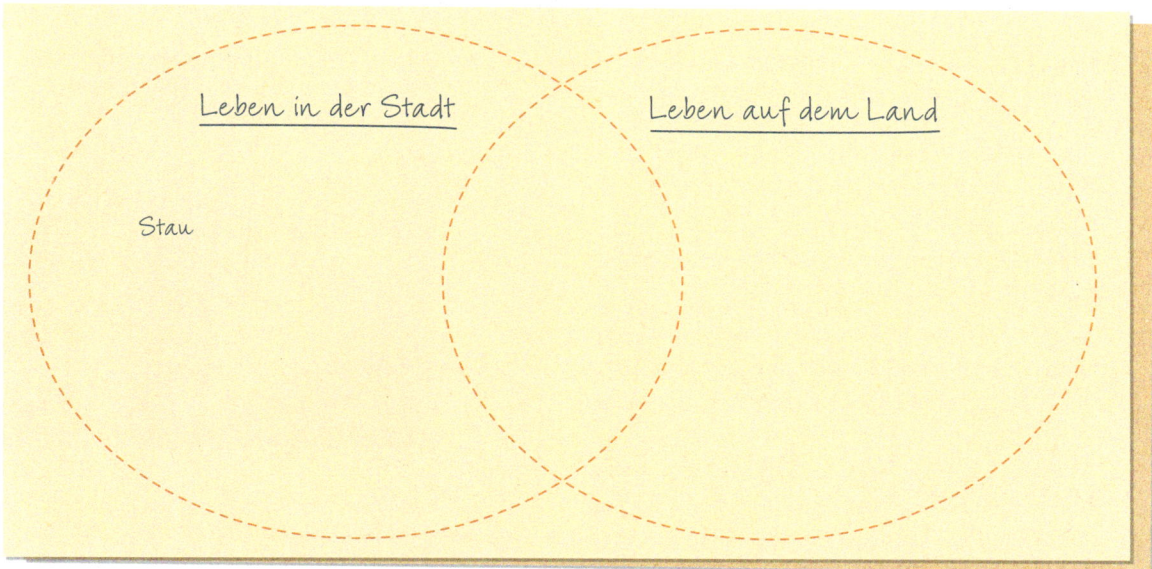

Schritt 2: Arbeiten Sie in Gruppen. Vergleichen Sie Ihre Schaubilder. Welche Ausdrücke haben Sie gleich und welche anders zugeordnet? Was haben Sie ergänzt? Sprechen Sie.

Ergebnisse besprechen
Ich verbinde mit dem Leben in der Stadt / auf dem Land vor allem ... Und ihr?
Für mich gehört ... Habt ihr das auch so?
Bei der Frage, ob ..., war ich mir unsicher.
Mir hat gefehlt, dass ...
In meinem Schaubild ist das ähnlich. / ganz anders.
Für mich gehört ... auch eher zu ...

♦ Ich habe schon in vielen großen Städten gelebt, z. B. in Jakarta oder Shanghai. Da gab es viel Verkehr. Ich verbinde deswegen mit dem Leben in der Stadt vor allem Staus. Und ihr?

THEMA

Berufsberatung

EXTRA BERUF

LERNZIELE

// ein Beratungsgespräch verstehen
// einen Text zum dualen Ausbildungssystem verstehen
// über das eigene berufliche Profil sprechen

1a Erinnern Sie sich noch an Fiona Doyle aus Lektion 1 und dem Moduleinstieg? Was wissen Sie schon über sie? Sammeln Sie im Kurs.

1◀)) 04 **b** Hören Sie die Sprachnachricht. Was ist Fionas Problem? Was hat sie vor? Sprechen Sie zu zweit.

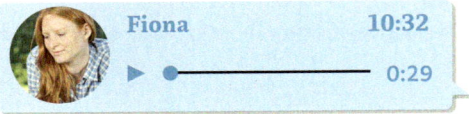

2 Lesen Sie die Fragen 1 und 2 und die Webseite von Berufscoach Erwin Pasterk. Markieren Sie die Informationen im Text und beantworten Sie die Fragen.

1. Für welche Zielgruppe ist das Coaching?
2. Wie funktioniert das Coaching?

www.berufscoach-pasterk.de/coaching

| HOME | ÜBER MICH | COACHING | INFORMATIONEN | KONTAKT |

Sie zweifeln an Ihrem Studium und fragen sich, wie es nach einem möglichen Abbruch weitergehen könnte? Mit diesen Gedanken sind Sie nicht allein: Rund 30 Prozent der Studierenden steigen vor dem Bachelorabschluss aus. Das Studium abzubrechen ist nicht das Ende. Es ist auch eine Chance, die passende Karriere zu finden. Ich unterstütze Sie dabei!

Die folgenden Fragen werden in unserem Beratungsgespräch wichtig sein:

1. Was können Sie gut?
2. Was können Sie nicht so gut?
3. Wo liegen Ihre Interessen?
4. Welche Fächer mochten Sie in der Schule gern und welche nicht?
5. Was sind Ihre bisherigen beruflichen Erfahrungen?
6. Was wünschen Sie sich in Ihrer zukünftigen Ausbildung, in Ihrem zukünftigen Studium oder Job?

Nachdem wir uns Ihre aktuelle Situation und Ihre Wünsche angesehen haben, überlegen wir gemeinsam, wie Ihr weiterer beruflicher Weg aussehen könnte. Ich stelle Ihnen verschiedene Optionen vor und helfe Ihnen auch mit Kontakten.

1◀)) 05 **3a** Hören Sie Fionas Beratungsgespräch. Worüber spricht sie mit Erwin Pasterk? Bringen Sie die Themen in die richtige Reihenfolge.

○ Dinge, die Fiona am Studium Spaß machen (Interessen)
○ Lieblingsfächer in der Schule
① Fionas Probleme mit dem Architekturstudium
○ die duale Ausbildung
○ Fionas Wünsche für die Zukunft
○ Fionas berufliche Erfahrungen

b Arbeiten Sie zu zweit. Hören Sie das Beratungsgespräch noch einmal. Wählen Sie die Fragen oder . Ihre Partnerin / Ihr Partner wählt die anderen Fragen. Was antwortet Fiona auf die Fragen? Machen Sie Notizen. Tauschen Sie anschließend Ihre Informationen aus.

A
1. Was interessiert Fiona nicht? Was kann sie nicht so gut?
2. Was sind ihre Wünsche für die Zukunft?
3. Warum ist eine duale Ausbildung für sie interessant?

B
1. Was interessiert Fiona? Was kann sie gut?
2. Welche beruflichen Erfahrungen hat sie gemacht?
3. Welche Fächer mochte sie in der Schule?

Ⓐ 1. Fächer: Chemie und Physik ...

4a Lesen Sie die Informationen zum dualen Ausbildungssystem. Was passt? Ergänzen Sie.

Ausbildungsbetrieb | Azubis | Berufsschule | Dauer | Gehalt | Kenntnisse | Prüfung

www.berufscoach-pasterk.de/informationen/duale_ausbildung

HOME | ÜBER MICH | COACHING | INFORMATIONEN | KONTAKT

DAS DUALE AUSBILDUNGSSYSTEM

Beim dualen Ausbildungssystem lernen die Auszubildenden (kurz: Azubis (1)) an zwei verschiedenen Orten einen Beruf, in einem Betrieb und in der _____ (2). Dabei werden die praktischen _____ (3) vor allem bei der Arbeit im Betrieb vermittelt, die theoretischen in der Berufsschule.

Azubis arbeiten pro Woche 3–4 Tage in ihrem Betrieb und gehen 1–2 Tage in die Berufsschule. Der Unterricht kann aber auch in einem Block von mehreren Wochen stattfinden. Sie bekommen ein kleines _____ (4) von ihrem _____ (5), die Berufsschule ist kostenlos.

Die Ausbildung hat je nach Beruf eine _____ (6) von 2–4 Jahren und wird mit einer praktischen und einer theoretischen _____ (7) abgeschlossen.

b Lesen Sie den Text noch einmal und unterstreichen Sie die wichtigsten Informationen zum dualen Ausbildungssystem.

c Beschreiben Sie das duale Ausbildungssystem in eigenen Worten und vergleichen Sie es mit den Ausbildungen in einem Land, das Sie gut kennen.

5 KOMMUNIKATION Sprechen Sie über Ihr berufliches Profil.

Schritt 1: Lesen Sie die Fragen 1–6 auf der Webseite von Erwin Pasterk noch einmal und beantworten Sie diese für sich selbst. Machen Sie Notizen.

Schritt 2: Arbeiten Sie zu zweit. Interviewen Sie sich gegenseitig zu Ihren Profilen. Die Redemittel helfen.

über berufliche Erfahrungen sprechen
Ich habe mal ... Und das konnte ich gut!
Ich habe bereits als ... gearbeitet. / ein Praktikum bei ... / in ... / eine Ausbildung zum / zur ... gemacht.
Das hat mich gelangweilt. / Damit konnte ich gar nichts anfangen.

über Interessen sprechen
Ich ... gern ... Das finde ich spannend.
Ich interessiere mich für ...
Ich finde es langweilig, ... zu ...
Es fällt mir schwer / leicht, ... zu ...

über Berufswünsche sprechen
Ich würde sehr gern praktisch / theoretisch / im Bereich ... / in einem Unternehmen / an der Universität arbeiten.
Ich hätte / würde gern ...
Ich wollte schon immer mal ...
Mein größter Traum wäre ...

Türen

1

TÜREN sind Eingänge und Ausgänge. Durch sie kommen wir von drinnen nach draußen, von einem Raum zu einem anderen. Türen werden geschlossen, wenn man Ruhe haben möchte oder wenn es privat wird. Wir öffnen sie, wenn wir bereit sind für etwas Neues.

2

NIKOLAUSSTIEFEL

Viele Rituale und auch religiöse Bräuche finden an Türen statt. Kinder stellen an Nikolaus Stiefel vor die Tür. Man hängt oder schreibt etwas an oder über die Tür – zum Beispiel, um sich sicherer zu fühlen.

HUFEISEN

KNOBLAUCH

3

Türen können auch Erinnerungen löschen. Man geht von einem Raum in einen anderen und hat plötzlich vergessen, was man dort wollte. Woran liegt das? Das Gehirn räumt auf, wenn man einen Raum verlässt. Manchmal hilft es dann, in den ersten Raum zurückzugehen.

1 Durch welche offenen und geschlossenen Türen sind Sie heute schon gegangen? Welche haben Sie danach offen gelassen, welche haben Sie zugemacht? Sprechen Sie im Kurs.

◆ Ich habe heute Morgen die Haustür aufgeschlossen. Die schließen wir nachts immer ab.
▲ Die Tür vom Badezimmer war zu. Ich habe geklopft, bin dann reingegangen und habe sie wieder zugemacht.

2 Welche Rituale und Bräuche mit Türen kennen Sie? Recherchieren Sie und präsentieren Sie im Kurs.

3 Welche Aussagen ⓐ – ⓓ treffen auf Sie zu? Welche nicht? Warum? Sammeln Sie weitere Aussagen.

ⓐ Ich habe noch nie erlebt, dass Türen Erinnerungen löschen.
ⓑ Ich sitze gern mit dem Rücken zur Tür.
ⓒ Ich ärgere mich, wenn jemand Türen laut zumacht.
ⓓ Ich finde es seltsam, wenn an der Wohnungstür ein Namensschild hängt.

SPRACHECKE

1 Was bedeuten die Redewendungen? Ordnen Sie zu.

ⓐ *Kehr erst mal vor der eigenen Tür!*
ⓑ *Ich habe da einen Fuß in der Tür.*
ⓒ *Du fällst mit der Tür ins Haus.*
ⓓ *Da rennst du bei mir offene Türen ein.*

1. ◯ Du sagst sofort, was du willst.
2. ◯ Das sehe ich ganz genauso.
3. ◯ Kümmer dich um deine Sachen!
4. ◯ Ich habe da gute Chancen.

2 Kennen Sie ähnliche Redewendungen oder Sprichwörter in anderen Sprachen? Sammeln und vergleichen Sie.

MODUL 2

4 Essen und Trinken | **5** Kleidung | **6** Beziehungen

Kilian Lechner
seit fast sieben Jahren in
📍 Graz, Steiermark

Wann fühlen Sie sich willkommen?

Guido Steger
schon immer in
📍 Marburg, Hessen

Laura Walter
seit ein paar Monaten in
📍 Konstanz, Baden-Württemberg

1a Wann fühlen sich Kilian, Guido und Laura willkommen? Lesen Sie die Aussagen. Hören Sie dann die Filme, ohne die Bilder zu sehen. Zu wem passt welche Aussage? Notieren Sie *K* (= Kilian), *G* (= Guido) und *L* (= Laura).

- ◯ Wenn man sich bemüht und mir etwas erklärt.
- ◯ Wenn man mir etwas Persönliches erzählt.
- ◯ Wenn man mir etwas zu essen anbietet.

b Wann fühlen sich Kilian, Guido und Laura noch willkommen? Sehen Sie die Filme an und sprechen Sie im Kurs.

2 Wann fühlen Sie sich willkommen? Notieren Sie drei Aspekte und sprechen Sie dann mit Ihrer Partnerin / Ihrem Partner.

ESSEN UND TRINKEN

Gemeinsam essen

4

LERNZIELE

// Angebote auf der Webseite eines Cafés verstehen
// ein Radiointerview über ein Café-Konzept verstehen
// einen Kursabend planen und eine Einladung verfassen
// Nomen-Nomen-Verbindungen
// Fragewort wo(r)- / Pronomen da(r)- + Präposition

A

Gefällt 124 Mal
JulieP Wie jedes Jahr zum Geburtstag: Käsefondue! Darauf freue ich mich immer besonders. Diesmal sogar mit selbst gebackenem Brot. Danke, Britta!
Vor 10 Minuten

B

Gefällt 93 Mal
Maurice3.0 Endlich Sommer, endlich draußen! Und direkt Grill und Kohle aus dem Keller geholt. 💪
Vor 17 Tagen

C

Gefällt 51 Mal
YoUng Zur Feier des Tages mal wieder Hot Pot mit viel Gemüse. Eine große Schale Reis dazu und ich bin glücklich!
Vor 3 Tagen

D

Gefällt 207 Mal
Kilian.Le Heute gibt es Meze für alle! Mega! Für mich die besten Vorspeisen überhaupt. Und diese schönen kleinen Schüsseln! 🧡
Vor 48 Minuten

1 Sehen Sie die Beiträge Ⓐ – Ⓓ an und beantworten Sie die Fragen 1 und 2. Sprechen Sie dann im Kurs. → AB 1–2

1. Welche Speisen kennen Sie? Oder kennen Sie ähnliche Speisen?
2. Was haben diese Speisen gemeinsam?

◆ Die Vorspeisen auf Bild D kenne ich, sie heißen bei uns aber …

2 KOMMUNIKATION Was verbinden Sie mit „gemeinsam essen"? Gibt es in Ihrer Familie oder in Ihrem Freundeskreis dazu besondere Gewohnheiten oder Traditionen (Wann? / Wie oft? / Mit wem? / Was? / Wie?)? Machen Sie Notizen und präsentieren Sie Ihre Ergebnisse im Kurs. → AB 3

über Gewohnheiten berichten
Bei uns ist es üblich / selbstverständlich, … zu …
Normalerweise / In der Regel …
An besonderen Tagen / Einmal im Jahr / …
Wenn es etwas zu feiern gibt, dann …

CHEN LU, CHINA
„ Bei uns ist es üblich, am Mondfest Mondkuchen zu essen. "

3a Sehen Sie die Webseite an und lesen Sie den Text. Was ist das Besondere am Café *Ess(t)räume*? Markieren Sie und sprechen Sie im Kurs.

www.esstraeume.at/über_uns

☰ ♡ ◎ Q   ÜBER UNS • ANGEBOTE • SPEISEKARTE • ÖFFNUNGSZEITEN & KONTAKT

In unserem Café „ESS(T)RÄUME" gibt es viele Möglichkeiten. Hier kannst du wählen, wie du essen möchtest: allein oder gemeinsam, mit Freund*innen, Kolleg*innen oder mit (noch) ganz fremden Menschen zusammen an einem Tisch … Du kannst wählen, ob du beim Essen Gemeinschaft spüren oder Ruhe erleben möchtest. Und egal, wie du dich entscheidest: Dein Essen kommt immer zusammen mit einer großen Portion Liebe auf den Tisch. Komm vorbei! Wir freuen uns auf dich!

Kilian war im Radio! ZUM INTERVIEW

◆ Das Besondere am Café Ess(t)räume ist, dass …

KB • MODUL 2 • SEITE 18

b Sehen Sie das Bild in **a** noch einmal an. Erinnern Sie sich noch an Kilian Lechner? (→ S. 17) Was wissen Sie schon über ihn? Sammeln Sie im Kurs.

4a Lesen Sie die Angebote auf der Webseite. Worin unterscheiden sie sich? Unterstreichen Sie im Text. Die Fragen helfen. → AB 4–7

- Wann findet es statt?
- Wer isst mit wem?
- Wie viele essen?
- Was wird gegessen?

---

www.esstraeume.at/angebote

ÜBER UNS • ANGEBOTE • SPEISEKARTE • ÖFFNUNGSZEITEN & KONTAKT

MITTAGSPAUSE
täglich, Montag bis Freitag, 13:00 Uhr
Nicht alle Berufstätigen haben Kolleg*innen, mit denen sie eine Mittagspause verbringen können.
5 Wer sich interessante Gespräche mit einer Prise Humor wünscht, kommt an unseren Mittagstisch! Hier gibt es acht Plätze und vier Kärtchen mit Fragen für eine spannende und witzige Diskussion über Job, Karriere und das Leben.
10 Inkl.: ein Teller Suppe / Eintopf, kleine Flasche Mineralwasser, neue Ideen

SONNTAGMITTAG
jeden 1. und 3. Sonntag im Monat, 12:30 Uhr
Ein langer Tisch voller großer Schüsseln mit duften-
15 dem Essen ... Kennst du diese Sonntagsessen mit der Familie nur aus Filmen? Probier es aus! Komm allein oder zu mehreren, setz dich an den für 16 Personen gedeckten Tisch und genieß das Sonntagsessen, ganz traditionell mit Erdäpfeln,
20 Gemüse, Fleisch / Fisch und einem Stück Kuchen, Pudding oder einem anderen Dessert.
Inkl.: alles, was auf dem Tisch steht, Familiengefühl

DINNER-RUNDE
jeden 2. Freitag im Monat, 19:30 Uhr
25 Die Dinner-Runde mit einem 5-Gänge-Menü ist ein Angebot für alle, die neue Leute kennenlernen möchten, sich aber kein Date wünschen. Ihr sitzt zu zweit an einem Tisch und jeweils eine Person wechselt nach jedem Gang den Platz.
30 Inkl.: Menü, große Flasche Mineralwasser, neue Bekannte

SOLO-DINNER
jeden 1. Samstag im Monat, 19:30 Uhr
Samstagabend: Alle gehen aus und treffen sich
35 mit Freunden oder Bekannten. Bei uns kannst du diesen Abend aber auch genießen, wenn du allein bist oder allein sein willst. Das Gute ist nämlich: Bei unserem Solo-Dinner ist Alleinsein nichts Besonderes. An diesem Abend gibt es
40 im ganzen Café nur Einzeltische.
Inkl.: ein Gericht nach Wahl, ein Getränk, Ruhe zum Genießen

ZUR RESERVIERUNG

---

b KOMMUNIKATION Welches Angebot würden Sie (nicht so) gern ausprobieren? Ihre Notizen aus **a** helfen Ihnen. Finden Sie möglichst viele Personen, die dasselbe Angebot wie Sie ausprobieren möchten. → Kursspaziergang

eine Meinung äußern
Ich hätte (keine) Lust, ... zu ...
Ich kann mir (nicht so) gut vorstellen, ... zu ...
Ich finde das Angebot ... (nicht so) toll, da ...

etwas bewerten
Ich finde es (un)angenehm / spannend / seltsam / ..., wenn / dass ...
Nicht so gut / Besonders gut gefällt mir, dass ...

- ◆ Ich hätte Lust, die „Mittagspause" auszuprobieren, weil ich sehr gern diskutiere. Besonders gut gefällt mir, dass es Karten mit Fragen gibt. Hättest du auch Lust?
- ▲ Nein, eher nicht. Ich kann mir nicht so gut vorstellen, mit fremden Menschen in der Mittagspause zu sprechen.

5 WÖRTER Arbeiten Sie zu zweit. Mit welchen Wörtern kann man die Nomen kombinieren? Recherchieren Sie. Notieren Sie zu jedem Nomen mindestens zwei Kombinationen. Sammeln Sie dann im Kurs.

Teller, Flasche, Stück, Portion, Tasse, Scheibe, Glas, Schale, Prise

eine Scheibe Brot, eine Scheibe Gurke, ...

6
Lesen Sie die Zusammenfassung auf der Webseite von Radio Y. Was passt? Hören Sie das Radiointerview und ergänzen Sie. Zwei Wörter passen nicht. Hören Sie dann das Radiointerview noch einmal und kontrollieren Sie Ihre Lösung.

Abenteuer   Erfahrungen   Ideen   Kontakte   Probleme   Ruhe   Tradition   Wochen   ~~Wünsche~~   Zeitschriften

TALK MIT MONA
www.radio_Y.de/talk_mit_mona
19.05. ab 14:30 Uhr

Zu Gast: Kilian Lechner

Mit dem Café „Ess(t)räume" hat sich Kilian Lechner in Graz einen Kindheitstraum erfüllt. Er hat einen Ort geschaffen, an dem sich möglichst viele Menschen wohlfühlen sollen. Im Interview mit Radio Y erzählt der Cafébesitzer, welche Rolle dabei die individuellen _Wünsche_ (1) seiner Gäste spielen. Er berichtet, wie er auf die _____ (2) für seine Angebote kommt und vor allem spricht er auch über seine ganz persönlichen _____ (3). Er erzählt, warum er früher _____ (4) damit hatte, allein auszugehen oder in der Öffentlichkeit allein zu essen. In seinem Café macht er darum nun besondere Angebote – hier kann man _____ (5) finden, wenn man sich einsam fühlt, oder in _____ (6) das Alleinsein erleben und genießen. Außerdem verrät er Mona, wie sich aus einer alten _____ (7) sein erfolgreiches Angebot „Sonntagmittag" entwickelt hat, das _____ (8) im Voraus ausgebucht ist.

7a GRAMMATIK
Hören Sie die Ausschnitte aus dem Radiointerview noch einmal und ergänzen Sie die richtigen Präpositionen. → Fragewort *wo(r)-* / Pronomen *da(r)-* + Präposition

Mona: Mich interessiert, warum du diese verschiedenen Möglichkeiten zu essen anbietest. Was ist dein Ziel? Wo_r_ (1) achtest du dabei?
Kilian: Ich achte _auf_ (2) die individuellen Wünsche meiner Gäste. Mir ist es wichtig, dass sich alle bei uns wohlfühlen – so wie sie sind.
Mona: Hm, das klingt schön. [...] Ich frage mich, wie du auf deine ganzen Ideen kommst. _____ (3) wen hast du zum Beispiel gedacht, als du dein Angebot „Solo-Dinner" entwickelt hast?
Kilian: Ganz ehrlich? _____ (4) mich. Ich habe _____ (5) meine ganz persönlichen Erfahrungen gedacht.
[...]
Mona: Ah ja, das verstehe ich gut. Warum war das für dich besonders schlimm? Kannst du das vielleicht näher beschreiben?
Kilian: Na ja, wenn ich allein im Café gesessen bin, habe ich gedacht: Alle schauen mich komisch an und denken: „Oh, der Arme, der ist ganz allein." Ich habe mich _____ (6) dieser Situation gefürchtet.
[...]
Kilian: [...] Schon als Kind habe ich in Filmen immer die Szenen geliebt, wo so eine Familie an einem großen Tisch zusammensitzt. Mehrere Generationen an einem wunderbar gedeckten Tisch [...].
Mona: Das klingt jetzt wirklich ganz schön romantisch.
Kilian: Stimmt. Aber genau da_____ (7) habe ich geträumt.

b
Lesen Sie die Sätze in a noch einmal und ergänzen Sie die Tabelle. → AB 8–11

Verb mit Präposition	bei Sachen / Themen		bei Personen	
	Fragewort wo(r)- + Präposition	Pronomen da(r)- + Präposition	Präposition + Fragewort	Präposition + Pronomen
achten _auf_		darauf	auf wen?	auf dich
denken ___	woran?	daran		
sich fürchten ___	wovor?	davor	vor wem?	vor ihr
träumen von	wovon?		von wem?	von ihm

8a GRAMMATIK Was passt zusammen? Verbinden Sie. → Pronomen *da(r)-* + Präposition bei Nebensätzen

1. Ich habe mich fast davor gefürchtet,
2. Wir achten darauf,
3. Ich wünschte mir einen Ort, an dem sich niemand dafür interessiert,

a) dass wir immer ein paar Einzeltische haben.
b) allein auszugehen.
c) ob du allein bist.

b Lesen Sie die Sätze 1–3 in **a** noch einmal und ergänzen Sie. → AB 12–13

da(r)- + Präposition kann stehen vor einem …	
• *dass*-Satz	Satz: ……
• Infinitivsatz mit *zu*	Satz: ……
• indirekten Fragesatz	Satz: ……

9 Arbeiten Sie zu viert. Sie nehmen am Angebot „Mittagspause" von S. 19 teil. Lesen Sie die Fragen 1–4 und machen Sie Notizen. Tauschen Sie sich dann in der Gruppe über Ihre Ergebnisse aus.

1. Worauf achtest du, wenn du einen neuen Job suchst?
2. Wovon träumst du beruflich?
3. Woran denkst du, wenn du das Wort „Arbeit" hörst?
4. Worüber sprichst du gern mit Kolleginnen und Kollegen?

◆ Worauf achtet ihr, wenn ihr einen neuen Job sucht?
▲ Also, ich achte darauf, dass ich mehr Geld verdiene als jetzt.

10 KOMMUNIKATION Planen Sie einen Kursabend und verfassen Sie eine Einladung. → AB 14–15

Schritt 1: Machen Sie eine Umfrage im Kurs: Wer ernährt sich vegetarisch oder vegan? Wer kann / möchte was nicht essen oder trinken? Sammeln Sie im Kurs.

vegetarisch: II
vegan: II
Sonstiges: keine Nüsse, …

Schritt 2: Arbeiten Sie in Gruppen und planen Sie einen Kursabend. Die Fragen helfen Ihnen. Diskutieren Sie und einigen Sie sich in Ihrer Gruppe. Notieren Sie Ihre Ergebnisse.

- Welches Motto hat Ihr Kursabend?
- Welche Gerichte gibt es bei Ihnen?
- Gibt es wie im Café „Ess(t)räume" ein besonderes Angebot?
- Was tun Sie dafür, dass es gemütlich wird und sich alle wohlfühlen?

Motto: Picknick im Kursraum
Gerichte: veganes Fingerfood, …
besonderes Angebot: Quizduell
Dekoration: Decken, Kissen, …

Vorschläge machen
Ich würde … vorschlagen.
Was haltet ihr davon, wenn …?

Gegenvorschläge machen
Ich habe einen anderen Vorschlag: …
Sollen wir vielleicht lieber …?

zustimmen (und begründen)
Ich finde den Vorschlag von … sehr gut, weil …
Ich glaube auch, dass … eine gute Idee ist.

sich einigen
Wärt ihr mit … / damit einverstanden?
Können wir uns auf … / darauf einigen?

◆ Ich würde Zaziki vorschlagen. Das schmeckt super und man kann es schnell zubereiten.
▲ Sollen wir vielleicht lieber nur vegane Gerichte nehmen? Wir haben ja einige Veganerinnen und Veganer im Kurs.

Schritt 3: Schreiben Sie eine Einladung für Ihren Kursabend. Gehen Sie dabei auf die Punkte in Schritt 2 ein.

Schritt 4: Präsentieren Sie die Einladung im Kurs. Zu welchem Kursabend würden Sie am liebsten gehen? Stimmen Sie ab.

Liebe …,
wir möchten euch am … um … Uhr zu unserem Kursabend mit dem Motto „Picknick im Kursraum" einladen.
Zu essen gibt es …
Außerdem haben wir … vorbereitet.
Wir würden uns sehr freuen, wenn ihr kommen könntet.
Liebe Grüße
…

KLEIDUNG

Im Schrank

5

LERNZIELE
// eine Kurzgeschichte über ein Kleidungsstück verstehen
// von einem persönlichen Gegenstand berichten
// Wortfeld *Körperreaktionen*
// kausale Zusammenhänge: Gründe angeben; konzessive Zusammenhänge: Gegengründe angeben und Widersprüche ausdrücken

Kleidung und ich

1. Ich kaufe meine Kleidung lieber online als im Laden.
2. Ich interessiere mich dafür, wo und unter welchen Bedingungen Kleidung produziert wird.
3. Mir ist wichtig, dass meine Kleidung lange hält.
4. Ich trage besonders gern Kleidungsstücke, die selbst gemacht sind.
5. Meiner Meinung nach sollte Kleidung, die aus recyceltem Material besteht, besonders günstig sein.
6. Ich achte bei Kleidung und Mode immer auf die Marke.
7. Ich stimme Karl Lagerfeld zu: „Wer eine Jogginghose trägt, hat die Kontrolle über sein Leben verloren."
8. Ich trenne mich schnell von Kleidungsstücken, die ich nicht mehr anziehe.

1a Lesen Sie die Aussagen ❶–❽. Welche Aussagen treffen auf Sie zu, welche nicht? Malen Sie ☺ oder ☹. Notieren Sie dann zu jeder Aussage ein paar Stichwörter. → Autogrammjagd

```
①. online
   - oft günstiger
   - zu Hause anprobieren = bequem
②. ...
```

```
①. im Laden
   - man sieht sofort, ob es passt
   - man muss nicht warten = praktisch
②. ...
```

b Sprechen Sie zu zweit über Ihre Ergebnisse aus **a**. → AB 1–2

◆ Also, ich weiß nicht, wie es bei dir ist. Aber ich kaufe meine Kleidung lieber online. Da ist sie oft günstiger als im Laden. Außerdem finde ich es bequemer, die Kleidung zu Hause anzuprobieren.
▲ Interessant! Mir geht es da ganz anders. Ich schaue mir die Kleidung gern im Laden an. Da probiere ich die Sachen an und sehe sofort, ob sie passen. Total praktisch – und ich muss nicht auf ein Paket warten.

2 Sehen Sie das Bild an und lesen Sie die Informationen zum Autor. Erinnern Sie sich noch an Guido Steger? (→ S. 17) Was wissen Sie schon über ihn? Und was erfahren Sie noch? Sammeln Sie im Kurs.

Geschichten aus dem Schrank
von Guido Steger

Der Autor: Guido Steger lebt in Marburg. Er schreibt seit über zehn Jahren Kurzgeschichten. Da er sich beim Schreiben wie im Leben nicht gern entscheidet, haben viele seiner Geschichten zwei Enden. In seinen „Geschichten aus dem Schrank" beschreibt Steger liebevoll das Auf und Ab in ungewöhnlichen Beziehungen.

→ Zu den Geschichten

3a Lesen Sie die Kurzgeschichte. Wer ist „Ich"? Welche Textstellen helfen Ihnen, die Antwort zu finden? Markieren Sie und vergleichen Sie mit Ihrer Partnerin / Ihrem Partner. → AB 3–6

Weißt du noch?

❶ Weißt du noch, Guido? Weißt du noch, wie wir uns kennengelernt haben? Es war der schönste Tag meines Lebens. Ich werde nie vergessen, wie du mit großen Schritten in den Laden kamst. Du hattest mich schon durch das Schaufenster entdeckt. Du gingst direkt auf mich zu, obwohl ich ganz hinten im Regal lag. Wie du mich angesehen hast!
5 Mit großen Augen – voller Wärme. Mein Herz klopfte. Ich kannte dich erst wenige Minuten, du warst mir trotzdem ganz nah. Ich wusste sofort, dass du mein Zuhause bist! Du hast zufrieden genickt und mich lächelnd nach Hause getragen.

❷ Dort wohnte ich im Schrank, vorne links. Neben mir hingen die anderen Hemden – einfarbig und alle ein bisschen zu weit. Ich war etwas ganz Besonderes für dich. Wir
10 waren ständig unterwegs – meistens zusammen mit der engen hellblauen Jeans, die so gut zu mir gepasst hat. Gemeinsam waren wir am Meer und in den Bergen, haben in Restaurants gegessen und bis spät in die Nacht getanzt. Danach sind wir müde ins Bett gefallen und erst mittags zusammen aufgewacht. Wir haben so viel zusammen erlebt! Wir waren das perfekte Team und konnten uns kaum voneinander trennen. Nur wenn
15 ich in die Wäsche musste.

❸ Es hat mir schrecklich wehgetan, als du mich eines Tages am Strand vergessen hast. Weißt du noch? Ich lag im Sand – allein. Ich hatte Tränen in den Augen, so enttäuscht war ich. Wie konntest du mich nur vergessen? Stunden später kamst du zurück. Da du den ganzen Weg gelaufen warst, ging dein Atem schnell. Du hast mich aufgehoben.
20 Deine Hände zitterten, aber deine Augen leuchteten. Du hast den Kopf geschüttelt und liebevoll gesagt: „Da bist du ja."

❹ Das war heute vor sieben Jahren. Was ich damals nicht wusste: Dieser Tag am Strand war der Anfang vom Ende. Trotz unserer Geschichte war plötzlich alles anders. Ich habe den Schrank lange nicht mehr verlassen. Du hast mich wegen der neuen Hem-
25 den vergessen. Wegen dieser klein karierten Hemden aus Bio-Baumwolle, die an meinem alten Platz im Schrank hängen. Vorne links. Immer noch geht täglich die Tür auf. Doch du siehst mich nicht mehr. Ich mache mir deswegen Sorgen. Sorgen, wie lange du noch mein Zuhause bist.
Wie soll es nur weitergehen?

Text hören 🔊

b **KOMMUNIKATION** Arbeiten Sie zu zweit (A und B). A liest die Abschnitte ❶ und ❷, B liest die Abschnitte ❸ und ❹. Notieren Sie wichtige Informationen zu den Fragen 1 und 2. Erzählen Sie dann Ihrer Partnerin / Ihrem Partner Ihren Teil der Kurzgeschichte. → AB 7

1. Was ist genau passiert zwischen dem Hemd und Guido, seinem Besitzer?
2. Wie fühlt sich das Hemd?

A: – Guido sieht im Geschäft nur das Hemd
– er kauft es sofort
– …

B: – Guido vergisst das Hemd am Strand
– das Hemd ist traurig und …
– …

einen zeitlichen Ablauf beschreiben
Alles beginnt …
Am Anfang … / Anfangs …
Eines Tages …
Dann … / Danach … / Später … / Seitdem …
Am Ende … / Zum Schluss …

◆ Alles beginnt in einem Geschäft. Guido …
▲ Eines Tages vergisst Guido das Hemd am Strand. Das Hemd …

4a WÖRTER Lesen Sie die Sätze 1–5. Was passt zusammen? Verbinden Sie.

1. Wenn man Sport gemacht hat, Angst hat oder verliebt ist, klopft das Herz.

2. Wenn man traurig ist, hat man Tränen in den Augen.

3. Wenn man nervös ist, zittern die Hände.

4. Wenn man sich freut, leuchten die Augen.

5. Wenn man etwas nicht glaubt oder nicht möchte, schüttelt man den Kopf.

b Formulieren Sie Fragen mit den markierten Ausdrücken aus a wie im Beispiel. Machen Sie Notizen zu den eigenen Antworten.

> Wann klopft dein Herz? → spannender Film
> Wann hast du …

c Fragen und antworten Sie im Kurs. Können Sie mindestens zwei Personen finden, denen es ähnlich geht wie Ihnen? → AB 8

5a GRAMMATIK Lesen Sie die Sätze 1–4. Was passt? Ergänzen Sie. → Kausale Zusammenhänge und konzessive Zusammenhänge

da   deswegen

1. Dein Atem ging sehr schnell, _____ du den ganzen Weg gelaufen warst.
   Grund (Warum?)

2. Doch du siehst mich nicht mehr. _____ mache ich mir Sorgen.
   Grund (Warum?)

obwohl   trotzdem

3. Du gingst direkt auf mich zu, _____ ich ganz hinten im Regal lag.
   Gegengrund (↔)

4. Ich kannte dich erst wenige Minuten, _____ warst du mir ganz nah.
   Gegengrund (↔)

b Lesen Sie die Sätze 1–4 in a noch einmal und ordnen Sie zu.

> Diese Wörter …
> • leiten Nebensätze (Verb am Ende!) ein: *weil*, _____ , _____
> • verbinden Hauptsätze: *deshalb, daher, darum*, _____ , _____

c Wie stehen die Sätze 1 und 2 in der Kurzgeschichte in 3a auf Seite 23? Ergänzen Sie. Markieren Sie dann das Verb und *deswegen / trotzdem* und lesen Sie den Tipp. → AB 9–10

1. Ich kannte dich erst wenige Minuten, **trotzdem** warst du mir ganz nah.
   _____ (Z. 5–6)

2. Doch du siehst mich nicht mehr. **Deswegen** mache ich mir Sorgen.
   Ich _____ (Z. 27)

> *deshalb, daher, darum, deswegen* und *trotzdem* können entweder **vor** oder **nach** dem Verb stehen.

6a Arbeiten Sie zu viert und bilden Sie zwei Teams (A und B). Wie geht die Kurzgeschichte weiter? Team A konzentriert sich auf Bild Ⓐ, Team B auf Bild Ⓑ. Verbinden Sie möglichst viele Sätze mit *weil, obwohl, deswegen, trotzdem*.

Ⓐ
Das Hemd passt Guido noch. / nicht mehr.
Guido probiert das Hemd (nicht) noch einmal an.
Guidos Freundin gefällt das Hemd (nicht).
Guidos Freundin will das Hemd (nicht) gern wegwerfen.

Ⓑ
Das Hemd ist schon / erst zehn Jahre alt.
Guido erinnert sich (nicht) gern an alte Zeiten.
Guido findet das Hemd immer noch / nicht mehr so toll.
Guido will das Hemd (nicht) behalten.

> Das Hemd passt Guido noch. Trotzdem will Guidos Freundin das Hemd gern wegwerfen.

> Guido will das Hemd behalten, weil es erst zehn Jahre alt ist.

b Tauschen Sie Ihre Sätze mit dem anderen Team und überprüfen Sie sie. → AB 11

7 Hören Sie die beiden Enden der Kurzgeschichte. Was meinen Sie? Welches Ende passt besser zur Geschichte? Begründen Sie Ihre Wahl. → Kursstatistik

♦ Ich finde das Ende bei A zwar schöner, trotzdem glaube ich nicht, dass Guido das Hemd behält. Er hat es so lange nicht getragen. Deswegen habe ich das Ende von B gewählt.

8 **KOMMUNIKATION** Berichten Sie von einem persönlichen Gegenstand. → AB 12–13

Schritt 1: Von welchem Gegenstand wollen Sie berichten? Wählen Sie ein Kärtchen A oder B. Die Ausdrücke helfen. Lesen Sie dann die Fragen 1–3 und machen Sie Notizen.

Ⓐ Sie haben einen Gegenstand schon sehr lange und benutzen ihn eigentlich nicht mehr.

Ⓑ Sie haben einen Gegenstand aus Ihrer Kindheit oder Jugend, der für Sie eine besondere Bedeutung hatte.

Fahrzeug   elektronisches Gerät   Kleidungsstück   Möbelstück   …

1. Wann und wie haben Sie diesen Gegenstand bekommen?
2. Was haben Sie mit ihm zusammen gemacht? / erlebt?
3. Warum haben Sie sich (noch) nicht von ihm getrennt?

> 1968 Ford Mustang
> 1. das erste Auto …

Schritt 2: Berichten Sie im Kurs von Ihrem Gegenstand.

über Erinnerungen berichten
Ich werde nie vergessen, wie …
Ich erinnere mich (gern) an …

Wichtigkeit ausdrücken
… ist / war für mich sehr wichtig.
… ist / war etwas ganz Besonderes für mich.

Gefallen ausdrücken
… fand ich toll. / super. / praktisch. / schön. / …
… hat mir gleich / gut gefallen.
… mochte ich sehr / am liebsten.

OLIVER, USA
„Schon als Kind war es mein Traum, das Auto meiner Eltern zu fahren."

BEZIEHUNGEN

Getrennt und doch zusammen

6

LERNZIELE

// ein Radiointerview zum Thema *So leben wir* verstehen
// einen Kommentar zum Thema des Radiointerviews verfassen
// Wortfelder *Haushalt, Beziehungen*
// modale Zusammenhänge: Art und Weise beschreiben und Einschränkungen ausdrücken

Zusammenleben bedeutet für mich …

○ … sich gegenseitig zu helfen.
○ … Kosten zu sparen.
○ … weniger Platz zu haben.
○ … zu heiraten.
○ … eine Familie zu gründen.
○ … weniger Freiheiten zu haben.

○ … weniger Zeit für mich zu haben.
○ … mehr zu streiten.
○ … sich die Hausarbeit aufzuteilen.
○ … schöne Gespräche zu führen.
○ … viele Kompromisse zu schließen.
○ …

1a Was bedeutet für Sie *Zusammenleben*? Lesen Sie die Aussagen und markieren Sie Ihre Top 5. Sie können auch eigene Ideen ergänzen.

b KOMMUNIKATION Arbeiten Sie zu dritt. Sprechen Sie über Ihre Auswahl in a, begründen Sie Ihre Entscheidungen und tauschen Sie sich aus. → AB 1–2

eine Auswahl erklären
Ich verbinde mit … vor allem, …, denn …
… heißt für mich (auch), …, weil …
Für mich bedeutet … (außerdem), … Schließlich …

zustimmen
Ja, das sehe ich genauso.
Ich finde es auch wichtig, dass …

widersprechen
Das sehe ich anders.
Ich weiß nicht, ich finde es wichtiger, dass …

MALAIKA, SOMALIA
„Für mich bedeutet Zusammenleben, sich gegenseitig zu helfen."

2 Lesen Sie den Programmhinweis. Was ist eine LAT-Beziehung? ==Warum entscheiden sich Paare für dieses Modell?== Markieren Sie die Antworten im Text mit zwei unterschiedlichen Farben. Vergleichen Sie Ihre Ergebnisse zu zweit. → AB 3–4

www.radio_Y.de/so_leben_wir/sendung

≡ **So leben wir**

19.05.
18:00 Uhr

Die meisten Paare ziehen irgendwann zusammen und leben in einem gemeinsamen Haushalt. Doch immer mehr junge Paare entscheiden sich dagegen, ganz besonders in den Großstädten. *Living apart together* (kurz: LAT) heißt ihr Beziehungsmodell. Das heißt: Sie leben in derselben Stadt und sind in einer festen Beziehung, wohnen aber in getrennten Wohnungen. Auf diese Weise wollen sie Alltagsprobleme vermeiden und dafür sorgen, dass ihre Beziehung spannend bleibt. So auch die 29-jährige Laura Walter aus Konstanz. Wir sprechen mit ihr über ihre Erfahrungen.

So leben wir: Jeden dritten Samstag im Monat
→ Und wie leben Sie? Schreiben Sie uns <u>hier</u> Ihre Geschichte!

NÄCHSTE SENDUNG:
mit Noah Favre (35), alleinerziehend
Sa. 09.06., 18:00 Uhr

3a Sehen Sie die Bilder in c an. Erinnern Sie sich noch an Laura Walter? (→ S. 17) Was wissen Sie schon über sie? Sammeln Sie im Kurs.

1◁)) 09 **b** Hören Sie Teil 1 des Radiointerviews. Wie lange haben Laura und Said zusammengewohnt? Wie lange waren sie schon ein Paar, als sie zusammengezogen sind? Sprechen Sie zu zweit.

KB • MODUL 2 • SEITE 26

c Lesen Sie die Aussagen 1–8. Hören Sie dann Teil 2 des Radiointerviews. Was passt zu wem? Verbinden Sie. Zwei Aussagen passen nicht. Vergleichen Sie dann mit Ihrer Partnerin / Ihrem Partner.

Laura

1. ... wollte ein großes Sofa im Wohnzimmer mit vielen Kissen.
2. ... wollte einen Teppich haben.
3. ... mag es, wenn das Zimmer nicht so voll ist.
4. ... hat die Wäsche nicht aufgehängt.
5. ... lässt gern alles herumliegen, z. B. die Schuhe.
6. ... hat dann immer aufgeräumt.
7. ... achtet auf Sauberkeit in Bad und Küche.
8. ... hat den Müll nicht weggebracht.

Said

4a WÖRTER Notieren Sie drei Tätigkeiten im Haushalt, die Sie überhaupt nicht gern machen.

aufräumen Bad putzen Betten machen Boden wischen bügeln Fenster putzen
Geschirr spülen kochen Lebensmittel einkaufen Müll wegbringen
Spülmaschine einräumen / ausräumen staubsaugen den Tisch decken / abräumen
Wäsche aufhängen / zusammenlegen ...

☹ Spülmaschine ausräumen, ...

b Wer macht das gern, was Sie nicht gern machen? Gehen Sie herum und finden Sie Ihre ideale Partnerin / Ihren idealen Partner. → Autogrammjagd → AB 5–6

◆ Räumst du gern die Spülmaschine aus?

5 Hören Sie Teil 3 des Radiointerviews. Machen Sie Notizen zu den Sätzen 1–4. Sammeln Sie dann im Kurs.

1. Laura und Said wohnen heute so: ...
2. Das sind für Laura die Vorteile: ...
3. So können sie sich zwei Wohnungen leisten: ...
4. Die Freunde reagieren so: ...

1. Said → in der Wohnung geblieben, ...
2. ...

6a GRAMMATIK Lesen und hören Sie die Sätze 1–3. Was passt? Ergänzen Sie.
→ Modale Zusammenhänge

indem ohne dass ohne

1. Wir sind dann zusammengezogen, ... lange darüber nachzudenken.
2. Wir haben diese Situation gut gelöst, ... wir viel miteinander geredet haben.
3. Und ich kann laut Musik hören, ... es jemanden stört.

b Lesen Sie die Sätze 1–3 in **a** noch einmal und markieren Sie. → AB 7–10

- *indem*, *ohne dass* und *ohne* ... *zu* leiten ○ Nebensätze (Verb am Ende!) ○ Hauptsätze ein.
- *ohne* ... *zu* steht nur, wenn das Subjekt im Haupt- und Nebensatz ○ unterschiedlich ○ gleich ist.

7 Arbeiten Sie zu viert. Ergänzen Sie die Satzanfänge 1–3 mit *indem*, *ohne dass* und *ohne*. Entscheiden Sie dann in der Gruppe: Welcher Satz gefällt Ihnen jeweils am besten? Präsentieren Sie die Sätze im Kurs.

1. Ich mache es mir abends gemütlich, indem ...
2. Ich gehe morgens nie aus dem Haus, ohne ...
3. Es vergeht kein Tag, ohne dass ...

1. Ich mache es mir abends gemütlich, indem ich eine Kerze anzünde.
2. Ich gehe morgens nie aus dem Haus, ohne zu frühstücken.
3. Es vergeht kein Tag, ohne dass ich einen Spaziergang mache.

KB · MODUL 2 · SEITE 27

6

8a Arbeiten Sie zu dritt. Lesen Sie die Einleitung auf der Webseite von Radio Y und die Texte ❶–❸ in **b**. Was antworten die Personen auf die Fragen aus der Einleitung? Lesen Sie dazu jeweils <u>einen</u> Text und machen Sie Notizen zu den Antworten.

> ① Gesine S, Mitte 60:   – seit 4 Jahren in einer LAT-Beziehung
> – wohnen beide in …
> – …

b Geben Sie Ihren Notizzettel nach rechts weiter. Lesen Sie den Notizzettel, den Sie bekommen haben und den passenden Text dazu. Überprüfen Sie die Notizen. Wiederholen Sie den Vorgang, bis Ihr Notizzettel wieder bei Ihnen ist. → AB 11–14

---

www.radio_Y.de/so_leben_wir/geschichten

☰ So leben wir

Jetzt sind Sie dran! Wie ist Ihre Meinung zu diesem Thema? Wie ist Ihre Situation? Haben Sie auch eine LAT-Beziehung? Oder könnten Sie sich vorstellen, eine LAT-Beziehung zu führen? Warum (nicht)? Schreiben Sie uns! Wir freuen uns auf Ihre Geschichten!

❶ **Gesine S.:** Ich führe genau so eine Beziehung wie Laura und Said und wusste gar
5 nicht, dass es dafür einen Namen gibt. Ich bin seit vier Jahren mit meinem Partner zusammen, wir sind beide Mitte 60, und keiner von uns möchte seine Wohnung aufgeben. Wir wohnen beide in einer Kleinstadt, nicht weit voneinander entfernt. Außerdem leben wir beide auch schon sehr lange allein: ich seit zehn und er seit zwölf Jahren. Wir haben beide unsere eigenen festen Tagesabläufe. Er steht immer um 5 Uhr auf und
10 macht dann Sport. Wenn wir zusammenwohnen würden, würde mich das bestimmt stören. Außerdem bin ich es mittlerweile gewohnt, alles im Haushalt allein zu entscheiden. Ich möchte auch nicht mehr darüber diskutieren, wer was im Haushalt macht. Das musste ich früher ständig. Nein, wir verabreden uns lieber und sind dann füreinander da. Da kann ich Laura und Said sehr gut verstehen, so bleibt die Beziehung interessanter.
15 Manchmal denke ich allerdings auch daran, dass wir älter und vielleicht ernsthaft krank werden. Gerade dann will man sich ja unterstützen. Das wäre in zwei getrennten Wohnungen schwierig. Aber das sehen wir dann.

❷ **Elano V.:** Meiner Freundin und mir geht es ganz anders als Laura und Said: Wir sind total glücklich, dass wir endlich zusammenwohnen können. Wir sind beide Anfang
20 30 und seit drei Jahren zusammen. Über ein Jahr lang haben wir in München eine Wohnung gesucht und erst vor Kurzem eine gefunden. Endlich können wir den Alltag zusammen erleben, das haben wir vermisst. Für meine Großeltern wäre es undenkbar, ein Paar zu sein und bewusst in getrennten Wohnungen zu leben. Natürlich ist das Zusammenleben nicht immer einfach, und es gibt auch mal Diskussionen darüber, wer
25 einkauft, das Bad putzt oder darüber, dass einer zu wenig Rücksicht auf den anderen nimmt. Aber gehört es nicht dazu, dass man sich auch mal streitet? Und ist es nicht besser, Probleme gemeinsam zu lösen, als ihnen nur aus dem Weg zu gehen?

❸ **Magda K.:** Früher wäre ich immer mit meinem Freund zusammengezogen. Mittlerweile denke ich, dass es auf die Lebensumstände ankommt. Das sagt Laura ja
30 auch: Das Living-Apart-Together-Modell passt für sie und Said im Moment. Aber vielleicht nicht für immer. Mir geht es ähnlich. Ich bin jetzt Ende 40, geschieden und habe eine 16-jährige Tochter. Wir wohnen in Chemnitz. Seit zwei Jahren bin ich mit meinem Partner zusammen. Er wohnt ganz in der Nähe und möchte jetzt aber sehr gern mit uns zusammenziehen. Obwohl er und meine Tochter sich gut verstehen, möchte ich das im
35 Moment aber nicht; vielleicht in zwei, drei Jahren, wenn meine Tochter aus dem Haus ist. Sie ist gerade in einem schwierigen Alter, und ich bin froh, dass alles gut läuft. Unser Alltag zu zweit ist sehr gut eingespielt. Zu dritt müssten wir ganz neu beginnen, was natürlich auch Konflikte geben würde. Und diese Konflikte möchte ich gern vermeiden. Also: In der momentanen Situation führe ich lieber eine LAT-Beziehung. → *mehr*

Text hören 🔊

9a WÖRTER Welches Verb passt? Ergänzen Sie. Lesen Sie dann die Sätze in 1 auf S. 26 und die Texte ❶–❸ in 8b noch einmal und kontrollieren Sie Ihre Lösung. → AB 15

führen   gründen   lösen   nehmen   schließen   vermeiden

1. eine Familie _gründen_
2. Kompromisse _____
3. eine Beziehung _____ (Z. 4)
4. Rücksicht _____ (Z. 25–26)
5. Probleme _____ (Z. 27)
6. Konflikte _____ (Z. 38)

b
Schreiben Sie die Verben aus a jeweils auf eine Karte. Ihre Kursleiterin / Ihr Kursleiter nennt ein Nomen. Welches Verb passt? Halten Sie die passende Karte hoch. Bilden Sie dann einen Satz.

◆ Ich freue mich darauf, irgendwann mit meiner Freundin eine Familie zu gründen.

gründen

10 KOMMUNIKATION Schreiben Sie einen Kommentar zum Thema *LAT-Beziehung* (100–150 Wörter). → AB 16

Schritt 1: Lesen Sie die Texte in 8b noch einmal. Lesen Sie dann die Fragen 1 und 2 und machen Sie Notizen.

1. Wie ist Ihre Meinung zu diesem Thema?
2. Wie würde Ihre Familie / würden Ihre Bekannten / Freunde auf eine solche Beziehung reagieren?

- wichtig: Alltag zusammen erleben, Probleme lösen (Elano)
- kann Gesine verstehen
- Kosten!
- ...

Schritt 2: Schreiben Sie den Kommentar. Ihre Notizen und die Redemittel helfen. Hängen Sie Ihren Kommentar dann im Kursraum auf.

eine Meinung äußern
Ich finde schon, dass …
Man muss aber auch sehen, dass …

Unverständnis ausdrücken
Für mich ist es nicht normal, …
Ich kann nicht verstehen, dass …

Verständnis ausdrücken
Ich finde es ganz normal, …
Es ist klar, dass man in so einer Situation …

Einschätzungen formulieren
Meine / Mein … wäre(n) sicherlich …
… würde(n) wahrscheinlich …
Ich könnte mir (gut) vorstellen, dass …

Schritt 3: Lesen Sie die Kommentare der anderen und verteilen Sie drei Kärtchen mit Ihrem Namen.

☺ = Das sehe ich auch so.   😐 = Da habe ich eher eine andere Meinung.   ❓ = Dazu habe ich noch eine Frage.

> Meiner Meinung nach hat Elano recht. Man sollte den Alltag zusammen erleben und Probleme auch gemeinsam lösen.
>
> Aber ich kann auch Gesine verstehen. Es ist klar, dass man in so einer Situation lieber seinen eigenen Haushalt hat und nicht so viel diskutieren möchte.
> Man muss aber auch sehen, dass sich nicht alle Paare zwei Mieten leisten können. Bei uns sind die Mieten zum Beispiel sehr hoch.
>
> Für mich ist es deshalb nicht normal, in zwei verschiedenen Wohnungen zu leben. Das könnten wir uns gar nicht leisten. Außerdem bin ich Mitte 30. Da, wo ich herkomme, …

☺ Emily
😐 Anton
❓ Aki

Schritt 4: Bilden Sie zwei Gruppen (A und B). Die Personen aus Gruppe A stellen sich zu ihren Texten. Gruppe B stellt Fragen und kommentiert. Tauschen Sie dann die Rollen.

◆ Hannah, du schreibst … Dazu habe ich noch eine Frage: …

THEMA
Geschäfts-kommunikation

EXTRA BERUF

LERNZIELE

// Tipps für höfliche Geschäftskommunikation verstehen
// eine höfliche E-Mail verfassen

1 Lesen Sie die E-Mail und beantworten Sie die Fragen 1–3.

1. Erinnern Sie sich noch an Guido Steger aus Lektion 5 und dem Moduleinstieg? Was wissen Sie schon über ihn? Was erfahren Sie noch?
2. Wer ist Sebastian und was soll er machen?
3. Warum möchte Guido die E-Mail noch lesen, bevor sie abgeschickt wird?

www.gruenfeld-druck.de/email

von: steger@gruenfeld-druck.de
an: azubi@gruenfeld-druck.de
Betreff: Deine erste Aufgabe

Lieber Sebastian,
es müssen einige Dinge mit ABC Paper, der Firma, bei der wir unser Papier bestellen, geklärt werden. Frau Andrea Mollard ist dort unsere Kontaktperson. Könntest du bitte eine E-Mail vorbereiten und mir schicken? Da du ja noch in der Ausbildung bist, gebe ich dir dann gerne Feedback dazu.

Folgende Punkte müssen enthalten sein:
- Entschuldigung: Rechnung noch nicht bezahlt, viele Kolleg:innen krank
- Termin am 8. Juni verschieben
- Bestelltes Papier noch nicht angekommen – klären: Bis wann ist Lieferung möglich?

Danke!
LG Guido

GUIDO STEGER
Teamleiter Einkauf

Druckerei Grünfeld
Unterweg 12-14
35037 Marburg
+49 6421 4326 00

steger@gruenfeld-druck.de

2a Lesen Sie die von Guido korrigierte E-Mail und die Tipps 1–7. Welcher Tipp passt zu welchem Abschnitt a – g? Ordnen Sie zu.

www.gruenfeld-druck.de/email

von: steger@gruenfeld-druck.de
an: azubi@gruenfeld-druck.de
Betreff: AW: Deine erste Aufgabe

Lieber Sebastian,
vielen Dank für die E-Mail. Du hast die wichtigen Punkte inhaltlich gut beschrieben. Ich habe sprachlich aber noch ein paar Dinge geändert. In der geschäftlichen Kommunikation benutzt man in der Regel eine eher offizielle Sprache. Man muss auch darauf achten, dass alles sehr höflich formuliert ist. Schau dir doch ganz in Ruhe an, was ich in deiner E-Mail korrigiert habe. Falls du noch Fragen hast, können wir sie später besprechen.
Liebe Grüße
Guido

KB · MODUL 2 · SEITE 30

Hallo Frau Mollard,
Sehr geehrte Frau Mollard, ...**a**

wir haben Ihre Rechnung noch nicht bezahlt, weil bei uns alle krank sind. Aber wir beeilen uns.
vielen Dank für Ihre Rechnung. ......**b**
Es tut uns leid, dass wir sie noch nicht bezahlt haben. Zurzeit sind in unserem Unternehmen leider sehr viele Mitarbeiter:innen krank. Wir werden das Geld so bald wie möglich überweisen. ......**c**

Das Meeting am 8. Juni muss verschoben werden. Wann haben Sie Zeit für einen anderen Termin?
Leider müssen wir den Termin für das Meeting am 8. Juni verschieben. 2 **d**
Könnten Sie uns *bitte* einen anderen Termin nennen, der für Sie gut passen würde? ......**e**

Das Papier ist noch nicht angekommen. Was ist das Problem? Wann können Sie die neue Bestellung liefern?
Uns ist aufgefallen, dass wir die letzte Papierlieferung noch nicht erhalten haben. Könnten Sie das bitte noch einmal prüfen? *Wir verstehen natürlich, dass* es im Moment Schwierigkeiten bei bestimmten Lieferungen gibt, doch könnten Sie uns vielleicht sagen, wann die Bestellung voraussichtlich geliefert werden kann? ......**f**

MfG, ...
Mit freundlichen Grüßen ......**g**

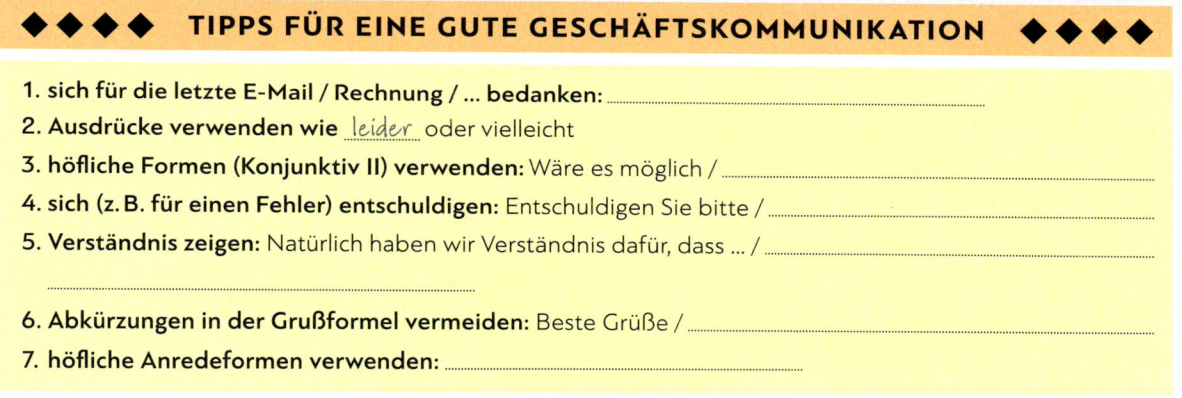

◆◆◆◆ **TIPPS FÜR EINE GUTE GESCHÄFTSKOMMUNIKATION** ◆◆◆◆

1. sich für die letzte E-Mail / Rechnung / ... bedanken: _____
2. Ausdrücke verwenden wie *leider* oder vielleicht
3. höfliche Formen (Konjunktiv II) verwenden: Wäre es möglich / _____
4. sich (z. B. für einen Fehler) entschuldigen: Entschuldigen Sie bitte / _____
5. Verständnis zeigen: Natürlich haben wir Verständnis dafür, dass ... / _____
6. Abkürzungen in der Grußformel vermeiden: Beste Grüße / _____
7. höfliche Anredeformen verwenden: _____

b Lesen Sie die korrigierte E-Mail in **a** noch einmal und ergänzen Sie die kursiven Beispiele in den Tipps.

3 KOMMUNIKATION Lesen Sie die Situationsbeschreibung und schreiben Sie eine E-Mail an Ihre Ansprechpartnerin bei Top Ski. Die Tipps aus **2** helfen.

Sie sind **Teamleiterin / Teamleiter im Einkauf von *Sport Experte*,** einer Sportgeschäft-Kette. Sie haben Probleme mit Ihrem Lieferanten *Top Ski*. Folgende Punkte müssen Sie klären:
- Die letzte Rechnung von *Top Ski* ist höher als vereinbart. Warum?
- Das Wintergeschäft geht Ende September los. Kann die neue Bestellung rechtzeitig geliefert werden?
- Das vereinbarte Online-Meeting muss leider abgesagt werden, weil das Team eine Fortbildung hat. Sie brauchen einen neuen Termin.

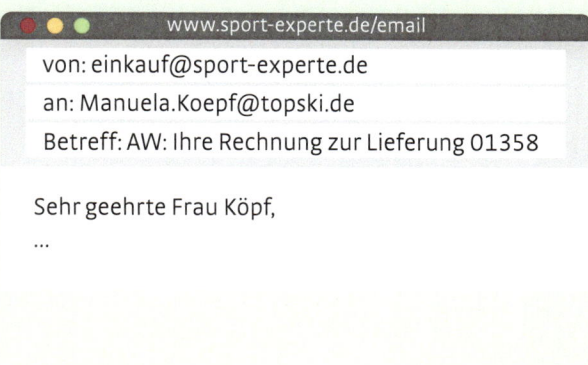

von: einkauf@sport-experte.de
an: Manuela.Koepf@topski.de
Betreff: AW: Ihre Rechnung zur Lieferung 01358

Sehr geehrte Frau Köpf,
...

Grüßen

VON DEM GROSSEN ELEFANTEN

Christian Morgenstern (1871–1914)

Kennst du[1] den großen Elefanten,
du weißt, den Onkel von den Tanten,
den ganz ganz großen, weißt du, der –
der immer so macht, hin und her.

Der lässt dich[1] nämlich vielmals[2] grüßen,
er hat mit seinen eignen Füßen
hineingeschrieben in den Sand:
Grüß mir Sophiechen Windelband!

Du darfst mir ja nicht[3] drüber lachen.
Wenn Elefanten so was machen,
so[4] ist dies selten, meiner Seel[5]!
Weit[6] seltner als bei dem Kamel.

---
[1] du / dich = „Sophiechen Windelband" // [2] vielmals = von Herzen / herzlich // [3] Du darfst mir ja nicht ... = Du darfst bitte nicht ... // [4] so = dann // [5] (bei) meiner Seel(e) = wirklich // [6] weit = viel

1a **Lesen Sie die ersten beiden Strophen: Wer grüßt wen im Gedicht – und wie?** Sprechen Sie im Kurs.

b **Lesen Sie die letzte Strophe. Warum wählt der Autor gerade diese beiden Tiere? Haben Sie eine Idee?** Sammeln Sie und sprechen Sie im Kurs.

2 **Wen grüßen Sie und zu welcher Gelegenheit? Wie machen Sie das?** Sammeln Sie und vergleichen Sie im Kurs.

♦ Zum Beispiel: Wenn ich jemanden treffe, der meine Mutter kennt, dann sage ich ihr später liebe Grüße von dieser Person.
▲ Wenn ich im Urlaub bin, dann schicke ich ein Foto und schreibe: ...

SPRACHECKE

1a **Wie kann man sich begrüßen? Was passt zusammen? Ordnen Sie zu.**

1. sich die Hand geben
2. den Hut ziehen
3. sich (auf die Wangen) küssen
4. sich verbeugen

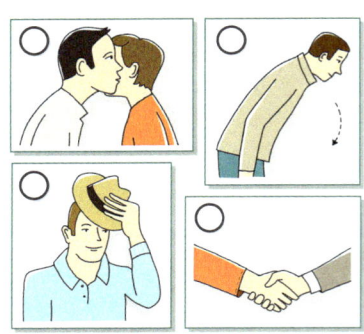

b **Welche Grüße kennen Sie noch?** Sammeln Sie im Kurs.

c **Wie begrüßen Sie wen?** Spielen Sie verschiedene Begrüßungssituationen im Kurs.

- eine Freundin / einen Freund
- Ihre Familie
- Ihre Chefin / Ihren Chef
- eine Kollegin / einen Kollegen

MODUL 3

7 Gesellschaft | **8** Umwelt | **9** Dienstleistung

Wofür sind Sie dankbar?

Jeremy Ziegler
„Für Dankbarkeit gibt es immer einen Grund."

Bente Dahl
„Das macht gute Laune: jeden Abend fünf Dinge aufschreiben, für die man dankbar ist."

Mirko Pape
„Einfach mal Danke sagen – und anderen eine Freude machen!"

1. Lesen Sie die Bildunterschriften. Welche Bildunterschrift gefällt Ihnen am besten? Machen Sie eine Blitzumfrage.

2. Sehen Sie die Filme an. Wofür sind Jeremy, Bente und Mirko dankbar? Machen Sie Notizen und sprechen Sie im Kurs.

3. Schreiben Sie 5 Dinge auf, für die Sie in den letzten Tagen dankbar waren. Finden Sie in einem Kursspaziergang heraus, wofür die anderen Kursteilnehmerinnen / Kursteilnehmer dankbar waren. Berichten Sie über Gemeinsamkeiten im Kurs.

◆ Latifa und ich waren dankbar für das warme und gute Wetter …

GESELLSCHAFT

Hilfsbereit

7

LERNZIELE

// einen Radiobeitrag zum Thema *Helfen* verstehen
// Rollenspiele machen (Hilfe anbieten / annehmen / ablehnen)
// Interjektionen
// Konjunktiv II der Vergangenheit

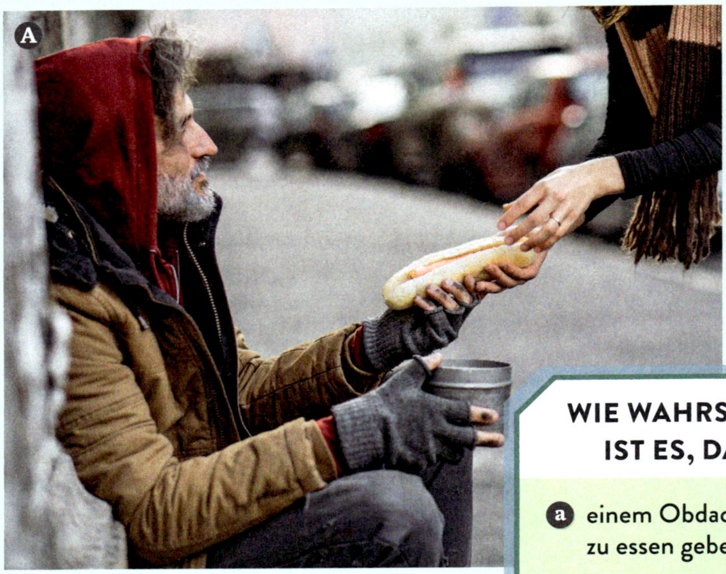

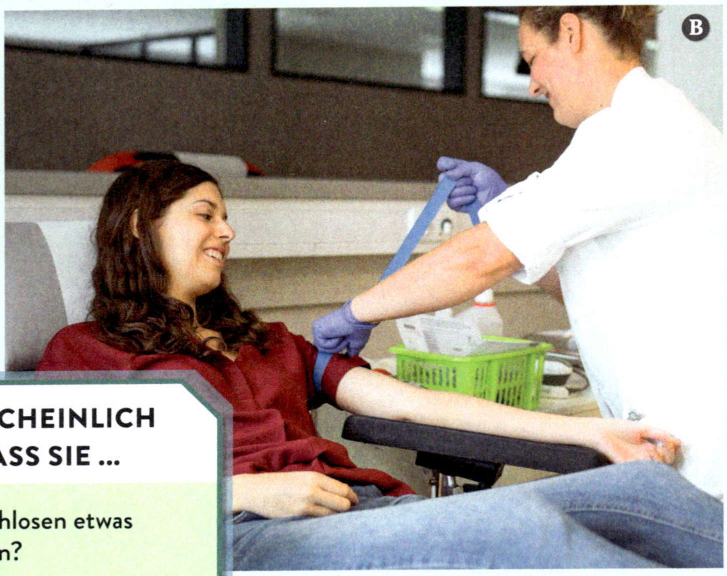

WIE WAHRSCHEINLICH IST ES, DASS SIE …

a einem Obdachlosen etwas zu essen geben?

b Blut spenden?

c für einen Nachbarn einmal in der Woche Einkäufe erledigen?

d einer Kollegin bei einem Bewerbungsschreiben helfen?

e Freunden beim Umzug helfen?

f einer fremden Person Ihre Kopfhörer ausleihen?

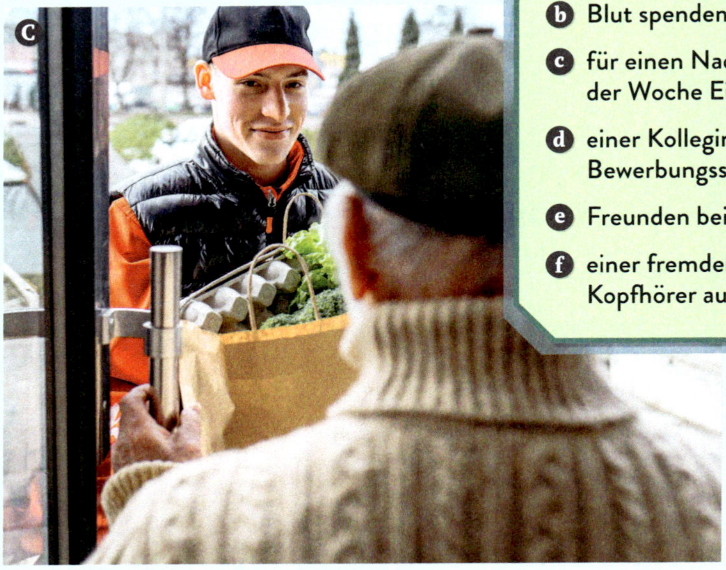

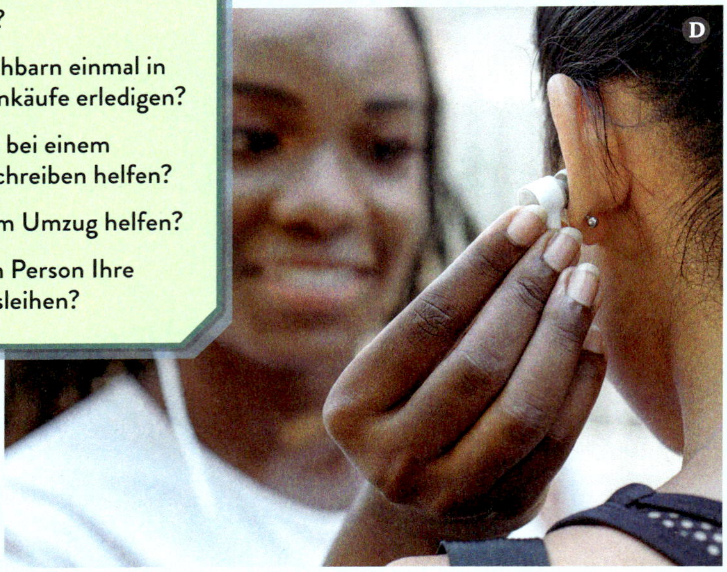

1a Sehen Sie die Bilder A–D an und lesen Sie die Fragen a–f. Wie ist Ihre Antwort auf einer Skala von 1 (*wahrscheinlich nicht*) bis 6 (*sehr wahrscheinlich*)? Warum? Machen Sie Notizen.

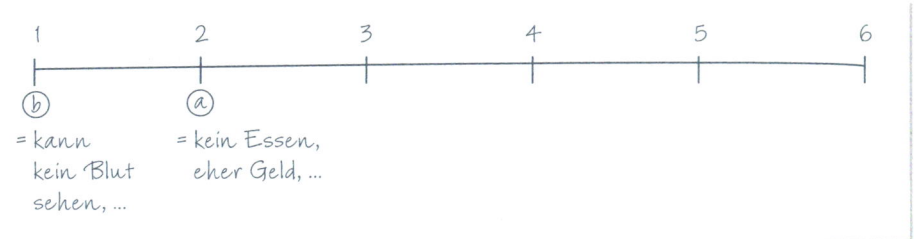

b KOMMUNIKATION Arbeiten Sie zu zweit und tauschen Sie sich über Ihre Ergebnisse aus a aus. → Reißverschluss → AB 1–2

über Einstellungen und Werte sprechen
Es wäre für mich (nicht) selbstverständlich, …
Ich hätte ein Problem / kein Problem damit, …

TODOR, MONTENEGRO
„Ich hätte kein Problem damit, für einen Nachbarn einzukaufen."

2 Sehen Sie die Bilder Ⓐ–Ⓓ an und lesen Sie die Zitate 1–4. Hören Sie die Straßenumfrage in Teil 1 des Radiobeitrags. Wer sagt was? Ordnen Sie zu. → AB 3

1. Ich habe beim Helfen das Gefühl, etwas Sinnvolles zu tun. ○
2. Helfen ist auch Arbeit und kostet Zeit – meine Freizeit. ○
3. Wenn ich einem Freund helfe, muss er auch etwas für mich tun. ○
4. Ich finde es schön, wenn mich jemand um Hilfe bittet. ○

3a Lesen Sie die Fragen 1–3 und machen Sie Notizen.
1. Wem haben Sie gestern geholfen? Wie?
2. Wie ist das für Sie, wenn Sie jemand um Hilfe bittet?
3. Würden Sie sagen, dass Helfen glücklich macht?

1. Tourist; Weg erklärt
2. kommt darauf an: wer / was; schönes Gefühl / stressig
3. macht meistens Spaß

b KOMMUNIKATION Machen Sie selbst eine Umfrage im Kurs. Gehen Sie herum und interviewen Sie andere Kursteilnehmerinnen / Kursteilnehmer. → AB 4

etwas abwägen
Das kommt darauf an, …
Das ist davon abhängig, ob …
Schwierig zu sagen, aber …

◆ Wem hast du gestern geholfen und wie?
▲ Ich habe einem Touristen den Weg zum Bahnhof erklärt.
◆ Wie ist das für dich, wenn dich jemand um Hilfe bittet?
▲ Das kommt darauf an, wer fragt und was ich tun soll.

4a WÖRTER Sehen Sie die Smileys an und lesen Sie die Sätze 1–3. Hören Sie dann den Auszug aus dem Radiobeitrag in 2 noch einmal. Welche Wörter hören Sie? Markieren Sie.

Ach so! | Aha! | Ah!   Hm … | Ähm … | Na ja …   Oh! | Ui! | Wow!

1. Ich verstehe!   2. Ich denke nach!   3. Ich bin erstaunt!

b Lesen Sie die Sätze 1–3 in a noch einmal. Mit welchen Wörtern drückt man das in anderen Sprachen aus? Kennen Sie weitere dieser Wörter? Was bedeuten sie? Sprechen Sie im Kurs. → AB 5

◆ In Portugal sagt man oft „Puxa!", wenn man erstaunt oder überrascht ist.
▲ Wenn man etwas nicht mag, sagt man auf Finnisch „Yök", auf Deutsch ist das „Pfui" oder „Igitt".

5a Sehen Sie das Bild an und lesen Sie den Programmhinweis. Erinnern Sie sich noch an Jeremy Ziegler? (→ S. 33) Was wissen Sie schon über ihn? Sammeln Sie im Kurs.

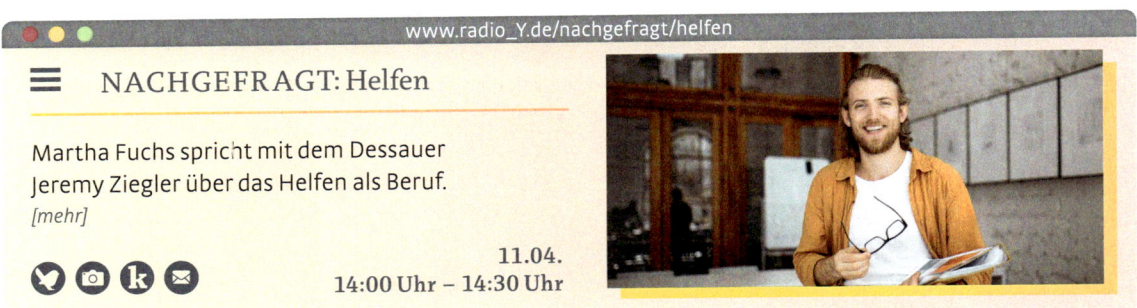

b Hören Sie das Interview in Teil 2 des Radiobeitrags und bringen Sie die Aussagen in die richtige Reihenfolge. → AB 6–7

Jeremy ...
○ hilft Menschen, die finanzielle Probleme oder Schulden haben.
① ist Sozialarbeiter von Beruf und arbeitet in einer Beratungsstelle in Dessau.
○ ist privat nicht gut organisiert.
○ unterstützt Menschen dabei, Anträge zu stellen.
○ kann selbst nicht gut mit Geld umgehen.

6a Arbeiten Sie in Gruppen. Sammeln Sie möglichst viele Situationen, in denen man um Hilfe bitten könnte, und machen Sie Notizen.

– den Weg nicht finden
– Wand streichen
– defekte Spülmaschine reparieren
– ...

b Überlegen Sie für sich selbst: Bitten Sie in den Situationen aus **a** jemanden um Hilfe? Wen? Oder machen Sie das allein? Ergänzen Sie Ihre Notizen.

– den Weg nicht finden: allein; Smartphone, ...
– Wand streichen: ...

c Arbeiten Sie zu zweit und tauschen Sie sich aus. → Kursspaziergang

◆ Bittest du jemanden um Hilfe, wenn du den Weg nicht findest?
▲ Eher nicht. Ich schaue zuerst auf meinem Smartphone nach. Nur wenn es gar nicht geht, frage ich jemanden.

7 Lesen Sie die Sätze 1–5 und hören Sie das Interview in Teil 3 des Radiobeitrags. Was ist richtig, **a**, **b** oder **c**? Markieren Sie. Vergleichen Sie dann Ihre Ergebnisse zu zweit. → AB 8–10

1. Viele Menschen kommen zur Beratung,
   a auch wenn ihre finanziellen Probleme noch gar nicht so groß sind.
   b nachdem sie lange auf einen Termin warten mussten.
   c wenn sie sich schon lange Sorgen gemacht haben.

2. Es ist schwer, Hilfe anzunehmen, weil man
   a denkt, nicht gut genug zu sein.
   b oft nicht sieht, dass man Hilfe braucht.
   c Probleme eigentlich allein lösen sollte.

3. Wir legen großen Wert auf unsere Unabhängigkeit, weil wir
   a andere nicht enttäuschen wollen.
   b nicht die Arbeit von anderen machen wollen.
   c nicht unsicher wirken wollen.

4. Es wird leichter, um Hilfe zu bitten, wenn man
   a freundlich zu anderen ist.
   b nett zu sich selbst ist.
   c sich nicht mehr über andere ärgert.

5. Es hilft, sich klarzumachen, dass
   a die Gesellschaft auch ohne gegenseitige Hilfe funktioniert.
   b es menschlich ist, Hilfe zu brauchen.
   c man sich selbst am besten helfen kann.

8 GRAMMATIK Lesen Sie die Aussagen aus dem Interview und ergänzen Sie die passenden Sätze in der Tabelle. → Konjunktiv II der Vergangenheit → AB 11–12

Martha Fuchs: Helfen ist gut für die Gesundheit. Hätte ich das bloß früher gewusst! Dann wäre ich jetzt vielleicht Sozialarbeiterin.

Jeremy Ziegler: Die meisten Menschen kommen erst ziemlich spät zu uns. Bei vielen Personen muss ich sagen: Es wäre aber besser gewesen, wenn sie nicht so lange gewartet hätten. So haben sie sich meistens schon Monate oder sogar Jahre große Sorgen gemacht. Hätten sie sofort einen Termin vereinbart, wären ihre Probleme gar nicht so groß geworden. Viele sagen nach der Beratung auch selbst: „Wenn wir doch nur früher zu Ihnen gekommen wären!"

irreale Wünsche + doch / (doch) bloß / nur mit und ohne wenn	1. _Hätte_ ich das bloß früher _____! 2. **Wenn** wir doch nur früher zu Ihnen _____!"
irreale Bedingungen mit und ohne wenn	3. Es _____ aber besser _____, **wenn** sie nicht so lange _____. 4. _____ sie sofort einen Termin _____, ihre Probleme gar nicht so groß _____.

9 Was denken die Personen auf den Bildern Ⓐ – Ⓒ? Notieren Sie Sätze wie im Beispiel. Die folgenden Ausdrücke helfen. Vergleichen Sie dann Ihre Ergebnisse im Kurs.

besser aufpassen | den Hund besser erziehen | das Handy nicht mitnehmen | früher aufstehen | eine andere Tüte benutzen | ein Taschentuch einpacken | schneller / langsamer laufen | zu Fuß gehen | …

Ⓐ Wäre ich doch nur früher aufgestanden!
 Wenn ich doch nur früher aufgestanden wäre!
 …

10 KOMMUNIKATION Arbeiten Sie zu zweit. Wählen Sie eine Situation aus 6 oder 9. Werfen Sie eine Münze: ① = Hilfe anbieten / ② = um Hilfe bitten. Schreiben Sie einen passenden Dialog und spielen Sie ihn im Kurs vor. → AB 13–14

um Hilfe bitten
 Könnten / Würden Sie vielleicht / bitte …?
 Dürfte ich Sie bitten, …?

sich für Hilfe bedanken
 Ach, das ist (wirklich / sehr) nett von Ihnen.
 Vielen Dank für Ihre Hilfe! Das ist nicht selbstverständlich.

auf eine Bitte positiv / negativ reagieren
 Ja, klar, kein Problem.
 Tut mir leid, ich habe leider keine Zeit.

auf Dank reagieren
 Gern geschehen! / Bitte schön!
 Keine Ursache! / Nichts zu danken!

Hilfe anbieten
 Kann ich Ihnen irgendwie behilflich sein?
 Darf ich Ihnen vielleicht helfen?

Hilfe ablehnen
 Danke, das ist sehr nett, aber ich komme schon klar.
 Ich komme zurecht. Aber danke für das Angebot!

◆ Kann ich Ihnen irgendwie behilflich sein?
▲ Ich komme zurecht. Aber danke für das Angebot!
◆ Aber ich helfe wirklich gern.
▲ Ach, das ist wirklich nett von Ihnen. Hätten Sie vielleicht ein Taschentuch für mich?
◆ Ja, natürlich …

UMWELT
Wer ist schuld am Klimawandel?

8

LERNZIELE
// ein Streitgespräch zu Umweltthemen verstehen
// einen Meinungsartikel zu den Themen *Klimawandel* und *Generationenkonflikt* verstehen
// eine Präsentation über plastikfreie Alternativen halten
// Wortfeld *Umwelt und Klima*
// Passiv

1a WÖRTER **Arbeiten Sie zu dritt. Was könnte die Tochter den Eltern vorwerfen? Bilden Sie möglichst viele Kombinationen und machen Sie Notizen.** → AB 1–4

das Benzin   (das) CO_2*   der Energieverbrauch   die Erde   das Fleisch   das Klima   der Konsum
die Lebensmittel (Pl.)   der Müll   der Plastikverbrauch   der Regenwald   die Ressourcen (Pl.)   der Strom   die Umwelt

*gesprochen: CeOzwei

achten auf   konsumieren   produzieren   reduzieren   sich erwärmen
sich verändern   verbrauchen   vermeiden   verschwenden
verzichten auf   wegwerfen   zerstören

- die Umwelt zerstören
- den Konsum nicht reduzieren
- …

b KOMMUNIKATION **Bilden Sie mit den Kombinationen aus a mindestens 6 Sätze. Die Redemittel helfen. Lesen Sie die Sätze dann im Kurs vor.**

Vorwürfe äußern
Ihr habt zu viel / viele …
Ihr seid dafür verantwortlich, dass …

Forderungen äußern
Ihr solltet (weniger) …
Warum … ihr nicht (endlich) …?

1. Ihr seid dafür verantwortlich, dass die Umwelt zerstört wird.
2. Warum reduziert ihr nicht endlich euren Konsum?
3. …

2a Sehen Sie das Bild in b an. Erinnern Sie sich noch an Bente Dahl? (→ S. 33) Was wissen Sie schon über sie? Sammeln Sie im Kurs.

1 ◁)) 17 **b Hören Sie das Streitgespräch zwischen Bente und ihrem Vater Ole. Über welche Themen ⓐ – ⓕ diskutieren sie? Markieren Sie. Zwei Themen passen nicht.**

ⓐ Lebensmittel wegwerfen
ⓑ E-Auto kaufen oder nicht
ⓒ Plastik vermeiden
ⓓ Strom verbrauchen
ⓔ Regenwald zerstören
ⓕ Verbrauch reduzieren

c Lesen Sie die Sätze 1 – 9 und hören Sie das Streitgespräch zwischen Bente und ihrem Vater Ole noch einmal. Was sagt Bente, was Ole? Markieren Sie.

	Bente	Ole
1. Ein Wocheneinkauf mit dem Fahrrad ist mir echt zu anstrengend.	○	⊗
2. Wenn wir nicht so viel einkaufen, müssen wir auch nicht immer so viele Lebensmittel wegwerfen.	○	○
3. Das E-Auto ist als klimafreundliche Alternative entwickelt worden.	○	○
4. Handys, Klamotten, Computer, ein Auto. Das muss alles neu produziert werden.	○	○
5. Und für die Produktion von Strom wird immer noch viel Kohle verwendet.	○	○
6. Der Verbrauch muss reduziert werden.	○	○
7. Wir haben wirklich nicht mehr viel Zeit. Unsere Erde wird einfach immer wärmer.	○	○
8. Heute wird viel mehr konsumiert als früher, und zwar von allen Generationen.	○	○
9. Auch in unserer Jugend wurde für mehr Umweltschutz demonstriert.	○	○

d **KOMMUNIKATION** Wie ist Ihre Meinung zum Streitgespräch zwischen Bente und Ole? Wie würden Ihre Eltern / Großeltern auf Bentes Vorwürfe reagieren? Sprechen Sie im Kurs. → AB 5

eine Meinung teilen / ablehnen
Ich finde es (nicht) richtig, dass …
Ich finde es sehr wichtig, dass …
Bei uns (in der Familie) wäre es nicht normal, dass …

◆ Ich finde es richtig, dass Bente mit ihrem Vater über solche Themen diskutiert. Sie ist wirklich engagiert.
▲ Das stimmt! Aber ich finde, dass ihre Vorwürfe etwas ungerecht sind. Bei uns in der Familie wäre es nicht normal, dass …
■ Also, ich finde Bentes Engagement auch sehr wichtig. Gerade die jungen Leute …

3a **GRAMMATIK** Lesen Sie die Sätze 1 – 9 in 2c noch einmal und ergänzen Sie die passenden Sätze in der Tabelle. → Passiv

Passiv Präsens	Und für die Produktion von Strom _wird_ immer noch viel Kohle _verwendet_ . Heute _____ viel mehr _____ als früher, und zwar von allen Generationen.
Passiv Präsens mit Modalverb	Der Verbrauch _____ .
Passiv Präteritum	Auch in unserer Jugend _____ für mehr Umweltschutz _____ .
Passiv Perfekt	Das E-Auto _____ als klimafreundliche Alternative _____ .

b Arbeiten Sie zu zweit (A und B). A arbeitet hier, B auf S. 40. Machen Sie Ihr Quiz. Formulieren Sie dann jeweils die Fragen 1 – 5 im Passiv Präsens oder im Passiv Präteritum / Perfekt und fragen Sie sich gegenseitig. Wer hat die meisten richtigen Lösungen? → AB 6–11

Autos, Autos, Autos …   A

1. Wie viele Autos – jährlich in Deutschland – produzieren?
   (a) ca. 10 Millionen   (b) ca. 6 Millionen   (c) ca. 14 Millionen
2. Wie lange – Autos durchschnittlich – fahren?
   (a) 12 Jahre   (b) 15 Jahre   (c) 8 Jahre
3. In welches Land – die meisten Autos aus Deutschland – exportieren?
   (a) China   (b) USA   (c) Frankreich
4. Wie viel Prozent von einem Auto – recyceln können?
   (a) 90 %   (b) 80 %   (c) 70 %
5. Wann – das erste E-Auto – herstellen?
   (a) 1912   (b) 1881   (c) 1901

(Stand 2022)

Lösung B: 1b, 2b, 3c, 4b, 5a

Autos, Autos, Autos ... B

1. Wie viele Autos – jährlich weltweit – produzieren?
   - a) ca. 20 Millionen
   - b) ca. 56 Millionen
   - c) ca. 70 Millionen
2. In welchem Land – ohne Tempolimit auf der Autobahn – fahren dürfen?
   - a) Schweiz
   - b) Deutschland
   - c) Österreich
3. In welches Land – weltweit die meisten Autos – verkaufen?
   - a) USA
   - b) Japan
   - c) China
4. Wie viele Autos – jährlich in Deutschland – verschrotten?
   - a) 2,5 Millionen
   - b) 0,5 Millionen
   - c) 7 Millionen
5. Wann – das erste Wasserstoff-Auto – herstellen?
   - a) 1978
   - b) 1997
   - c) 2010

(Stand 2022) Lösung A: 1b, 2a, 3c, 4b, 5b

4a Arbeiten Sie zu viert. Lesen Sie die Informationen zum Autor und die Einleitung des Meinungsartikels. Wie könnte der Artikel weitergehen? Was denken Sie? Sammeln Sie Ideen und machen Sie Notizen. → Schneeballmethode

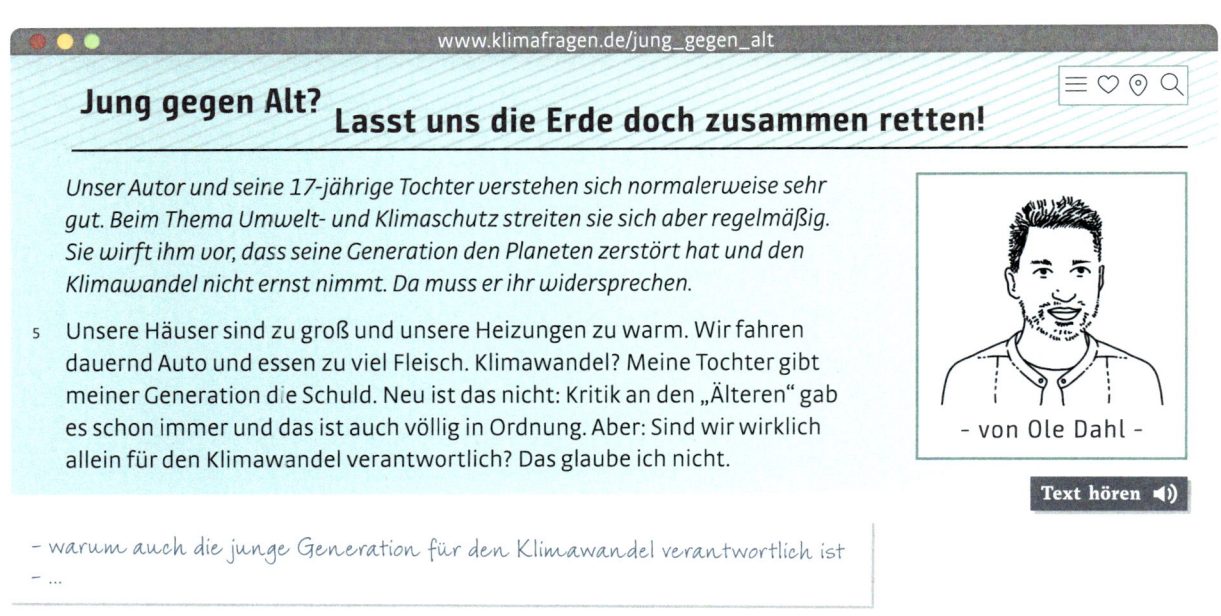

www.klimafragen.de/jung_gegen_alt

Jung gegen Alt? Lasst uns die Erde doch zusammen retten!

Unser Autor und seine 17-jährige Tochter verstehen sich normalerweise sehr gut. Beim Thema Umwelt- und Klimaschutz streiten sie sich aber regelmäßig. Sie wirft ihm vor, dass seine Generation den Planeten zerstört hat und den Klimawandel nicht ernst nimmt. Da muss er ihr widersprechen.

5 Unsere Häuser sind zu groß und unsere Heizungen zu warm. Wir fahren dauernd Auto und essen zu viel Fleisch. Klimawandel? Meine Tochter gibt meiner Generation die Schuld. Neu ist das nicht: Kritik an den „Älteren" gab es schon immer und das ist auch völlig in Ordnung. Aber: Sind wir wirklich allein für den Klimawandel verantwortlich? Das glaube ich nicht.

– von Ole Dahl –

Text hören

– warum auch die junge Generation für den Klimawandel verantwortlich ist
– ...

b Lesen Sie den Meinungsartikel weiter und vergleichen Sie mit Ihren Notizen aus a.

www.klimafragen.de/jung_gegen_alt

10 Wie ist es denn heute in der jungen Generation? Fast alle 13-Jährigen besitzen ein eigenes Smartphone und meistens auch einen Laptop oder ein Tablet. In der Klasse meiner Tochter überlegen die Jugendlichen, ob sie nach dem Abitur lieber nach Australien oder Kanada fliegen. Meine Tochter fliegt natürlich nicht. Da ist sie streng. Aber nicht alle in ihrer Generation sind so streng. Shoppen ist bei vielen von ihnen immer noch ein beliebtes Hobby, ganz egal ob im Geschäft oder online.
15 Sie kaufen gern und viel, vor allem neue Kleidung. Weil sie so billig ist. Das ist nicht nur umweltschädlich, sondern dafür arbeiten auch Menschen in anderen Ländern oft unter sehr schlechten Bedingungen. Aber darüber denken viele aus der jungen Generation gar nicht nach. Und kaum jemand spricht darüber, wie viel Strom unsere elektronischen Geräte verbrauchen, wenn wir im Internet surfen oder Filme und Musik streamen.
20 In meiner Jugend gab es das alles nicht. Man hat viel weniger besessen und viel weniger konsumiert als heute: Unsere Familie hatte einen gebrauchten Wagen. Und ein Telefon für alle. Wir haben einmal im Jahr in Italien oder Frankreich Urlaub gemacht – mit dem Auto, nicht mit dem Flugzeug. Viele Lebensmittel, die man heute in jedem Supermarkt bekommt, gab es damals gar nicht: Meine erste Avocado habe ich mit Anfang 20 gegessen.

www.klimafragen.de/jung_gegen_alt

25 Was ich damit sagen will? Genauso wenig, wie alle Jüngeren jetzt sparsam leben, haben alle Älteren die Umwelt zerstört. Viele aus der älteren Generation waren ab den 1970er-Jahren gegen Umweltzerstörung aktiv: Sie haben sich für den Wald eingesetzt und sind gegen Atomkraft, neue Autobahnen oder
30 die Förderung von Kohle auf die Straße gegangen.
Natürlich haben wir nicht alles richtig gemacht. Sonst wäre die Erde nicht in diesem Zustand. Viele von uns haben schon immer zu viel konsumiert. Warum müssen Autos immer größer und schwerer werden – und immer mehr Benzin
35 verbrauchen? Warum muss überhaupt immer mehr produziert und konsumiert werden? Warum schwimmt in unseren Meeren so viel Plastikmüll? Diese Entwicklungen gefallen mir alle auch nicht.
Lasst uns doch aber lieber zusammen überlegen, was wir besser machen können. Wie können wir klimafreundlicher leben? Worauf müssen wir verzichten? Wo können wir vor allem Plastikmüll
40 vermeiden? Wie müssen wir politisch aktiv werden, damit sich etwas ändert? Denn eines ist klar: Wir alle sind für unsere Erde verantwortlich.

Demo in Hannover 1978 gegen den Bau der Atomkraftwerke Brokdorf und Grohnde

Text hören

c Lesen Sie den Meinungsartikel in **b** noch einmal. Lesen Sie dann die Fragen 1 und 2. Suchen Sie Beispiele im Text und machen Sie Notizen.

1. Was wirft Ole der jüngeren Generation vor?	2. Wie verteidigt Ole seine Generation?
– viele haben ein eigenes Smartphone oder einen eigenen Laptop	– viel weniger Besitz
– …	– …

d Wie ist Ihre Meinung zu Oles Artikel? Sprechen Sie im Kurs. → AB 12–14

◆ Mir hat der Artikel sehr gut gefallen, weil klar wird, dass nicht nur die Älteren schuld am Klimawandel sind.

5 KOMMUNIKATION Halten Sie eine Präsentation über plastikfreie Alternativen. → AB 15

Schritt 1: Arbeiten Sie in Gruppen. Sammeln Sie möglichst viele Gegenstände und Produkte aus Plastik. Die Tätigkeiten helfen Ihnen. Machen Sie Notizen.

einkaufen   kochen   sich pflegen   Sport machen   …

sich pflegen:
– Flaschen für Duschgel und Shampoo
– Zahnbürste
– …

Schritt 2: Wählen Sie drei Gegenstände oder Produkte aus Plastik und suchen Sie im Internet Informationen und Bilder zu plastikfreien Alternativen. Die Fragen helfen Ihnen.
• Aus welchem Material besteht die Alternative?
• Was ist das Besondere?
• Wie funktioniert die Alternative?

Schritt 3: Präsentieren Sie die plastikfreien Alternativen und erklären Sie sie im Kurs.

eine Präsentation einleiten
Ich möchte euch gern … vorstellen.
Ich präsentiere euch …
Ich würde euch gern … zeigen.

Lösungen vorstellen
Normalerweise … Aber bei … ist es so, dass …
In der Regel … Doch es gibt eine Alternative: …
… oft … Mit diesem / dieser … ist das jedoch anders: …

Materialien angeben
Der / Das / Die … ist / besteht aus …
Das ist ein spezielles Material, das …
Der / Das / Die … wird aus … hergestellt.

eine Funktion erklären
Das geht so: …
Der / Das / Die … funktioniert so: …
Man benutzt den / das / die … wie einen ganz normalen / ein ganz normales / eine ganz normale …, nur dass …

ISABELLA, KOLUMBIEN
„Ich möchte euch gern eine Alternative zum Schutz für Smartphones vorstellen."

DIENSTLEISTUNG

Von A nach B — 9

LERNZIELE
// einen Artikel über den Arbeitsalltag eines Paketzustellers verstehen
// einen Kommentar zum Thema *Trinkgeld* verfassen
// Synonyme: Standardsprache vs. Umgangssprache
// Position von *nicht* im Satz

Was für eine Leistung!

Fast drei Viertel aller Jobs in Deutschland gehören zu den Dienstleistungen. Für einige braucht man zwar keine Ausbildung, aber Fitness, Geduld und starke Nerven. Trotzdem werden sie nicht gut bezahlt.

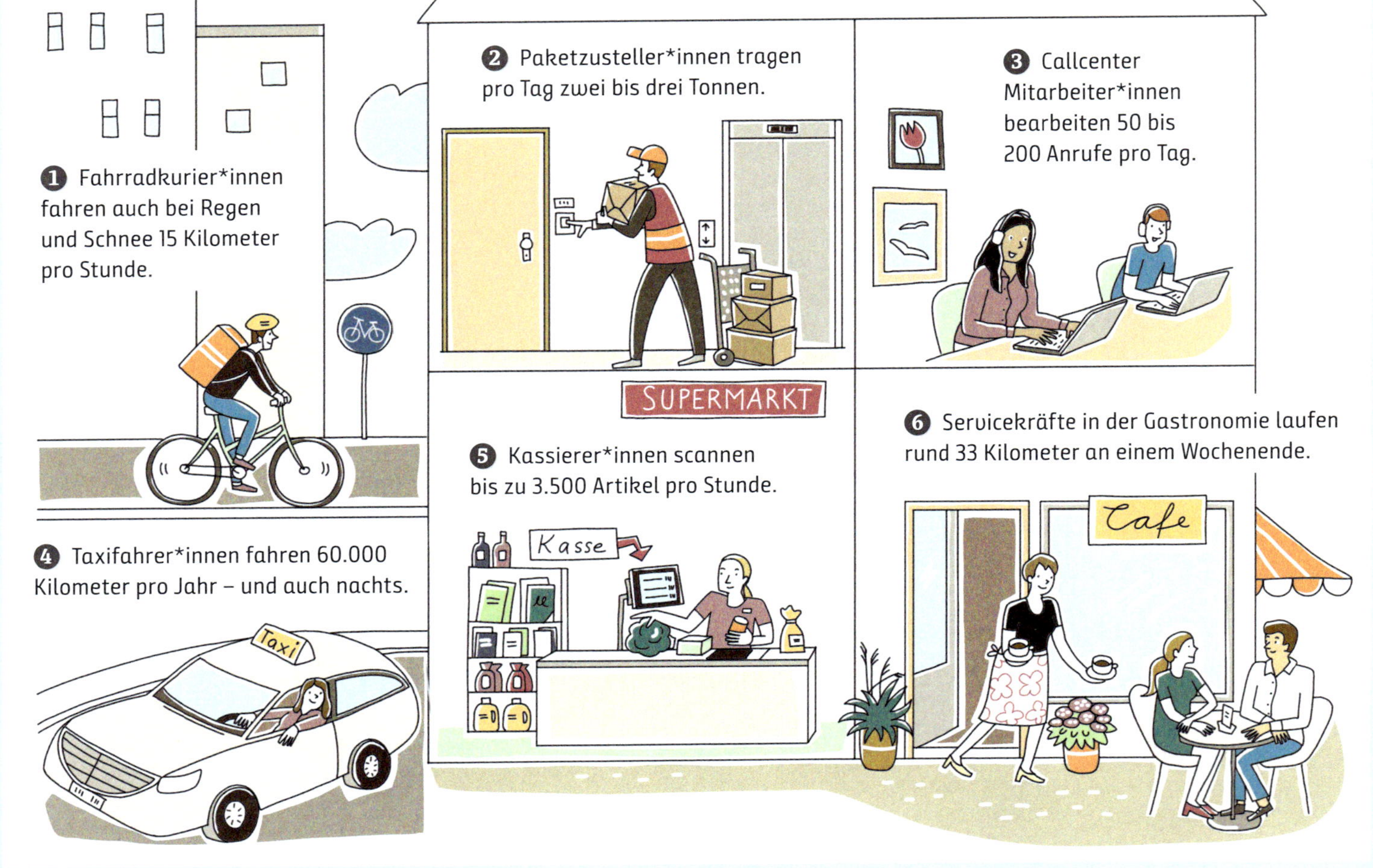

❶ Fahrradkurier*innen fahren auch bei Regen und Schnee 15 Kilometer pro Stunde.

❷ Paketzusteller*innen tragen pro Tag zwei bis drei Tonnen.

❸ Callcenter Mitarbeiter*innen bearbeiten 50 bis 200 Anrufe pro Tag.

❹ Taxifahrer*innen fahren 60.000 Kilometer pro Jahr – und auch nachts.

❺ Kassierer*innen scannen bis zu 3.500 Artikel pro Stunde.

❻ Servicekräfte in der Gastronomie laufen rund 33 Kilometer an einem Wochenende.

1a Sehen Sie die Bilder der Infografik an. Welche Dienstleistungen haben Sie in der letzten Woche genutzt? Sprechen Sie im Kurs. ➜ Kursstatistik

◆ Ich habe letzte Woche ein Paket bekommen und ich bin zwei- oder dreimal einkaufen gegangen. Bei der Arbeit kommt auch oft ein Fahrradkurier, aber nicht in der letzten Woche.

b KOMMUNIKATION Lesen Sie die Informationen zu den Berufen ❶ – ❻ in der Infografik. Welcher Job beeindruckt Sie am meisten? Warum? Sprechen Sie zu zweit. ➜ AB 1–3

Wertschätzung ausdrücken
Ich bewundere …
Ich habe großen Respekt vor …

Vermutungen äußern
Ich kann mir vorstellen, dass …
… mit Sicherheit / bestimmt …

ASUKA, JAPAN
„Ich bewundere Paketzustellerinnen und Paketzusteller. Sie haben eine große Verantwortung."

2a Sehen Sie das Bild in c an. Erinnern Sie sich noch an Mirko Pape? (➜ S. 33) Was wissen Sie schon über ihn? Sammeln Sie im Kurs.

- früh aufstehen
- Pakete abholen
- …

b Wie stellen Sie sich einen Tag in Mirkos Job vor? Machen Sie Notizen.

c **KOMMUNIKATION** Lesen Sie den Artikel. Welche wichtigen Informationen bekommen Sie (noch) zu Mirkos Arbeitsalltag? Ergänzen Sie Ihre Notizen aus b und vergleichen Sie dann im Kurs. → Schneeballmethode → AB 4–7

Informationen vergleichen
Ich dachte / habe notiert, dass …
Das steht auch / aber nicht im Artikel / im Text / …
Im Artikel / Im Text / … steht (noch), dass …
Daran habe ich gar nicht gedacht.

◆ Ich habe notiert, dass Mirko Pakete abholt. Das steht auch im Artikel. Im Artikel steht noch, dass er die Pakete ordentlich in den Wagen räumt. So spart er später Zeit.

www.jobprotokolle.de/paketzusteller

Mein Job: Paketzusteller

Mirko Pape (35) braucht kein Fitnesstraining. Pro Tag läuft er 4.000 Stufen hoch und runter. Immer wieder steht er vor geschlossenen Türen. Und oft wünscht er sich mehr Respekt.

6:30 Uhr, im Paketzentrum

Ich hole die Pakete für meinen Bezirk ab und lade sie in das Fahrzeug. Meistens sind es um die 150 bis 200 Pakete. Die muss ich erst einmal scannen, dann räume ich sie in den Wagen. Aber nicht irgendwie, sondern ordentlich. Chaos kann ich mir nicht leisten. Sonst verliere ich später zu viel Zeit. Ich spreche noch kurz mit den Kollegen. Die sehe ich ja nur hier. Bevor ich losfahre, geh ich noch schnell aufs Klo. Das wird sonst unterwegs schnell ein Problem. Ich hab ja keine Toilette im Wagen.

9:00 Uhr, auf der Ludwigstraße

Wie immer: Hier ist kein Platz zum Parken. Ich lasse den Transporter auf der Straße stehen und hoffe, dass das keinen Ärger gibt. Ich laufe mit drei Paketen zu Nummer 10, klingle an der Haustür und weiß schon, dass niemand aufmachen wird. Das junge Paar hier bestellt ständig Sachen, ist aber nie zu Hause. Ich warte kurz, dann versuch ich es beim Nachbarn nebenan. Der arbeitet zu Hause und ist meistens meine Rettung. Auch heute nimmt er die Pakete an. Ich laufe zum Wagen zurück. Ein Busfahrer hupt schon.

10:15 Uhr, an der Ampel am Ebertplatz

Eine Fußgängerin winkt mir. Ah, die nette Frau Schmitz aus der Mozartstraße. Sie kommt mir immer im Treppenhaus entgegen. Ich muss dann nicht die drei Stockwerke hochlaufen. Viele Leute denken nicht an andere. Sie bedanken sich ja nicht einmal. Für sie ist es normal, dass ich ihre Pakete bis zur Wohnungstür bringe. Und Trinkgeld gibt es fast nie. Manche meckern, wenn ein Paket zu spät kommt – obwohl das ja nicht meine Schuld ist. Gestern hat mich jemand gefragt, warum ich für die letzten 500 Meter so lang gebraucht habe. Der hatte sein Paket mit einer App verfolgt. Unglaublich so was.

11:30 Uhr, auf der Mozartstraße

Wie viel die Leute bestellen! Eigentlich ja gut: Ich werd bestimmt nicht arbeitslos. Aber das Paket hier ist wirklich sauschwer. Warum zur Hölle bestellt man 20 Kilo Mehl? Und dann noch in den 4. Stock, ohne Aufzug. Ein Klick auf „bestellen" ist einfach, die Arbeit mit dem Großeinkauf haben dann die anderen. Ich schleppe täglich zwei bis drei Tonnen. Ich glaub, die Hobbybäckerin versteht das Problem nicht.

12:45 Uhr, Imbiss Karl

Kurze Pause mit Leberkässemmel. Das Gute an diesem Job ist, dass mir niemand auf die Finger schaut. Ich mache Pause, wann ich will. Außerdem bin ich den ganzen Tag unterwegs. Ich verbringe meinen Arbeitstag nicht am Schreibtisch. Aber mehr verdienen würd ich schon gern. Ich schufte den ganzen Tag. Und mit meinem Gehalt komm ich gerade so über die Runden. Eine Familie kann ich davon nicht ernähren.

14:10 Uhr, auf der Luisenstraße

Der letzte Stopp auf meiner Tour. Der ältere Mann aus Nummer 16 freut sich immer, wenn ich komme. Ich glaub, ich bin an vielen Tagen der einzige Mensch, mit dem er spricht. Vielleicht bestellt er deswegen so viel. Ich hab aber nicht viel Zeit zum Quatschen. Im Durchschnitt hab ich für jedes Paket drei Minuten. Drei Minuten vom Wagen bis zum Empfänger.

15:15 Uhr, im Paketzentrum

Mein Arbeitstag ist fast zu Ende. Ich lade mein Fahrzeug aus. Retouren und andere Pakete. Einige hab ich bei Kunden abgeholt. Oder ich konnte sie nicht zustellen. Das dauert heute nicht lang. Zum Glück! Ich freu mich jetzt echt aufs Sofa. Mein Rücken auch.

→ Wem geben Sie Trinkgeld? Schreiben Sie uns **hier**.

Text hören

3 WÖRTER Lesen Sie die Sätze 1–6 aus dem Artikel in 2c noch einmal. Was bedeuten die markierten Wörter? Verbinden Sie. Vergleichen Sie dann Ihre Lösung mit Ihrer Partnerin / Ihrem Partner und sprechen Sie wie im Beispiel. → AB 8

1. Manche meckern, wenn ein Paket zu spät kommt. (Z. 35–36)
2. Ich schleppe täglich zwei bis drei Tonnen. (Z. 47–48)
3. Das Gute [...] ist, dass mir niemand auf die Finger schaut. (Z. 51–52)
4. Ich schufte den ganzen Tag. (Z. 56)
5. Mit meinem Gehalt komme ich gerade so über die Runden. (Z. 57–58)
6. Ich habe aber nicht viel Zeit zum Quatschen. (Z. 65)

a (hart) arbeiten
b reden, erzählen
c zurechtkommen
d sich beschweren
e (mit Mühe) tragen
f jemanden (genau) kontrollieren

◆ „Meckern" bedeutet „sich beschweren". Also: „Manche beschweren sich, wenn ein Paket ..."

⌐ Die markierten Wörter und Ausdrücke aus 1–6 sind umgangssprachlich. ⌐

4a Arbeiten Sie zu viert. Lesen Sie den Artikel in 2c noch einmal. Wo würden Sie Mirkos Erlebnisse einordnen? Ergänzen Sie in Stichpunkten. Es gibt mehrere Möglichkeiten.

Ⓐ = kein Platz zum Parken, hupen, ...
Ⓑ = ...

b KOMMUNIKATION Vergleichen Sie Ihre Ergebnisse aus a mit einer anderen Gruppe. Wo gibt es Unterschiede? Sprechen Sie im Kurs. → AB 9

Ergebnisse besprechen
Wir haben das (etwas) anders verstanden. Für uns wäre das eher ...
Ich finde es interessant, dass ihr ... Wir finden, dass ...

5a Lesen Sie die Fragen 1–6 und machen Sie Notizen.

1. Wie viele Pakete bekommen Sie im Monat?
2. Was bestellen Sie normalerweise?
3. Wie wichtig ist Ihnen, dass ein Paket bis an die Wohnungstür gebracht wird?
4. Wie viele Wörter reden Sie mit der Paketzustellerin / dem Paketzusteller?
5. Wer nimmt Pakete für Sie an, wenn Sie nicht da sind?
6. Über welches Paket haben Sie sich in der letzten Zeit besonders gefreut?

1. 2-3 Pakete im Monat
2. Klamotten, ...
3. ...

b Wählen Sie zwei Fragen aus a und schreiben Sie sie auf einen Zettel. Suchen Sie eine Partnerin / einen Partner. Fragen und antworten Sie. Tauschen Sie dann Ihre Zettel und suchen Sie eine neue Partnerin / einen neuen Partner. → Geben & Nehmen

6 GRAMMATIK Lesen Sie die Sätze 1–6. Suchen Sie dann im Artikel in **2c** die entsprechenden Sätze mit *nicht* und notieren Sie sie. Unterstreichen Sie dann *nicht* und lesen Sie den Tipp. → Position von *nicht* im Satz → AB 10–11

1. Ich muss dann die drei Stockwerke hochlaufen. *(Z. 31–32)*
2. Viele Leute denken an andere. *(Z. 32–33)*
3. Die Hobbybäckerin versteht das Problem. *(Z. 48–49)*
4. Ich verbringe meinen Arbeitstag am Schreibtisch. *(Z. 54–55)*
5. Ich konnte die Pakete zustellen. *(Z. 71–72)*
6. Das dauert heute lang. *(Z. 72)*

> *nicht* kann Sätze und Satzteile verneinen. Wenn Sätze verneint werden, steht *nicht* möglichst weit rechts. Wenn *nicht* vor einem Satzteil steht, wird dieser betont, z. B. *Ich muss dann nicht die drei Stockwerke hochlaufen* (, sondern nur ein Stockwerk).

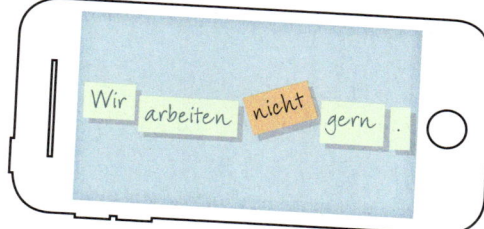

1. Ich muss dann <u>nicht</u> die drei Stockwerke hochlaufen.
2. …

7 Arbeiten Sie zu dritt. Schreiben Sie die Wörter / Ausdrücke jeweils auf einen Zettel. Legen Sie einen Satz mit *nicht* und machen Sie ein Foto. Lesen Sie Ihre Sätze vor und vergleichen Sie im Kurs.

arbeiten · gern · im Büro · jeden Tag · möchten · nicht · Wir · zusammen · .

8 KOMMUNIKATION Schreiben Sie einen Kommentar zum Thema *Trinkgeld* (ca. 50 Wörter). → AB 12–13

Schritt 1: Lesen Sie die Einleitung und die Kommentare 1–3 zum Artikel in **2c**. Was antworten die Personen auf die Fragen in der Einleitung? Markieren Sie in den Texten. Sprechen Sie dann im Kurs.

www.jobprotokoll.de/paketzusteller/kommentare

Jetzt sind Sie dran! Wem geben Sie Trinkgeld? Warum? Wir freuen uns auf Ihre Kommentare!

Irina2.0
Meine Nachbarin hat dem Paketboten Trinkgeld gegeben. Ich bin noch nie auf die Idee gekommen, obwohl ich echt viel bestelle. 🙈 Klar, im Café oder Restaurant gebe ich immer Trinkgeld – meistens so 5 bis 10 %. Ich war letztes Jahr in den USA, da gibt man viel mehr Trinkgeld. Aber ich bin oft unsicher, ob und wie viel Trinkgeld ich geben soll. Beim Friseur zum Beispiel.

Faisal88
Das kommt darauf an. 🙂 Ich finde es schon wichtig, Trinkgeld zu geben – gerade bei Jobs, die nicht gut bezahlt werden. Aber manchmal vergesse ich das auch. Wenn ich Essen bestelle, gebe ich dem Fahrradkurier ein paar Euro. Dem Paketboten habe ich Weihnachten 5 Euro gegeben. Leider gibt es ja keine ganz klaren Regeln und das ist ja auch in jedem Land anders. Das macht es schwierig.

MariAna
Ich gebe nur bei besonderen Leistungen Trinkgeld. Wenn eine Kellnerin besonders freundlich war oder ein Taxifahrer extra schnell fährt. Wenn ich nicht zufrieden bin, gebe ich auch kein Trinkgeld. Die Leute werden ja schließlich für ihre Arbeit bezahlt.

Schritt 2: Wie ist Ihre Meinung zu diesem Thema? Wie ist das in den Ländern, die Sie kennen? Schreiben Sie Ihren Kommentar auf ein DIN-A4-Blatt.

ein Verhalten bewerten
Ich finde es (nicht) okay / in Ordnung, wenn …
Es ist unverschämt, … zu …

Unsicherheit ausdrücken
Also, ich weiß nicht.
Ist das so? / Stimmt das wirklich?
Ich bin unsicher, ob …

Schritt 3: Hängen Sie Ihren Kommentar im Kursraum auf. Lesen Sie die Kommentare der anderen. Notieren Sie zwei Aussagen, die Sie besonders interessant finden. Sprechen Sie dann im Kurs.

Aussagen wiedergeben
Hier steht, dass …
Jemand hat geschrieben: …

Unwissen ausdrücken
Dieser Gedanke war neu für mich.
Das habe ich so noch nicht gesehen.

◆ Hier steht, dass man auch zu viel Trinkgeld geben kann. Das habe ich so noch nicht gesehen.

THEMA
Kritik am Arbeitsplatz

EXTRA BERUF

LERNZIELE
// Konfliktgespräche verstehen
// höflich Kritik äußern
// auf Kritik reagieren

1 Sehen Sie die Bilder in **2** an. Erinnern Sie sich noch an Jeremy Ziegler aus Lektion 7 und dem Moduleinstieg? Was wissen Sie schon über ihn? Wer sind Alina Meyer und Dominik Renzo? Sprechen Sie im Kurs.

2a Hören Sie zwei Gespräche (A und B) am Arbeitsplatz und beantworten Sie die Fragen 1 und 2.

A: Jeremy → ...
B: ...

1. Wer kritisiert wen? Machen Sie Notizen.

Jeremy Ziegler

Alina Meyer

Dominik Renzo

2. Welche Aussage 1–6 passt zu wem? Notieren Sie *D* (= Dominik) und *J* (= Jeremy). Nicht jede Aussage passt.

1. ○ ... kommt öfter zu spät zu Teamsitzungen.
2. ○ ... kommt selten zu Teamsitzungen.
3. ○ ... räumt die Spülmaschine nie aus.
4. ○ ... räumt schmutziges Geschirr nicht weg.
5. ○ ... füllt Anträge falsch aus.
6. ○ ... macht Anträge nicht rechtzeitig fertig.

b Lesen Sie Jeremys Aussagen 1 – 4 und Dominiks Ausreden **a** – **d**. Hören Sie Gespräch A noch einmal. Was passt zusammen? Verbinden Sie.

1. Du lässt oft nach dem Essen dein Geschirr stehen.
2. Es ist nicht schön, wenn schmutziges Geschirr herumsteht.
3. Ich habe auch viel zu tun und räume trotzdem mein Geschirr weg.
4. Die anderen räumen oft auch dein Geschirr weg.

a Ich habe wenig Zeit zwischen meinen Terminen.
b Jeder räumt doch mal etwas von den anderen weg. Das ist doch normal.
c Hier steht doch immer irgendwas herum.
d Wenn ich es später wegräumen will, ist es nicht mehr da.

c Was schlägt Alina Jeremy als Lösung vor? Hören Sie Gespräch B noch einmal und markieren Sie.

1. ○ Du solltest vielleicht mehr Zeit zwischen den Terminen einplanen.
2. ○ Eventuell könntest du deine Beratungstermine kürzer machen.
3. ○ Einigen wir uns doch darauf, dass du an weniger Meetings teilnimmst.
4. ○ Könntest du dir vorstellen, zwei bis drei Fälle an einen Kollegen abzugeben?

d Wie finden Sie das Verhalten von Dominik, Jeremy und Alina? Sprechen Sie im Kurs.

◆ Ich finde, dass Jeremy seine Kritik sehr vorsichtig äußert und Dominik …
▲ An Dominiks Stelle hätte ich anders reagiert.

3 KOMMUNIKATION Üben Sie, Kritik am Arbeitsplatz zu äußern und darauf zu reagieren.

Schritt 1: Welches Thema passt zu welchen Redemitteln? Ordnen Sie zu.

| Kritik äußern | auf Kritik / einen Vorschlag reagieren | sich entschuldigen | Verständnis zeigen |
| Kompromisse machen / Lösungen vorschlagen |

1. Kritik äußern

Ich würde gern etwas mit dir besprechen.
Mir ist aufgefallen, dass …
Ich habe den Eindruck, dass …
Ich finde nicht in Ordnung, dass …
Es ist einfach nicht so schön, wenn …

2. _____

Vielleicht könnten wir uns darauf einigen, dass …
Du solltest vielleicht …
Was hältst du davon?
Was würdest du von folgender Lösung halten?
Könntest du dir das vorstellen?
Eventuell könntest du …

3. _____

Stimmt. Das tut mir wirklich leid.
Entschuldigung. Das kommt nicht mehr vor.

4. _____

Das kann ich gut verstehen.
Das geht mir auch / uns allen mal so.
Das ist nicht schlimm.
Ich kann das gut nachvollziehen.

5. _____

Wenn es dir so wichtig ist, …
Ich denke das ist (k)eine gute Lösung.
Ich möchte dir gern etwas anderes vorschlagen.
Das klingt gut. Das werde ich machen.
Das ist keine schlechte Idee.

Schritt 2: Arbeiten Sie zu zweit. Wählen Sie eine Situation und dann eine Rolle (Person A oder B) und machen Sie Notizen zu folgenden Fragen:
• Was möchten Sie kritisieren? Wie möchten Sie auf die Kritik reagieren?
• Welche Argumente haben Sie?
• Was wären mögliche Lösungsvorschläge?

SITUATION 1:
Regelung der Klimaanlage im Büro

Person A: Ihnen ist oft kalt im Büro. Sie kritisieren, dass Person B die Klimaanlage viel zu kalt einstellt. Sie denken, dass auch die meisten anderen frieren.

Person B: Sie finden die Temperatur sehr angenehm und denken, dass die meisten sich freuen, dass es kühl im Büro ist.

SITUATION 2:
Essen im gemeinsamen Kühlschrank in der Teeküche

Person A: Immer wieder „verschwindet" einer Ihrer Joghurts aus dem Kühlschrank. Person B isst gerade genau so einen Joghurt. Sie denken, dass sie ihn genommen hat.

Person B: Sie haben Ihren Joghurt selbst gekauft und in den Kühlschrank gestellt. Sie finden aber, dass man leicht den Überblick verliert, was im Kühlschrank wem gehört.

Schritt 3: Spielen Sie die Gespräche im Kurs. Die Redemittel aus Schritt 1 helfen.

(Nichts) schenken

GESCHENKE FÜR ALLE

Die Leute laufen durch die Stadt und viele sind gestresst.
Man merkt: Es sind nur noch zwei Wochen bis zum Fest.
Ich denke: Mensch, die Armen. – Die tun mir wirklich leid.
Denn ohne dieses Suchen hätten alle viel mehr Zeit.

5 Geschenke für die Kinder, Geschenke für den Hund.
Geschenke für die Tanten, Onkel – groß und schön und bunt.

Zum Glück hab ich in diesem Jahr gar nichts damit zu tun.
Denn unsere Familie macht nicht mit bei dem Konsum.
Es gibt keine Geschenke – für niemanden dies Jahr.
10 Wir waren uns alle einig[1], fanden's alle wunderbar.

Es gibt nichts für die Kinder, es gibt nichts für den Hund.
Und auch nichts für die Tanten, Onkel – Stress ist ungesund.

Am Weihnachtstag geh ich entspannt und froh zur Wohnungstür.
Dort steht meine Familie: Eltern, Kinder und ein Tier.
15 Sie tragen große Taschen und ich frage laut: „Warum?"
Und alle schauen auf den Boden, alle bleiben stumm.

Meine Mutter ist dann irgendwann die Einzige, die spricht:
„Ach, weißt du: So ganz ohne Schenken geht es für mich nicht."
Die andren nicken, denn das haben sie sich auch gedacht.
20 Und alle hab'n Pakete („Nur was Kleines"!) mitgebracht.

Es gibt also Geschenke – für die Kinder, für den Hund.
Für alle, auch für mich – und offen steht mein Mund.

[1] sich einig sein = die gleiche Meinung haben

1 🔊 21 **Hören Sie das Lied und lesen Sie den Text mit.** Markieren Sie mit unterschiedlichen Farben. Sprechen Sie dann im Kurs.

1. Wie werden die letzten Wochen vor Weihnachten beschrieben?
2. Was hat die Familie entschieden?
3. Was passiert am Weihnachtstag?
4. Warum ist das Ich am Ende erstaunt?

2a Zu welchen Anlässen machen Sie Geschenke? Was sind „typische" Geschenke für bestimmte Anlässe? Machen Sie Notizen. Vergleichen Sie dann im Kurs.

Anlässe	Typische Geschenke
Einladung	Blumen, …
Geburtstag	Gutschein für …
Zuckerfest	…
…	

b Wählen Sie einen Anlass aus a. Wäre es in Ihrer Familie / in Ihrem Freundes-/Bekanntenkreis möglich, auf das Schenken zu verzichten? Sprechen Sie im Kurs.

SPRACHECKE

1 Lesen Sie die Aussagen. Was kann man sagen, wenn man ein Geschenk bekommt (A)? Was sagt man, wenn man ein Geschenk übergibt (B)? Ordnen Sie zu.

- (A) Ach, das ist aber nett! Danke!
- ( ) Das wäre doch nicht nötig gewesen!
- ( ) Ich habe euch etwas mitgebracht.
- ( ) Und das ist für dich.
- ( ) Aber ihr solltet doch nichts mitbringen …
- ( ) Ich habe noch eine Kleinigkeit für dich.
- ( ) Wie lieb von dir!

2 Was sagt man in anderen Sprachen, die Sie kennen, wenn man ein Geschenk übergibt oder bekommt? Sammeln und vergleichen Sie.

MODUL 4

10 Medien | **11** Lernen | **12** Geschichten

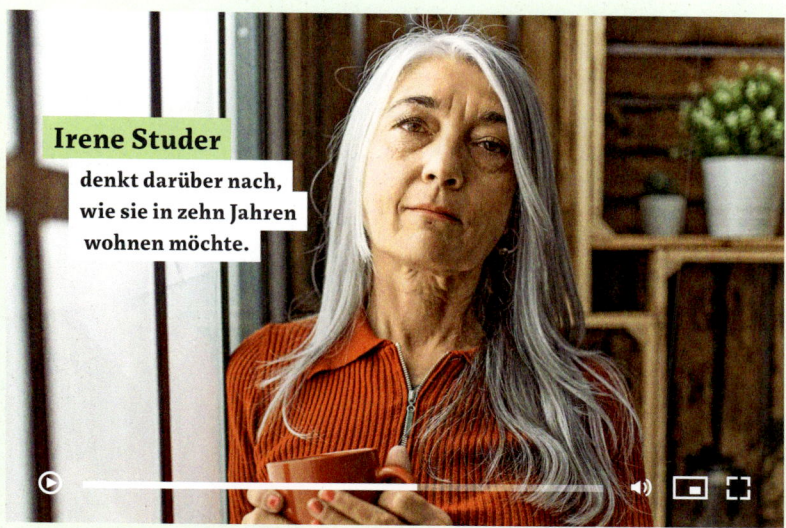

Irene Studer denkt darüber nach, wie sie in zehn Jahren wohnen möchte.

Rabea Abdel freut sich auf die Zeit nach ihren Prüfungen.

Olaf Althoff möchte einer besonderen Person begegnen.

Was wünschen Sie sich?

1 Was wünschen sich Irene, Rabea und Olaf? Lesen Sie die Bildunterschriften. Sehen Sie die Filme an und machen Sie Notizen. Sprechen Sie dann im Kurs.

2a Was wünschen Sie sich? Notieren Sie drei Wünsche und suchen Sie Fotos dazu.

b Arbeiten Sie in Gruppen. Erstellen Sie eine Collage oder ein Plakat. Was wünschen sich die anderen Kursteilnehmerinnen / Kursteilnehmer? Welche Gemeinsamkeiten finden Sie? Präsentieren Sie Ihre Ergebnisse im Kurs.

MEDIEN

Einfach Kult! 10

LERNZIELE
// eine Podcastfolge über Schallplatten verstehen
// eine Diskussion zum Thema *Medien analog oder digital?* führen
// Anglizismen: Musik
// Futur I

SCHALLPLATTEN-QUIZ

① Seit diesem Jahr werden Schallplatten aus dem Kunststoff Vinyl hergestellt.
 ⓐ 1888
 ⓑ 1948

② Die Abkürzung LP steht für …
 ⓐ Langspielplatte.
 ⓑ Liederplatte.

③ Mit 60 Mio. Exemplaren ist das weltweit die meistverkaufte LP.
 ⓐ „Gold – Greatest Hits" von ABBA
 ⓑ „Thriller" von Michael Jackson

④ In diesem Jahr wurden in Deutschland zum ersten Mal mehr CDs als Schallplatten verkauft.
 ⓐ 1982
 ⓑ 1989

⑤ Diese Vinyl-Platte wurde im Jahr 2015 für 790 000 US-Dollar verkauft.
 ⓐ The Beatles („White Album")
 ⓑ Elvis Presley („My Happiness")

⑥ „Du hast einen Sprung in der Platte" bedeutet:
 ⓐ „Du springst von einem Thema zum anderen."
 ⓑ „Du redest immer dasselbe."

1a Arbeiten Sie zu dritt. Machen Sie das *Schallplatten-Quiz*. Was ist richtig, ⓐ oder ⓑ? Markieren Sie. Vergleichen Sie dann mit der Lösung (→ Anhang, S. 22). Welche Gruppe hat die meisten richtigen Antworten?

b KOMMUNIKATION Lesen Sie die Fragen 1–3 und machen Sie Notizen. Sprechen Sie dann im Kurs. → AB 1–2

1. Warum gibt es immer noch Schallplatten? Was denken Sie?
2. Besitzen Sie Schallplatten? Warum (nicht)? Was spricht für Sie für Schallplatten, was dagegen?
3. Kennen Sie (weitere) Personen mit einer Schallplattensammlung? Welche Schallplatten sammeln sie?

KEREM, TÜRKEI
„Eine Bekannte von mir hat Schallplatten."

– immer noch für viele besonderer Gegenstand
– selbst keine Schallplatten, aber …
– …

2 Sehen Sie das Bild an und lesen Sie den Programmhinweis. Erinnern Sie sich noch an Irene Studer? (→ S. 49) Was wissen Sie schon über sie? Was erfahren Sie noch? Sammeln Sie die wichtigsten Punkte in einem Wörternetz. Vergleichen Sie dann Ihre Ergebnisse zu zweit. → AB 3–4

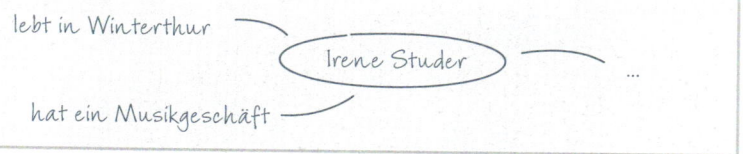

EINFACH KULT – Dinge, die begeistern

Folge 78: Die Schallplatte
präsentiert von Irene Studer

Zur Person: Irene Studer führt ein Musikgeschäft in Winterthur – und zwar sehr erfolgreich. In der „HörBar" verkauft sie aber nicht nur Schallplatten, CDs und Konzertkarten. Der Laden ist ein liebenswerter Ort, an dem
5 man Musik auf zahlreiche Arten erleben kann. Auf der kleinen Bühne finden regelmässig Live-Konzerte, Jazz-Sessions, Auftritte von DJs und andere musikalische Events statt. Die Atmosphäre ist mit maximal 30 Zuschauern pro Veranstaltung familiär. Jeden ersten
10 Mittwoch im Monat stellt Irene Studer Lieblingsplatten aus ihrer eigenen Sammlung vor.

„Schallplatten sind für Menschen, die ihren Kaffee gern selbst kochen und nicht einfach einen Knopf an einem Automaten drücken möchten."

3a Lesen Sie die Aussagen. Hören Sie dann die Podcastfolge und bringen Sie die Aussagen in die richtige Reihenfolge.

○ Irene findet es fantastisch, dass die Schallplatte ein Comeback erlebt.
○ Irene war aufgeregt und stolz, als sie ihre erste Schallplatte gekauft hat.
⑤ Irene hält sich beim Hören an die Reihenfolge der Stücke.
○ Irene ist überzeugt: Die Schallplatte wird neben den Streamingdiensten nicht verschwinden.
○ Für Irene ist das Schallplattenhören wie ein feierliches Ritual, das sie sehr gemütlich findet.
○ Irene findet, dass die Cover oft wie echte Kunstwerke aussehen.
○ Für Irene ist der Sound von Schallplatten viel besser als bei digitalen Formaten.

b Lesen Sie die Aussagen 1–4. Sind die Aussagen richtig **r** oder falsch **f**? Markieren Sie. Hören Sie dann die Podcastfolge noch einmal und vergleichen Sie.

1. Bei Schallplatten gibt es keine technischen Probleme. Man kann sie immer abspielen. **r f**
2. Schallplatten werden heute vor allem von Sammlern zu sehr hohen Preisen gekauft. **r f**
3. Beim Plattenhören nimmt man sich bewusst mehr Zeit für die Musik. **r f**
4. Download-Codes sind eine große Konkurrenz für die Schallplatte. **r f**

c Warum gibt es immer noch Schallplatten? Was haben Sie in der Podcastfolge noch darüber erfahren? Ergänzen Sie Ihre Notizen aus 1b. Vergleichen Sie dann Ihre Ergebnisse im Kurs. → AB 5–8

4 WÖRTER **Welche Wörter benutzt man auch in den Sprachen, die Sie kennen? Für welche Wörter gibt es andere Ausdrücke? Sprechen Sie im Kurs.** → AB 9–10

(die) Band · (die) Charts · downloaden · online · sharen · (der) Song · (das) Cover · (das) Festival · (die) Playlist · live · (das) Comeback · offline · (der) Sound · streamen

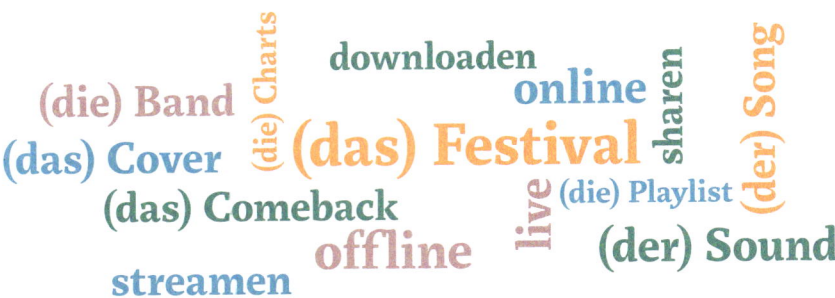

◆ Auf Französisch sagt man auch „Playlist“. Aber man sagt nicht „Band“, sondern „groupe“.

5a Lesen Sie den Steckbrief zum Thema *Musik* und ergänzen Sie ihn.

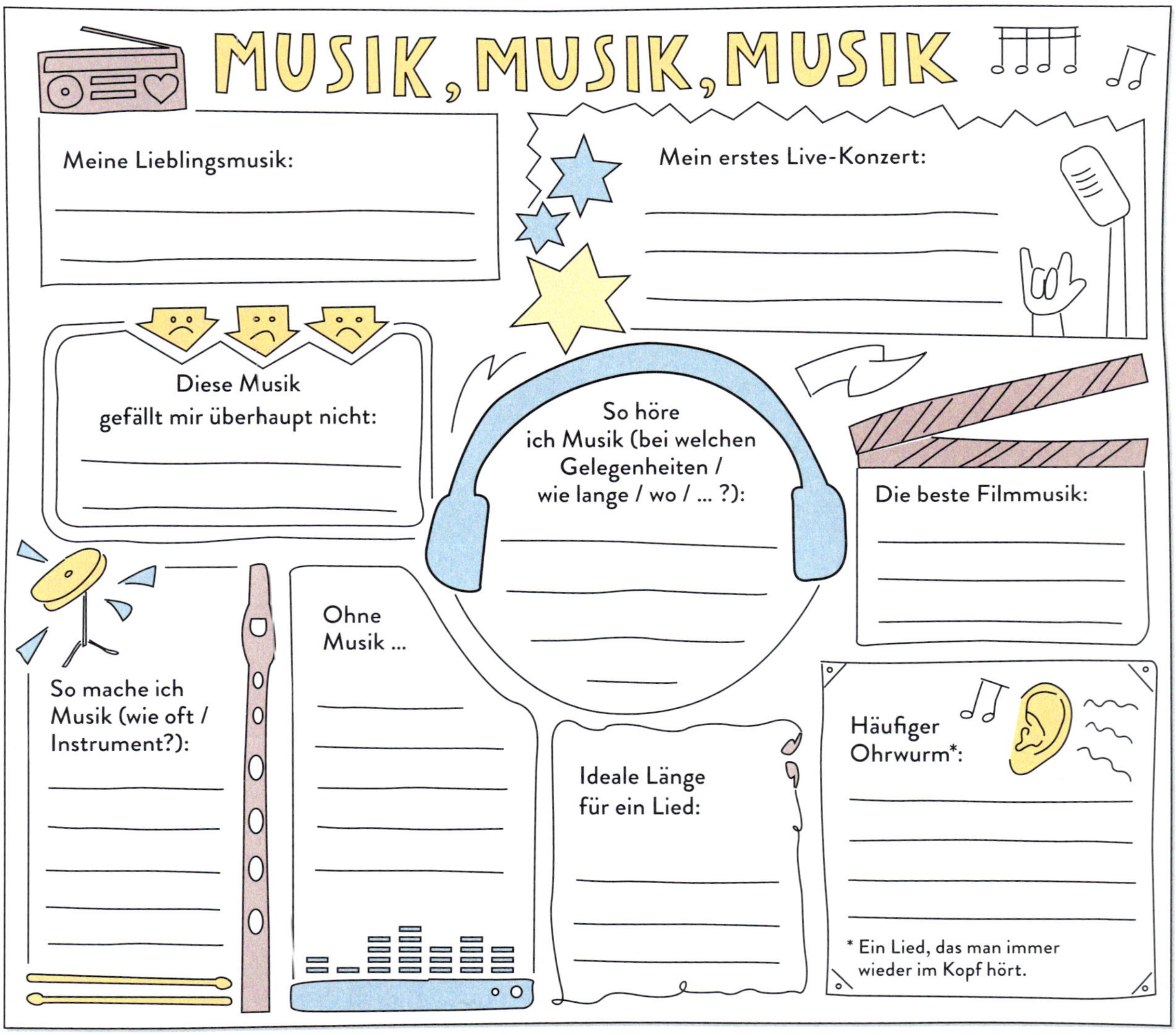

MUSIK, MUSIK, MUSIK
Meine Lieblingsmusik:
Mein erstes Live-Konzert:
Diese Musik gefällt mir überhaupt nicht:
So höre ich Musik (bei welchen Gelegenheiten / wie lange / wo / ... ?):
Die beste Filmmusik:
So mache ich Musik (wie oft / Instrument?):
Ohne Musik ...
Ideale Länge für ein Lied:
Häufiger Ohrwurm*:
* Ein Lied, das man immer wieder im Kopf hört.

b Arbeiten Sie zu zweit. Stellen Sie sich gegenseitig Fragen zu Ihren Steckbriefen. Finden Sie mindestens eine Gemeinsamkeit. → Kursspaziergang

◆ Welche Musik hörst du am liebsten?
▲ Am liebsten höre ich Hip-Hop und Indie. Wie ist das bei dir?
◆ Ich höre sehr gern ...

c Welche Gemeinsamkeit(en) haben Sie gefunden? Präsentieren Sie sie im Kurs. → AB 11

6 GRAMMATIK Lesen Sie die Sätze 1–4 von Irene. Was passt? Ergänzen Sie. Vergleichen Sie Ihre Ergebnisse dann zu zweit. → Futur I → AB 12–13

wird … verschwinden   werde … vergessen   werden … helfen   wird … abspielen können

> **Futur I: *werden* + Infinitiv**
> 1. Ich _werde_ wohl nie _____, wie ich meine erste Schallplatte gekauft habe.
> 2. Alte Vinyls _____ man mit Sicherheit auch in 30 Jahren noch _____.
> 3. Wir _____ dir _____, wenn du die Plattenecke vergrößern willst.
> 4. Die Vinylplatte _____ bestimmt nicht _____.

Wenn man über die Zukunft spricht, verwendet man meistens das Präsens mit einer Zeitangabe (*morgen, in Zukunft, in zehn Jahren, …*; z. B. *Die Schallplatte dreht sich auch in Zukunft weiter.*). Bei einer Vermutung, einer Vorhersage oder einem Versprechen verwendet man *werden* + Infinitiv. Bei Vorhersagen und Vermutungen verwendet man oft Wörter wie *wahrscheinlich, wohl, bestimmt, mit Sicherheit*.

7 Arbeiten Sie zu dritt. Sehen Sie die Bilder Ⓐ – Ⓓ an und lesen Sie die Fragen. Was vermuten Sie? Schreiben Sie Sätze im Futur I. Präsentieren Sie Ihre Ergebnisse im Kurs.

Wie werden wir in der Zukunft Musik hören? Lesen? Filme schauen? Wie werden wir uns informieren?

Ⓐ Musik hören: In Zukunft werden wir mit Sicherheit keine großen Lautsprecher mehr benutzen. Wir werden nur noch …

8 KOMMUNIKATION Machen Sie eine Diskussionsrunde zum Thema: *Medien analog oder digital?* → AB 14–15

Schritt 1: Arbeiten Sie in Gruppen. Sammeln Sie in der Gruppe Vor- und Nachteile der jeweiligen Medien A–C und machen Sie Notizen. Diskutieren Sie dann in der Gruppe.

Ⓐ gedrucktes Buch oder E-Book?
Ⓑ gedruckte Zeitung oder Online-Zeitung?
Ⓒ Brettspiel oder Computerspiel?

gedrucktes Buch	E-Book
+ sieht schön aus	+ leicht und dünn
– braucht Platz	– braucht Strom

Vorteile / Nachteile nennen
Ein (weiterer) Vorteil / Nachteil (von …) ist, …
(Nicht) sehr nützlich finde ich …, weil …
Praktisch / Gut / … finde ich auch, dass …

zustimmen
Ja, ganz genau.
Ich bin ganz deiner Meinung.
Da kann ich dir nur zustimmen.

widersprechen
Hm, ich weiß nicht, das stimmt meiner Meinung nach nicht.
Tut mir leid, das sehe ich anders.
Da hast du schon recht, aber …

Schritt 2: Stellen Sie die Ergebnisse Ihrer Diskussion im Kurs vor.

ein Fazit ziehen
Insgesamt sehen wir mehr Vorteile bei …
Also, wir finden, es spricht viel für …
In diesem Punkt waren wir uns nicht einig.

LERNEN

Bildungs(um)wege

LERNZIELE
// zwei Grafiken über Bildungschancen in Deutschland beschreiben und vergleichen
// ein Interview über einen Bildungsweg verstehen
// über Schulsysteme und Bildungschancen berichten
// Wortfeld *Schule und Studium*
// temporale Zusammenhänge: Zeitangaben machen

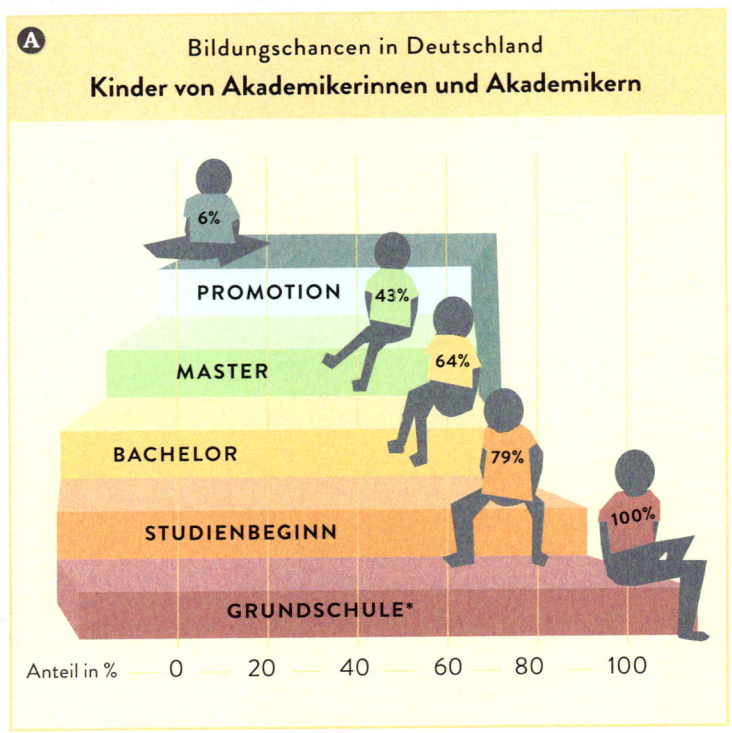

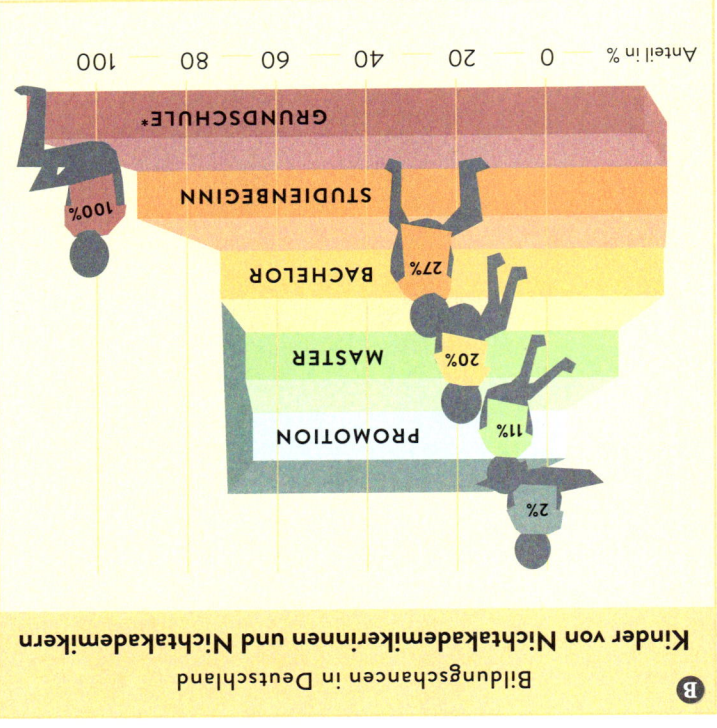

* Es gilt eine allgemeine Schulpflicht. Jedes Kind muss mindestens 9 Jahre lang eine Schule besuchen.

Zahlen und Fakten aus https://www.hochschulbildungsreport.de

1a KOMMUNIKATION Arbeiten Sie zu viert und bilden Sie Paare (A und B). Paar A wählt Grafik Ⓐ, Paar B wählt Grafik Ⓑ. Beschreiben Sie Ihre Grafik. Verwenden Sie die Ausdrücke und Redemittel.

die Grundschule besuchen   ein Studium anfangen / beginnen   einen Bachelor / einen Master machen
eine Promotion machen / promovieren   ein Studium abschließen / beenden   die Promotion schaffen

wichtige Informationen einer Grafik erklären
Die Grafik zeigt ... / Die Grafik informiert über ...
Man sieht in der Grafik, dass alle ... / ... % der ...
Ein Teil davon, nämlich ... %, ...
Nur (noch) ... % ...

Ⓐ *Die Grafik zeigt die Bildungschancen von Kindern, deren Eltern Akademikerinnen oder Akademiker sind. Man sieht in der Grafik, dass alle ...*

b Tauschen Sie Ihre Beschreibung mit dem anderen Paar. Überprüfen Sie die Beschreibung der anderen mit der jeweiligen Grafik. Arbeiten Sie dann zu viert. Vergleichen Sie die Ergebnisse und fassen Sie die Unterschiede zusammen. → AB 1–4

Auffälligkeiten beschreiben
Es fällt auf, dass alle / (deutlich / viel) mehr / weniger Kinder von ...
Auffällig / Interessant ist, dass nur wenige Kinder von ...

Grafiken vergleichen
Während in Grafik A ... % ... beginnen / machen / besuchen ..., sind es in Grafik B ... %.
In Grafik B beginnen / machen / besuchen / ... (deutlich / viel) mehr / weniger Kinder ... als in Grafik A.
Wenn man die beiden Grafiken vergleicht, kann man sagen, dass nur wenige Kinder, nämlich ... % ... machen / ...

♦ *Es fällt auf, dass alle Kinder in Deutschland die Grundschule besuchen. Das liegt daran, dass es in Deutschland eine allgemeine Schulpflicht gibt. Interessant ist, dass ...*

2 Sehen Sie das Bild in 3a an. Erinnern Sie sich noch an Rabea Abdel? (→ S. 49) Was wissen Sie schon über sie? Sammeln Sie im Kurs.

3a Arbeiten Sie zu dritt und wählen Sie jeweils <u>eine</u> Fragenkarte (A, B oder C). Lesen Sie dann das Interview und machen Sie Notizen zu Ihren Fragen. → Wirbelgruppen

A Zukünftiger Beruf:
- Was und wo studiert Rabea?
- Was sind ihre Berufspläne?
- Was möchte sie in ihrem Beruf erreichen?
- Warum ist sie dafür vielleicht die richtige Person?

B Schulzeit:
- Wie beschreibt Rabea ihren Start in der Schule in Deutschland?
- Welche Rolle hatte ihr Lehrer?
- Welche Schulen hat sie besucht, welche Abschlüsse hat sie dort gemacht?
- Wie hat sie sich in der Schule gefühlt?

C Familie:
- Was erfährt man über Rabeas Familie?
- Wie hat sich Rabea als Arbeiterkind im Studium gefühlt?
- Wie finden es die Eltern, dass Rabea studiert?

Ⓐ Studium: Master, Technische Universität in Dortmund
Berufspläne: …

UMWEGE

www.online-magazin.de/schulsystem/interview_umwege

In unserer Interview-Reihe sprechen wir mit Menschen mit ungewöhnlichen Bildungswegen. Für die meisten war die Schulzeit oder das Studium an einer Hochschule eine besondere Herausforderung.

Frau Abdel, Sie machen gerade Ihren Master an der Technischen Universität in Dortmund. Danach wollen Sie Lehrerin an einer Hauptschule werden. Warum möchten Sie gerade an einer Hauptschule unterrichten und nicht an einer Realschule oder an einem Gymnasium?

Ich denke, die Schüler*innen an Hauptschulen brauchen besonders dringend Unterstützung. Die Jugendlichen dort kommen meistens aus sogenannten Nichtakademiker- oder Arbeiterfamilien. Damit haben sie – das weiß ich aus eigener Erfahrung – nicht die besten Voraussetzungen für einen erfolgreichen Bildungsweg.

Wie würden Sie denn Ihren eigenen Bildungsweg beschreiben?

Ich habe sehr hart gearbeitet, bis ich endlich mein Abiturzeugnis hatte. Ich habe zuerst eine Hauptschule besucht. Meine Noten waren ziemlich schlecht und ich musste die 8. Klasse wiederholen. Doch dann habe ich zum Glück einen tollen Lehrer bekommen. Er hat gesehen, dass ich etwas kann und wo ich Hilfe brauche. Bevor ich die Hauptschule verlassen habe, hat mein Lehrer mit mir über meine Zukunft und auch über Berufspläne gesprochen. Er hat mir Mut gemacht, nach dem Hauptschulabschluss weiterzumachen.

Gab es bei Ihnen zu Hause keine Gespräche über berufliche Wünsche?

Nein, und es gab auch keine Ideen dazu. Für mich und meine Brüder war immer klar, dass wir möglichst schnell arbeiten und Geld verdienen müssen. Meine Eltern haben beide in Syrien mit 16 angefangen zu arbeiten. Niemand in meiner Familie oder im Bekanntenkreis hat das Abitur.

Wie ging es nach dem Hauptschulabschluss für Sie weiter?

Nachdem ich den Hauptschulabschluss geschafft hatte, bin ich auf eine Realschule gegangen. Dort habe ich den Realschulabschluss gemacht. Und danach war ich auf einem Abendgymnasium. Während ich mich dort aufs Abitur vorbereitet habe, habe ich auch noch in einem Supermarkt gejobbt. Tagsüber arbeiten, abends lernen: Das war eine ziemlich stressige Zeit. Aber ich habe es geschafft – und sogar gemerkt, dass mir das Lernen Spaß macht.

So viel Spaß, dass Sie sich nach dem Abitur für ein Studium entschieden haben. Wie war der Start an der Hochschule für Sie?

Ich habe mich sehr fremd gefühlt. Als Arbeiterkind war ich eher die Ausnahme. Die meisten Studierenden kommen ja immer noch aus Akademikerfamilien. Und den Unterschied habe ich deutlich gespürt. Sie haben anders gesprochen – irgendwie gebildeter. Für sie war vieles selbstverständlich, was für mich komplett unbekannt war. Seit ich studiere, habe ich viele neue Erfahrungen gemacht. Und das ist immer noch so. Vorher war ich zum Beispiel noch nie in einem Museum oder im Theater.

„JEMAND MUSS AN DICH GLAUBEN, DAMIT DU AN DICH SELBST GLAUBEN KANNST"

Wie ist es für Ihre Eltern, dass Sie studieren?
Ich glaube, am Anfang hat es ihnen Angst
65 gemacht. Plötzlich war ich in einer unbekannten Welt, von der sie keine Ahnung hatten. Was ich an der Hochschule erlebt habe und ja immer noch erlebe, ist ihnen total fremd. Aber sie sind sehr stolz auf mich.

70 *Vieles wäre mit einer besseren Förderung einfacher für Sie gewesen. Machen Sie Ihrer Familie deswegen Vorwürfe?*
Um Himmels willen, nein! Als ich mit meinen Eltern nach Dortmund gekommen bin, war
75 ich zwölf Jahre alt. Damals konnte ich kein Wort Deutsch. Ich war ängstlich und unsicher. Wenn ich im Unterricht sprechen sollte, wollte ich am liebsten weglaufen. Meine Eltern haben unglaublich viel gearbeitet. Sie haben getan,
80 was sie konnten. Aber sie hatten natürlich kein Geld, um eine Nachhilfe zu bezahlen. Und wir Geschwister konnten uns auch nicht gegenseitig helfen. Jeder war mit sich selbst beschäftigt. Es war ein großes Glück, dass mein Lehrer mich
85 damals unterstützt hat.

Kommt daher Ihre Motivation, jetzt selbst Lehrerin zu werden?
Ja, ich möchte etwas zurückgeben – und etwas verändern. Die Bildungschancen von Kindern
90 und Jugendlichen dürfen nicht von ihrer sozialen Herkunft, vom Beruf der Eltern oder Ähnli-

IST UNSER SCHULSYSTEM GERECHT?
Welchen Schultyp ein Kind nach der Grundschule besucht, hängt von seinen Noten oder von der Entscheidung der Eltern ab. Die Lehrkräfte können Empfehlungen geben. Kinder von Nichtakademiker*innen haben es in einem System mit drei Schultypen (Haupt-/Mittelschule, Realschule und Gymnasium) oft schwer. Gesamtschulen (alle Kinder sind bis zur 9. Klasse zusammen) sind immer noch selten.

chem abhängig sein. Das ist ein Ziel, für das ich mich einsetzen möchte.

*Was möchten Sie denn zum Beispiel tun, damit
95 Arbeiterkinder bessere Chancen haben?*
Viele Jugendliche an Hauptschulen sehen ihre Chancen nicht, auch weil niemand an ihren Erfolg glaubt. Ich möchte ihnen Mut machen und sie möglichst gut fördern. Ich hätte schon
100 am ersten Schultag mehr Hilfe gebraucht – und mehr Verständnis. Da ich selbst einen etwas schwierigen Weg hatte, kann ich die Situation meiner Schüler*innen hoffentlich besser verstehen. Ich würde ihnen gern zeigen, dass
105 ich an sie glaube – damit sie an sich selbst glauben können. Vielleicht kann ich ein gutes Beispiel sein, das zeigt, was sie erreichen können.

Das Interview führte Thilo Marx.

Text hören 🔊

b Stellen Sie Ihre Ergebnisse in der Gruppe vor. → AB 5–9

◆ Ich habe mich mit Rabeas zukünftigem Beruf beschäftigt. Sie studiert momentan …

4a WÖRTER Ergänzen Sie die Wörternetze mit passenden Wörtern und Ausdrücken aus 1a und aus dem Interview in 3a.

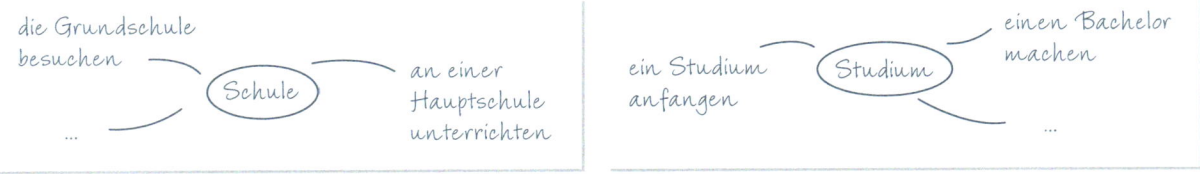

b KOMMUNIKATION Lesen Sie den Infokasten zum Schulsystem in Deutschland im Interview in 3a. Eine Freundin / Ein Freund aus Deutschland möchte gern wissen, wie das Schulsystem in Ihrem Herkunftsland aufgebaut ist. Schicken Sie ihr / ihm eine Sprachnachricht. Die Notizen aus a helfen. → AB 10

über ein Schulsystem berichten
Es gibt bei uns … Schultypen. Sie heißen …
Bei uns gehen auch alle / nicht alle Kinder in …
Die Kinder sind bis zur … Klasse in … zusammen.
Nach der … Klasse verlassen viele Kinder die Schule, um …
Wenn man studieren möchte, muss man …

TUNG, VIETNAM
„Bei uns gehen alle Kinder fünf Jahre in die Grundschule."

5a GRAMMATIK **Lesen Sie die Sätze 1–5. Was passt? Ergänzen Sie zu zweit. Kontrollieren Sie dann Ihre Lösung mit dem Interview in 3a.** → Temporale Zusammenhänge

bevor ~~bis~~ nachdem seit während

1. Ich habe sehr hart gearbeitet, bis ich endlich mein Abiturzeugnis hatte. (Z. 20–21)
2. .... ich die Hauptschule verlassen habe, hat mein Lehrer mit mir über meine Zukunft und auch über Berufspläne gesprochen. (Z. 26–28)
3. .... ich den Hauptschulabschluss geschafft hatte, bin ich auf eine Realschule gegangen. (Z. 41–42)
4. .... ich mich dort aufs Abitur vorbereitet habe, habe ich auch noch in einem Supermarkt gejobbt. (Z. 44–46)
5. .... ich studiere, habe ich viele neue Erfahrungen gemacht. Und das ist immer noch so. (Z. 59–61)

b Lesen Sie die Sätze 1 und 2 aus dem Interview in 3a. Was passt zusammen? Verbinden Sie. → AB 11–13

1. **Als** ich mit meinen Eltern nach Dortmund gekommen bin, war ich zwölf Jahre alt. Damals konnte ich kein Wort Deutsch. (Z. 73–76)
2. **Wenn** ich im Unterricht sprechen sollte, wollte ich am liebsten weglaufen. (Z. 76–78)

a Ereignis im Nebensatz, das sich wiederholt.
b Ereignis im Nebensatz, das nur einmal stattfindet.

6 Ergänzen Sie die Satzanfänge. Sammeln Sie dann im Kurs zu jedem Satzanfang zwei bis drei Beispiele.

1. Ich denke oft / selten an meine Lehrer*innen, seit …
2. Ich habe mich gelangweilt, während …
3. Es hat lange gedauert, bis …
4. Ich hatte Spaß am Unterricht, wenn …
5. Ich war stolz, als …
6. Ich konnte schon …, bevor …
7. Ich habe gefeiert, nachdem …

7 KOMMUNIKATION **Tauschen Sie sich über die Bildungschancen in Ihren Herkunftsländern aus.** → AB 14

Schritt 1: Lesen Sie die Fragen 1–5 und recherchieren Sie in einer Sprache Ihrer Wahl. Machen Sie Notizen.

1. Wie wichtig ist der Erfolg in der Schule für die berufliche Zukunft?
2. Welche Bedeutung haben private / öffentliche / staatliche Schulen?
3. Welche Voraussetzungen muss man erfüllen, um studieren zu können?
4. Wie leicht / schwierig ist es, den höchsten Schulabschluss oder einen Hochschulabschluss zu erreichen?
5. Welche Bedeutung haben die Berufe der Eltern für die Bildungschancen der Kinder?

Schritt 2: Legen Sie Kärtchen mit den Fragen 1–5 auf fünf Tische. Gehen Sie von Tisch zu Tisch und sprechen Sie in der Gruppe über die jeweilige Frage. Die Redemittel helfen. Hinterlassen Sie Notizen zu Ihrem Gespräch. Lesen Sie auch die Notizen der anderen.

Wichtigkeit / Unwichtigkeit ausdrücken	Wissen ausdrücken	Rückfragen stellen
… ist / sind für … besonders / nicht so wichtig.	Meines Wissens sollte / muss man …	Entschuldigung, was bedeutet …?
… haben eine große Bedeutung.	Soviel ich weiß …	Was meinst du damit? / mit …?
		Ich würde gern wissen, wie lange / ob …

Schritt 3: Was hat Sie besonders überrascht? Was war neu für Sie? Stellen Sie Ihre Erkenntnisse im Kurs vor.

GESCHICHTEN
Erzähl doch mal!

12

LERNZIELE
// Blogbeiträge über das Erzählen von Geschichten verstehen
// eine Geschichte verfassen
// Adjektive: Personenbeschreibung
// Relativsätze mit *was* und *wo*

 Fiona Doyle
 Erik Keller
 Natalia Rofallski
 Kilian Lechner
 Guido Steger
 Laura Walter
 Jeremy Ziegler
 Bente Dahl
 Mirko Pape
 Irene Studer
 Rabea Abdel

1◀)) 23 **1a** Sehen Sie die Bilder der Protagonistinnen und Protagonisten aus *Vielfalt* an. Hören Sie dann die Zitate. Welches Zitat passt zu wem? Ordnen Sie zu.

b WÖRTER Welche Adjektive verbinden Sie mit den Protagonistinnen und Protagonisten? Machen Sie Notizen.

cool   ernst   frech   fröhlich   hübsch   (un)kompliziert   kreativ
kritisch   merkwürdig   mutig   neugierig   optimistisch   sozial
stolz   tolerant   ungewöhnlich   vernünftig   zuverlässig

Kilian: cool, mutig, ...
...

c KOMMUNIKATION An welche Geschichte aus *Vielfalt* erinnern Sie sich besonders gern? Wählen Sie eine Protagonistin / einen Protagonisten. Begründen Sie Ihre Entscheidung und beschreiben Sie Ihre Gefühle. Die Adjektive aus b helfen. Sprechen Sie im Kurs. → AB 1–4

eine Auswahl begründen
Ich habe mich für ... entschieden, weil ...
Ich habe ... gewählt. Ein Grund ist / sind ...

Gefühle beschreiben
... hat mich neugierig / nachdenklich / ... gemacht.
... hat (echt) gute Laune gemacht.
... hat mich zum Lachen / ... gebracht.
... hat mich beschäftigt. / überrascht. / ...

◆ Ich habe mich für die Geschichte von Kilian entschieden, weil ich ihn als Person ziemlich cool und auch mutig finde. Seine Ideen sind so kreativ. Es ist toll, wie er sie umsetzt. Seine Geschichte hat echt gute Laune gemacht.

2 Lesen Sie die Informationen über den Autor des Blogs *Erzähl mir was* und sehen Sie das Bild an. Erinnern Sie sich noch an Olaf Althoff? (→ S. 49) Was wissen Sie schon über ihn? Und was erfahren Sie noch? Sammeln Sie im Kurs.

www.erzaehl_mir_was.de

„Erzähl mir was!" – Der Geschichtenblog

Ich bin Olaf Althoff und schreibe in diesem Blog über Geschichten. Geschichten gibt es überall, wo Menschen leben. Sie werden seit ewigen Zeiten erzählt und gesammelt – auf allen Kontinenten, in allen Kulturen und Religionen. Ich bewundere Menschen, die gut erzählen können. So gut, dass die Zuhörer*innen mit offenem Mund dasitzen. Das schaffe ich leider nicht – höchstens, wenn ich Geschichten vorlese, die andere geschrieben haben. Auf jeden Fall finde ich es spannend, was Geschichten alles können.

Text hören 🔊

3 Arbeiten Sie zu viert und bilden Sie Paare (A und B). Paar A liest den Blogbeitrag hier, Paar B den Blogbeitrag auf S. 60. Ergänzen Sie Ihren Notizzettel. Tauschen Sie dann die Notizzettel und überprüfen Sie die Ergebnisse des anderen Paares. → AB 5–7

www.erzaehl_mir_was.de /was-geschichten-alles-können

Was Geschichten alles können

16.11.
20:35

Ich verbringe meine Mittagspause oft mit Kolleginnen und Kollegen. Meistens sprechen wir dann nicht über die Arbeit, sondern erzählen etwas aus unserem Leben. Wir teilen Erlebnisse und Beobachtungen miteinander. Das ist ein schönes Gefühl. So haben wir etwas gemeinsam – außer dem Job. Manchmal erinnern wir uns zusammen an alte Geschichten. „Weißt du noch: Florians erste Wanderung mit der
5 neuen Freundin?" „Ja, klar, das Gewitter in den Bergen!" Unsere Geschichten verbinden uns. Sie machen uns zu einer Gemeinschaft.
In unseren Mittagspausen lerne ich extrem viel. Beim Zuhören wird mir immer wieder bewusst, dass meine Kolleginnen und Kollegen anders sind als ich. Sie machen andere Erfahrungen und erleben andere Dinge. Ein Kollege fährt nach Shanghai, wo ich noch nie war. Eine andere lebt in einer Großfamilie, ich wohne
10 momentan allein. Ein dritter sieht so gut aus, dass sich Leute auf der Straße nach ihm umdrehen, was mir nie passiert. Wenn andere etwas erzählen, dann lerne ich daraus. Ich bekomme Ideen, wie ich in ähnlichen Situationen handeln könnte. Die Geschichten helfen mir, in fremden Situationen zurechtzukommen.
Wie und was man erzählt, zeigt auch, welche Werte man hat und
15 welche Regeln man wichtig findet. Was ist richtig, was ist falsch? Beim Zuhören findet man heraus, welche Meinung andere haben. Darüber diskutieren wir dann, manchmal gibt es deswegen fast Streit. Für mich ist es immer wieder spannend, mich zu vergleichen. Die Geschichten machen mich nachdenklich. Sie geben mir die
20 Chance, über meine eigenen Standpunkte nachzudenken.
Okay, das klingt jetzt alles sehr ernst. Die meisten Geschichten erzählen wir uns einfach nur, um Spaß zu haben. Gerade wenn die Stimmung im Job nicht so gut ist! Eine lustige Geschichte ist dann das Beste, was uns passieren kann.

25 KOMMENTARE

Text hören 🔊

A Was können Geschichten?
- wir teilen unsere *Erlebnisse* (1) und _____ (2)
- sie _____ (3) uns → machen uns zu einer _____ (4)
- wir _____ (5) sehr viel durch sie → durch unterschiedliche _____ (6)
- sie können helfen, in fremden _____ (7) zurechtzukommen
- können deutlich machen, welche _____ (8) und _____ (9) man wichtig findet
- machen uns _____ (10): wir denken über unsere _____ (11) nach
- meistens geht es darum, _____ (12) zu haben

12

www.erzaehl_mir_was.de/was-eine-gute-geschichte-ausmacht

27.11.
22:05

Was eine gute Geschichte ausmacht

Es gibt Menschen, denen ich wahnsinnig gern zuhöre. Mein Onkel zum Beispiel. Er kann mit seinen Geschichten die ganze Familie zum Lachen bringen. Er erfindet keine tolle Story. Er erzählt einfach nur alltägliche Ereignisse. Von der erfolglosen Suche nach einer passenden Hose, von unheimlichen Stimmen im Treppenhaus, von einer Einladung, die nie ankam. „Abenteuer Alltag", sagt er immer.
5 Okay, meistens gibt es am Ende eine kleine Überraschung. Denn in allen guten Geschichten passiert etwas, was niemand erwartet.
Was mein Onkel erzählt, kann man oft in wenigen Worten zusammenfassen. Bei seinen Geschichten kommt es nicht auf die Ereignisse an, sondern auf
10 seine Art, sie zu erzählen. Das Wie! Er ist in seinen Erzählungen nicht der große Held. Oft handeln seine Geschichten davon, dass ihm etwas nicht gelungen ist. Er macht nichts besonders gut. Er weiß nichts besser als andere. Er beobachtet sich selbst
15 und andere neugierig und ist immer auf der Suche. Er analysiert und erklärt nicht, sondern beschreibt einfach – was er sieht und fühlt, riecht und schmeckt. Plötzlich befinde ich mich woanders. Mein Onkel nimmt mich mit in seine Welt, was ich total genieße.
20 Seine Geschichten verändern etwas in mir. Sie lösen Gefühle aus: Freude, Neugier, Mitgefühl, Wut, Angst. Sie nehmen mich mit auf eine Reise ins Unbekannte. Mit ihnen komme ich an andere Orte, lerne neue Menschen kennen, sehe die Welt mit anderen Augen. Manchmal fällt es mir richtig schwer, wieder in die Realität zurückzukommen. Übrigens: Für unser Gehirn macht es kaum einen Unterschied, ob wir etwas selbst erleben oder
25 „nur" erzählt bekommen. Verrückt, oder?

18 KOMMENTARE

Text hören

B Was macht eine gute Geschichte aus?
- die Erzählerin / der Erzähler bringt Menschen _zum Lachen_ (1)
- sie / er erzählt _____ (2) Ereignisse mit einer kleinen _____ (3) am Ende
- die Art zu erzählen ist wichtig: das _____ ! (4)
- sie / er _____ (5) und _____ (6) nicht, sondern _____ (7) einfach: was sie / er sieht, fühlt, riecht und schmeckt
- die Geschichten lösen viele unterschiedliche _____ (8) aus
  = Reise ins _____ (9): neue Orte und Menschen

---

4 **KOMMUNIKATION** **Was ist Ihre Lieblingsgeschichte? Lesen Sie die Fragen 1 – 4 und machen Sie Notizen. Sprechen Sie dann im Kurs.** → Kursspaziergang → AB 8–9

1. Woher kennen Sie die Geschichte? Von einer Freundin / einem Freund? Aus einem Buch oder Film?
2. Wo und wann spielt die Geschichte?
3. Wovon und von wem handelt die Geschichte?
4. Wie oft haben Sie die Geschichte gelesen / gesehen / gehört? Warum gefällt sie Ihnen so gut?

über seine Lieblingsgeschichte berichten

Ich kenne die Geschichte von … / aus …
Die Geschichte spielt in …
In der Geschichte geht es um … Sie handelt von …
Besonders gut gefällt mir an der Geschichte, dass …
Wenn ich die Geschichte höre / lese / sehe, dann
  (denke ich an / fühle ich mich) …

BARAN, IRAK
„Wenn ich die Geschichte höre, dann denke ich an meine Kindheit."

5a **GRAMMATIK** Lesen Sie die Sätze 1–5. Was passt zusammen? Verbinden Sie. Vergleichen Sie dann mit den Blogbeiträgen in 3. → Relativsätze mit *was* und *wo*

1. In allen guten Geschichten passiert *etwas*,
2. Eine lustige Geschichte ist dann *das Beste*,
3. Geschichten gibt es *überall*,
4. Ein Kollege fährt nach *Shanghai*,
5. *So nimmt mein Onkel mich mit in seine Welt,*

a) was ich total genieße.
b) wo Menschen leben.
c) wo ich noch nie war.
d) was niemand erwartet.
e) was uns passieren kann.

b Lesen Sie die Sätze 1–5 in a noch einmal. Lesen Sie dann die Regel, ergänzen Sie *was* oder *wo* und ordnen Sie die Sätze aus a zu. → AB 10–14

.... steht nach Pronomen wie *etwas, nichts, alles, vieles, das*:	Satz 1
• steht nach *das* + Superlativ (*das Beste, das Schönste, …*):	Satz ......
• kann sich auch auf einen ganzen Satz beziehen:	Satz ......
.... steht nach Ortsangaben, wie z. B. Städte- oder Ländernamen, *da, dort, überall, …*: Sätze ...... und	

6 Arbeiten Sie zu viert. Ergänzen Sie gemeinsam die Satzanfänge zum Thema *Unser Deutschkurs* mit *was* oder *wo*. Vergleichen Sie Ihre Ergebnisse im Kurs.

Es gibt vieles, …
was mir gut gefallen hat.
…

… war das Interessanteste, …
Das Interview über Mikroabenteuer …, was ich gehört habe.
…

Ich spreche am liebsten dort Deutsch, …
wo man mir zuhört.
…

Ich würde mit dem Kurs gern mal nach …, …
Kairo fahren, wo meine Familie lebt.
…

7 **KOMMUNIKATION** Schreiben Sie eine Geschichte (80–120 Wörter). → AB 15–16

Schritt 1: Lesen Sie den Blogbeitrag. Was ist eine Sechs-Wort-Geschichte? Sprechen Sie im Kurs.

www.erzaehl_mir_was.de/sechs-wort-geschichten

6 Wörter – 1.000 Geschichten

Man braucht gar nicht viele Wörter für eine Geschichte. Wenn ich vorlese, merke ich das immer wieder. Nach ein paar Wörtern sind wir schon mitten in einer Geschichte. Im Kopf geschieht etwas. Bilder entstehen. Und wir stellen uns eine Menge Fragen: Wer ist das? Wo passiert das und warum? Was ist vorher passiert? Und was passiert als Nächstes?

Was denkt ihr? Schickt mir eure Ideen zu diesen Sechs-Wort-Geschichten.

„Sie trat ein, ohne zu klopfen."   „Es klingelt. Ihr Herz klopft laut."   „Der Zug fährt ab. Ohne ihn."

4 KOMMENTARE

User23: Anna läuft unruhig in ihrer Wohnung herum. Seit einer Dreiviertelstunde wartet sie auf diesen Anruf. Sie kann an nichts anderes denken. „Hoffentlich", sagt sie immer wieder leise. „Hoffentlich klappt das." Sie prüft zum dritten Mal, ob ihr Telefon funktioniert. Natürlich – alles in Ordnung. Sie trinkt etwas Tee, der schon lange kalt geworden ist und ihr nicht schmeckt. Zwischen 11 und 12 Uhr haben sie gesagt. Jetzt ist es kurz vor 12 Uhr. Die Sonne scheint durch das große Fenster und es wird langsam warm. Und dann endlich: Es klingelt. Ihr Herz klopft laut. Ihre Hände zittern ein bisschen. Sie meldet sich mit ihrem Namen. „Wir freuen uns, Frau Meyer, Sie haben den Job!"

Schritt 2: Lesen Sie den Kommentar von User23. Welche Sechs-Wort-Geschichte hat die Person gewählt? Gefällt Ihnen die Geschichte? Warum (nicht)? Sprechen Sie zu zweit.

Schritt 3: Wählen Sie zu zweit eine der Sechs-Wort-Geschichten aus dem Blogbeitrag und schreiben Sie eine Geschichte dazu. Lesen Sie sie im Kurs vor.

THEMA
Arbeitsvertrag

EXTRA BERUF

LERNZIELE
// einen Arbeitsvertrag verstehen
// einen Arbeitsvertrag erklären

1 Lesen Sie die E-Mail und beantworten Sie die Fragen 1 und 2.

1. Erinnern Sie sich noch an Irene Studer aus Lektion 10 und dem Moduleinstieg? Was wissen Sie schon über sie?
2. Warum schreibt sie an Herrn Botha?

www.hoerbar.ch/email

von: studer@hoerbar.ch
an: j.botha@vernetzt.ch
Betreff: Ihre Bewerbung als Verkäufer in der HörBar   📎 Arbeitsvertrag.pdf

Lieber Herr Botha

Vielen Dank für Ihre Bewerbung und das nette Gespräch letzte Woche. Ich freue mich, Ihnen die Stelle in meinem Plattenladen anzubieten. Wenn Ihr Interesse an dem Job weiterhin besteht, können Sie am 1. September in Teilzeit als Verkäufer in der HörBar beginnen.

Im Anhang schicke ich Ihnen den Arbeitsvertrag, damit Sie ihn schon einmal anschauen können. Bitte überprüfen Sie alle Daten.

Wenn Sie noch Fragen haben, beantworte ich diese natürlich gern.

Ich freue mich schon auf Sie!

Freundliche Grüsse
Irene Studer
Plattenladen HörBar

2a Lesen Sie den Arbeitsvertrag für Joshua Botha. Welche Überschriften passen? Ordnen Sie zu.

Arbeitsbeginn   Arbeitszeit   Ferien   Funktion   Gehalt   ~~Kündigung~~   Probezeit   Verhalten bei Krankheit

---

ARBEITSVERTRAG

zwischen   Irene Studer   und   Joshua Botha
           HörBar   Kantonstrasse 33
           Schweizerstr. 114   8401 Winterthur
           8400 Winterthur   (Arbeitnehmer)
           (Arbeitgeberin)

wird folgender Arbeitsvertrag vereinbart:

1. _____
Der Arbeitnehmer wird als Verkäufer im Plattenladen HörBar eingestellt. Seine Tätigkeit beinhaltet Kundenberatung, Warenkontrolle und -präsentation, Verkauf, Kasse und Lagerbetreuung.

2. _____
Das Arbeitsverhältnis beginnt am 1. September 20.. und wird auf unbestimmte Zeit geschlossen.

3. _____
Der erste Monat gilt als Probemonat. Während dieser Zeit kann das Arbeitsverhältnis jederzeit mit einer Kündigungsfrist von sieben Tagen aufgelöst werden.

4. _Kündigung_
Es gelten die gesetzlichen Kündigungsfristen. Während der Probezeit: 7 Tage. Im 1. Dienstjahr: ein Monat. Ab dem 2. Dienstjahr: zwei Monate. Ab dem 10. Dienstjahr: drei Monate.

5. ....
Der Arbeitnehmer erhält einen monatlichen Bruttolohn von CHF 2641.-. Überstunden werden durch Freizeit ausgeglichen.

6. ....
Die regelmäßige wöchentliche Arbeitszeit beträgt 20 Stunden. Die täglichen Präsenzzeiten (Arbeitsbeginn, Arbeitsende, Pausen) werden in Absprache mit der Vorgesetzten festgelegt und richten sich nach den betrieblichen Bedürfnissen.

7. ....
Der Ferienanspruch pro Kalenderjahr, basierend auf der 5-Tage-Woche beträgt 30 Tage. Bei einer 20-Stunden-Woche stehen dem Arbeitnehmer 15 Ferientage zu.

8. ....
Der Arbeitnehmer benachrichtigt die Arbeitgeberin im Verhinderungsfalle umgehend. Bei einer Abwesenheit von mehr als 3 Tagen ist der Arbeitgeberin ein Arztzeugnis vorzulegen. Bei häufigen Abwesenheiten kann die Arbeitgeberin ein Arztzeugnis ab dem ersten Krankheitstag verlangen.

Winterthur, 1. September 20..

Irene Studer _____
Arbeitgeberin   **Arbeitnehmer**

---

b Lesen Sie die Begriffe 1–7 und die Erklärungen a – g. Was passt zusammen? Verbinden Sie.

1. Arbeitgeberin / Arbeitgeber
2. Arbeitnehmerin / Arbeitnehmer
3. Kündigung
4. Bruttolohn
5. Überstunden
6. Verhinderungsfall
7. Arztzeugnis

a Sie / Er arbeitet in einem Betrieb.
b das Gehalt, ohne Abzug der Steuer und Sozialversicherung
c Sie / Er bietet einen Job an.
d wenn man oft länger arbeitet
e wenn man den Job verlässt / verlassen muss
f ein Zettel vom Arzt, der bestätigt, dass man krank ist
g Man kann nicht arbeiten (z. B. wegen Krankheit).

c Lesen Sie den Arbeitsvertrag in a noch einmal. Lesen Sie dann die Sätze 1–7. Was ist richtig? Markieren Sie.

1. Joshua arbeitet als ⊗ Verkäufer. ○ Lagerarbeiter.
2. Die Stelle ist ○ befristet. ○ unbefristet.
3. Joshua hat ○ keine Probezeit. ○ eine Probezeit von einem Monat.
4. Joshua verdient ○ CHF 2641 brutto. ○ CHF 2641 netto.
5. Joshua arbeitet in ○ Vollzeit. ○ Teilzeit.
6. Joshua kann ○ 15 Tage ○ 5 Wochen im Jahr Ferien nehmen.
7. Wenn Joshua mehr als 3 Tage krank ist, braucht er ein ○ Arztzeugnis. ○ Arbeitszeugnis.

3 KOMMUNIKATION Lesen Sie die Nachricht von Joshuas Freundin Vanessa. Schreiben Sie eine Antwort. Erklären Sie Vanessa aus der Perspektive von Joshua, was im Vertrag steht.

einen Arbeitsvertrag erklären
Mein Arbeitsvertrag beginnt am …
Die Stelle ist befristet. / unbefristet.
Die Probezeit dauert …
Ich verdiene monatlich … Franken / Euro / …
Ich werde … Stunden pro Woche in Teilzeit / Vollzeit arbeiten.
Ich habe insgesamt … Tage / Wochen Urlaub.
Wenn ich krank bin, brauche ich …

VANESSA Hey Joshua! Herzlichen Glückwunsch zur neuen Stelle! Dein erster Job! Hast du auch schon den Arbeitsvertrag bekommen? Was steht denn drin? 17:34

JOSHUA Hey Vanessa :)! Danke 😁.
Ja, ich hab den Arbeitsvertrag schon. Mein Arbeitsvertrag beginnt am … 17:49

Weg(e)

1

GEHWEG

Diesen Weg dürfen nur Fußgänger nutzen. Ausnahmen: Kinder bis zehn Jahre dürfen mit dem Fahrrad auf dem Gehweg fahren.

- Ⓓ Gehweg
- Ⓓ + Ⓐ Fußgängerweg
- ⒸⒽ Fussweg

2

MEHRWEG STATT EINWEG

Seit dem 3. Juli 2021 dürfen in der EU kein Einwegbesteck und -geschirr aus Plastik und keine Trinkhalme aus Kunststoff produziert werden. Das gilt auch für Getränkebecher und Fast-Food-Verpackungen, die nur einmal benutzt werden.

3

Lebenswege

Fußballprofi und Nationalspieler **Robin Gosens** wollte eigentlich Polizist werden. Doch seine Bewerbung wurde abgelehnt, weil seine Beine unterschiedlich lang sind.

TV-Köchin, Buchautorin, Unternehmerin und Europapolitikerin **Sarah Wiener** hat weder einen Schulabschluss noch eine Berufsausbildung gemacht. Ihr Karriereweg startete als Kellnerin.

---

1 **Wie heißt der Gehweg bei Ihnen? Welche Regeln gibt es?** Sprechen Sie im Kurs.

2 **Welche Gegenstände oder Verpackungen, die man nur einmal benutzen kann, sind in anderen Ländern verboten?** Recherchieren Sie und sprechen Sie im Kurs.

3 **Kennen Sie prominente Personen oder Personen aus Ihrem Freundes- und Bekanntenkreis mit ungewöhnlichen Lebenswegen?** Berichten Sie im Kurs.

SPRACHECKE

1 **Wie spricht man *weg* in den Fragen 1–4 aus?**
   1. Wie lang war dein Schul*weg* früher?
   2. Was machst du nach einer Party, wenn deine Gäste *weg* sind?
   3. Was würdest du niemals *weg*werfen?
   4. Wie lange bist du schon unter*wegs* zu deinem Ziel?

2 **Welche anderen Wörter mit *-weg* kennen Sie? Notieren Sie.**

   Umweg, …

FREIE ZEIT
Ohne Hobby glücklich?

1 WÖRTER **Was passt? Ergänzen Sie.** → KB 1

ausgehen basteln sich erholen Kajak Modelleisenbahn Veranstaltung

1. _ausgehen_ : sich in einem Klub treffen – auf einer Party tanzen – zu einer _____ gehen – ins Theater gehen
2. Wassersport: schwimmen – surfen – _____ fahren – Stand-up-Paddeln
3. _____ : einen Bahnhof bauen – einen Zug _____ – Reparaturen machen – Teile tauschen
4. sich ausruhen: Pause machen – _____ – nichts tun – schlafen

2 WÖRTER **Welcher Satz hat eine ähnliche Bedeutung, ⓐ oder ⓑ? Verbinden Sie.** → KB 1

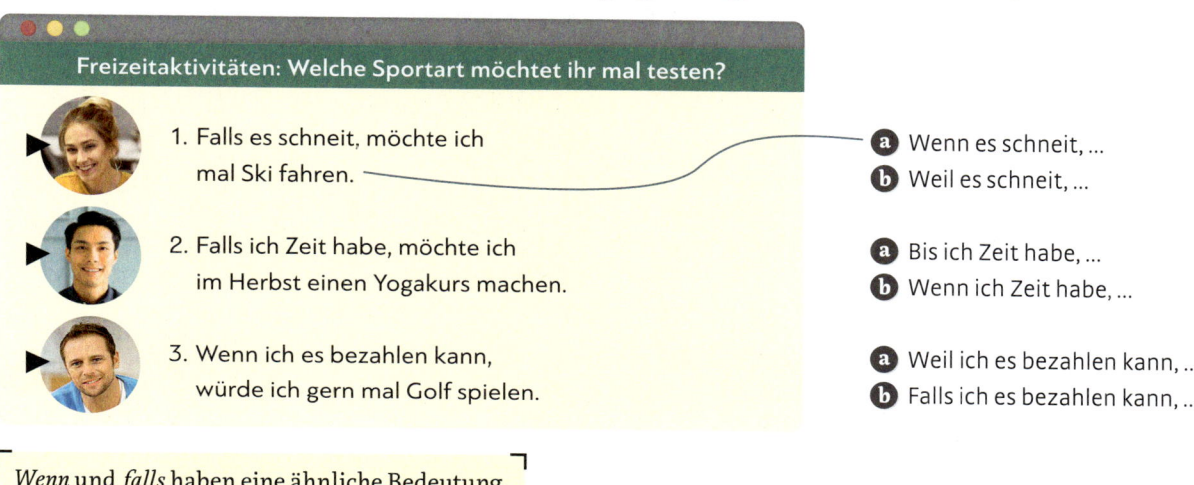

> *Wenn* und *falls* haben eine ähnliche Bedeutung.

3a KOMMUNIKATION **Lesen Sie die Nachrichten. Wer äußert eine Vermutung (✓)? Ergänzen Sie.** → KB 3

- Ich habe gehört, Max hat angefangen, Briefmarken zu sammeln. Warum? 😆   1. ___
- Oh, nein! 🙈 Er hat vielleicht keine Lust mehr, mit uns zu klettern.   2. ✓
- Er hat Stress in der Arbeit. Ich nehme an, dass er seine Ruhe haben will.   3. ___
- Wahrscheinlich hat er eine Frau kennengelernt, die Briefmarken sammelt. ❤️   4. ___
- Ah, natürlich! ... Aber warum stellt er sie uns nicht vor?   5. ___
- Sie findet es eventuell nicht so lustig, wenn man über ihr Hobby lacht.   6. ___

b Schreiben Sie die Aussagen 1–4 als Vermutungen. Ergänzen Sie eine eigene Vermutung.

1. Er findet Briefmarken spannend. *(Ich nehme an, dass)*
2. Er ist gern zu Hause. *(wahrscheinlich)*
3. Er hat alte Briefmarken im Keller gefunden. *(eventuell)*
4. Er will allein sein. *(Ich nehme an, dass)*
5. ... *(vielleicht)*

1. Ich nehme an, dass er Briefmarken spannend findet.

4 WÖRTER Was passt? Lesen Sie den Artikel und markieren Sie. → KB 4

ALLES ZU ZWEIT?

Ich sitze auf einer Bank im Wald. Ein fantastischer Tag in der Freizeit / (Natur) (1). Es ist sonnig, der Himmel ist blau.
Ich sehe, wie zwei Mountainbiker den Berg herunterfahren. Sie fährt zuerst – sportlich, schnell und nervös / mutig (2). Sie sitzt sehr cool auf dem Rad. Es macht ihr viel Angst / Spaß (3), den Berg herunterzufahren. Das sieht man! Sie sieht total zufrieden aus.
Er fährt hinter ihr. Er ist viel langsamer als sie und fährt unsicher / unvorsichtig (4). Man sieht in seinem Gesicht, dass er Ruhe / Stress (5) hat, vielleicht sogar Angst. Er findet diese Radtour gefährlich. Sie ist bestimmt keine Erholung / Lösung (6) für ihn.
Ich frage mich: Warum fahren die beiden zusammen? Warum sagt er nicht, dass es für ihn so stressig ist? Hat er in seinem Dating-Profil angegeben / angenommen (7), dass er gern Sport macht? Denkt er ein bisschen altmodisch / modern (8) und meint, dass er nicht männlich ist, wenn er seine Angst zeigt? Oder wollen die beiden unbedingt ein Hobby teilen? Vielleicht hat ihnen ja jemand erlaubt / geraten (9), sich als Paar ein Hobby zu suchen. Doch was eine Person glücklich macht, gefällt nicht automatisch / deutlich (10) der anderen.

Veröffentlicht am 27.01. // **Autorin: Ruth Meurer**

5a KOMMUNIKATION Lesen Sie die Kommentare und ordnen Sie zu: Verständnis ausdrücken (a) und Unverständnis ausdrücken (b). → KB 5

Kim: Ich kann gut verstehen, dass man als Paar etwas zusammen unternehmen möchte. (1 _a_) Aber es sollte beiden Spaß machen.

Maxim: Hobbys sind für mich Erholung. Ich verstehe nicht so richtig, warum man in seiner Freizeit Stress haben muss. (2 ___)

Flo: Ich habe ein ganz anderes Problem. Ich finde es ein bisschen seltsam, dass man über so etwas einen Artikel schreibt. (3 ___)

Karim: Also, ich finde es verständlich, dass man das Hobby von seinem Partner mitmacht. (4 ___) So lernt man sich besser kennen.

Anna: Ich finde es komisch, wenn Paare alles zusammen machen. (5 ___) Das wird doch schnell langweilig.

b Ergänzen Sie die fehlenden Buchstaben. Vergleichen Sie mit den Redemitteln in **a**.

Verständnis ausdrücken

I c h   k a n n gut ver s t e h e n,
d _a_ ss …
Ich fi_____ es v_____st_____lich, d_____ …

Unverständnis ausdrücken

I_____ v_____stehe n_____t so r_____tig, war_____ …
Ich f_____de e_____ ein bi_____en s_____sam,
d_____ …
I_____ finde _____ k_____sch, we_____ …

c SCHREIBEN Verfassen Sie einen eigenen Kommentar zum Artikel in **4** (ca. 30 Wörter). Die Redemittel aus **b** helfen Ihnen.

6a WÖRTER Lesen Sie den Tipp. Ergänzen Sie dann die passenden Adjektive aus 4. → KB 5

Adjektive kann man aus Nomen und den Endungen -ig, -isch und -lich bilden.

-ig	-isch	-lich
die Sonne → _____	die Fantasie → _fantastisch_	der Sport → _____
der Mut → _____	der Automat → _____	die Gefahr → _____
der Stress → _____		der Mann → _____

b Ergänzen Sie die Nomen zu den markierten Adjektiven.

Mein Hobby: Wingsuit-Fliegen

„Klar, das ist ein gefährlicher (1) Sport. Man darf natürlich (2) nicht besonders ängstlich (3) sein. Ich habe das Fliegen bei einem österreichischen (4) Trainer gelernt. Am liebsten würde ich täglich (5) fliegen. Doch das geht nur, wenn es nicht zu windig (6) ist. Beim Fliegen bin ich glücklich (7). Es ist wunderbar ruhig (8) da oben. Außerdem finde ich, dass man in den Anzügen ziemlich witzig (9) aussieht." (Marcel, 28)

1. gefährlich – die Gefahr

7 WÖRTER Was bedeuten die Ausdrücke? Markieren Sie a, b oder c. → KB 6

1. etwas halten von — a sich unterhalten — b über etwas denken — c mit etwas aufhören
2. das Thema wechseln — a diskutieren — b zum Gespräch einladen — c über etwas anderes reden
3. sich etwas wünschen — a etwas schenken — b einen Wunsch haben — c höflich Nein sagen
4. jemandem etwas raten — a einen Rat geben — b sich beraten lassen — c einen Ratschlag bekommen

8a GRAMMATIK Lesen Sie den Chat. Markieren Sie die Konjunktiv-II-Formen und ergänzen Sie die Tabelle. → KB 6

(Dürfte) ich dich bitte etwas fragen? (1 ___)

Natürlich. Du darfst mich alles fragen.

Also, ich wäre gern fitter. (2 ___) Wenn ich mehr Lust auf Sport hätte, würde ich das allein schaffen. (3 ___) Aber so … Könntest du mir vielleicht helfen? (4 ___)

Ich kann's versuchen. 🙂 Wir könnten zusammen trainieren. (5 ___) Ich würde auch gern mal wieder joggen. (6 ___) Hast du Lust?

Ja, cool! Wie wäre es am Montag? (7 ___)

Ja, Montag ist gut. Sollen wir uns um 18 Uhr treffen?

Perfekt. Aber wir sollten ganz langsam anfangen und auf keinen Fall mehr als 5 Kilometer laufen. (8 ___)

sein	ich bin → _____
	es ist → _____
haben	ich habe → _____
dürfen	ich darf → _dürfte_
können	du kannst → _____
	wir _____
sollen	wir sollen → _____
joggen	ich _____ joggen
schaffen	ich _____ schaffen

Die meisten Verben bilden den Konjunktiv II mit würd- + Infinitiv; sein, haben und die Modalverben haben andere Formen.

b Was drücken die Sätze 1–8 in a aus: einen Wunsch (a), eine irreale Bedingung (b), einen Ratschlag / Vorschlag (c) oder eine höfliche Bitte (d)? Ordnen Sie zu.

9 GRAMMATIK Lesen Sie den Aushang. Ergänzen Sie den Konjunktiv II von *dürfen*, *können*, *müssen* und *sollen* in der richtigen Form. → KB 6

Pausen tun gut!

Alle Mitarbeiter*innen s<u>ollten</u> (1) mehr Pausen machen. Denn nach einer Pause kann man sich wieder besser konzentrieren, macht weniger Fehler und hat meistens auch wieder mehr Spaß an der Arbeit.
Darum s_____ (2) es ab sofort alle 90 Minuten eine kurze Pause geben.
Dann s_____ (3) alle kurz aufhören zu arbeiten – auch wenn sie sich noch fit fühlen und weiterarbeiten k_____ (4).
Man k_____ (5) in diesen Pausen mit den Kolleg*innen ein kurzes Spiel oder etwas Gymnastik machen. Das m_____ (6) die Teams dann selbst organisieren. Ein paar Vorschläge dafür k_____ (7) wir zusammen sammeln.
Und natürlich d_____ (8) jede*r auch einfach ein paar Minuten die Augen zumachen, um sich zu erholen.

10 GRAMMATIK Lesen Sie die Fragen. Was trifft auf Sie zu? Markieren Sie **a**, **b**, **c** oder **d**. Schreiben Sie dann Sätze wie im Beispiel. → KB 7

Was würden Sie tun, …
1. wenn Sie ein freies Wochenende hätten?
   - **a** früh aufstehen
   - **b** lange frühstücken
   - **c** Sport machen
   - **d** Freunde treffen

2. wenn Sie heute Geburtstag hätten?
   - **a** Freunde einladen
   - **b** Geschenke auspacken
   - **c** Kuchen essen
   - **d** gern allein sein

3. wenn Sie verliebt wären?
   - **a** laut singen
   - **b** Liebesbriefe schreiben
   - **c** mich sehr freuen
   - **d** ein bisschen Angst haben

4. wenn Sie einen Garten hätten?
   - **a** dort Fußball spielen
   - **b** oft grillen
   - **c** Blumen pflanzen
   - **d** glücklich sein

5. wenn der Deutschunterricht diese Woche ausfallen würde?
   - **a** trotzdem lernen
   - **b** mich erholen
   - **c** traurig sein
   - **d** die Zeit mit Freunden verbringen

> 1. Wenn ich ein freies Wochenende hätte, würde ich früh aufstehen.

11 WÖRTER Wie kann man das anders sagen? Verbinden Sie. → KB 8

1. pausenlos	etwas erreichen	knapp sein
2. nicht genug sein	nichts kosten	gratis sein
3. für immer	ohne Pause	erfolgreich sein
4. kostenlos sein	ohne Ende	ständig
5. etwas schaffen	nicht ganz reichen	ewig

12 WÖRTER Lesen Sie die Schlagzeilen. Was passt? Markieren Sie. → KB 8

Basteln, nähen, malen: Kostenlose (Angebote) / Ergebnisse (1) für Kinder und Jugendliche

ERFOLGREICH IN BERUF UND FREIZEIT? Wie wichtig sind uns gute Arten / Leistungen (2)?

Von 0 bis 99 Jahren: Welche Art von Hobby passt zu jedem Alter / Ranking (3)?

GARTENARBEIT: Die beliebteste Freizeitbeschäftigung / Umfrage (4) der Deutschen

Aufgabe und Zweck / Rat (5) von Vereinen: Was sie leisten und warum wir sie brauchen

13 WÖRTER Lesen Sie die Buchbesprechung und ergänzen Sie die Verben in der richtigen Form. → KB 9

behaupten klagen leisten nehmen ~~nutzen~~ reichen sorgen verbringen vergehen

In Lothar Seiwerts Buch „Zeit ist Leben. Leben ist Zeit" geht es um die Frage: Wie wollen wir unsere Zeit _nutzen_ (1)? Wir haben alle zu wenig Zeit. Ich kenne auf jeden Fall niemanden, der etwas anderes _____ (2). Die Zeit _____ (3) sehr schnell, weil wir ständig viele Aufgaben und Termine haben. Wir denken, dass wir uns keine Pause _____ (4) können, denn unsere Zeit _____ (5) nicht für alle unsere Pläne und Wünsche. Das _____ (6) für Stress und Unzufriedenheit. Doch es hilft nichts, darüber zu _____ (7). Der Autor gibt viele praktische Tipps und beschreibt Übungen für mehr Ruhe im Alltag. Sie haben mir geholfen, mir wieder mehr Zeit für die wichtigen Dinge im Leben zu _____ (8) – zum Beispiel mehr Zeit mit Freunden zu _____ (9).

14a KOMMUNIKATION Lesen Sie die Beiträge und schreiben Sie die Redemittel richtig. → KB 10

Ich denke, wir brauchen mehr Zeit zum Nichtstun.

PETER: _Da hast du recht_ (recht – Da – du – hast) (1). In der Arbeit habe ich viel Druck. Nichtstun ist für mich die beste Erholung! _____ (bin – Ich – der Meinung, – dass) (2) wir weniger arbeiten sollten. Eine Viertagewoche wäre toll.

FLO: _____ (kann – man – Das – nicht sagen – so) (3). Für mich ist es schwer, nichts zu tun. Ich bin gern unterwegs, bin gern aktiv. _____ (Meinung – nach – Meiner) (4) ist das auch eine gute Art, sich zu erholen.

VALERIA: _____ (stimme – zu – Da – dir – ich) (5). Ich hätte auch gern mehr Zeit zum Nichtstun – und dabei bin ich am liebsten allein! Das tut mir einfach gut. Ich meine, man kann ja nicht immer sozial sein. 🙂

SABINE: _____ (nicht so – ich – sehe – Das) (6). Ich denke, man muss sich Nichtstun auch leisten können. Ich habe kaum Freizeit. Ich habe zwei Jobs und kann davon nur knapp leben.

GABI: @SABINE _____ (man – das – Stimmt, – so kann – auch sehen) (7).

b Ordnen Sie die Redemittel aus a zu.

eine Meinung äußern
Ich glaube / denke / meine, …
Ich bin der Meinung, dass

zustimmen

widersprechen
Da muss ich dir widersprechen.

c SCHREIBEN Wählen Sie eine Aussage. Schreiben Sie einen Kommentar: Stimmen Sie zu oder widersprechen Sie und äußern Sie Ihre Meinung (ca. 30 Wörter). Die Redemittel aus **b** helfen Ihnen.

- Alleinsein tut gut.
- Nichtstun ist die beste Erholung.
- Wer aktiv ist, bleibt gesund.

Aussprache: *ch* und *sch* in Adjektiven auf *-ig, -lich, -isch*

2 ◁) 01   1 Hören Sie *ch* oder *sch*? Markieren Sie. Hören Sie dann noch einmal und sprechen Sie nach.

   ch   sch
1. ○   ⊗
2. ○   ○
3. ○   ○
4. ○   ○
5. ○   ○
6. ○   ○

⌐ Die Aussprache von *ch (glücklich)* und *sch (altmodisch)* ist nicht gleich.
Die Endung *-ig* spricht man am Wort- und Silbenende wie *ich (langweilig)*.
Zwischen Vokalen bleibt die Aussprache aber *g (ein langweiliges Hobby)*. ¬

2 ◁) 02   2 Ergänzen Sie die Adjektive mit *-ig, -lich* oder *-isch*. Hören Sie dann und sprechen Sie nach.

1. langweil*ig* – ein langweil_____es Hobby
2. kom_____ – ein kom_____es Angebot
3. stress_____ – stress_____e Freizeit
4. ständ_____ – ständ_____er Freizeitdruck
5. verständ_____ – ein verständ_____er Rat
6. täg_____ – die täg_____e Arbeit

2 ◁) 03   3 Hören Sie und reagieren Sie mit diesen Sätzen. Hören Sie zuerst ein Beispiel.

1. Wirklich? Ich finde es ein bisschen komisch, wenn man kein Hobby hat.
2. Ich finde es verständlich, dass dir dein Hobby wichtig ist.
3. Ich verstehe nicht so richtig, warum du nicht über dein Hobby reden willst.
4. Du hast recht. Aber wahrscheinlich finden es viele komisch, kein Hobby zu haben.

Selbstkontrolle

1 **WÖRTER** Lesen Sie die Fragen und ergänzen Sie die fehlenden Buchstaben.

Ihre Zeit, Ihr Leben: 10 Fragen zum Nachdenken

1. Wann v........g............ die Zeit für Sie besonders schnell?
2. Was h............en Sie von einem Tag ohne Pläne?
3. Wie oft kl............ Sie über Zeitdruck?
4. Wie erh............ Sie sich am besten nach der Arbeit?
5. Wann verbr............ Sie gern Zeit allein?
6. Für wen oder was würden Sie sich gern mehr Zeit n............en?
7. Was bedeutet es für Sie, Ihre Zeit gut zu nu............?
8. Was so............ in Ihrem Leben für Spaß und Erholung?
9. Wofür r............cht Ihre Zeit immer?
10. Wie viel Ruhe können Sie sich l............sten?

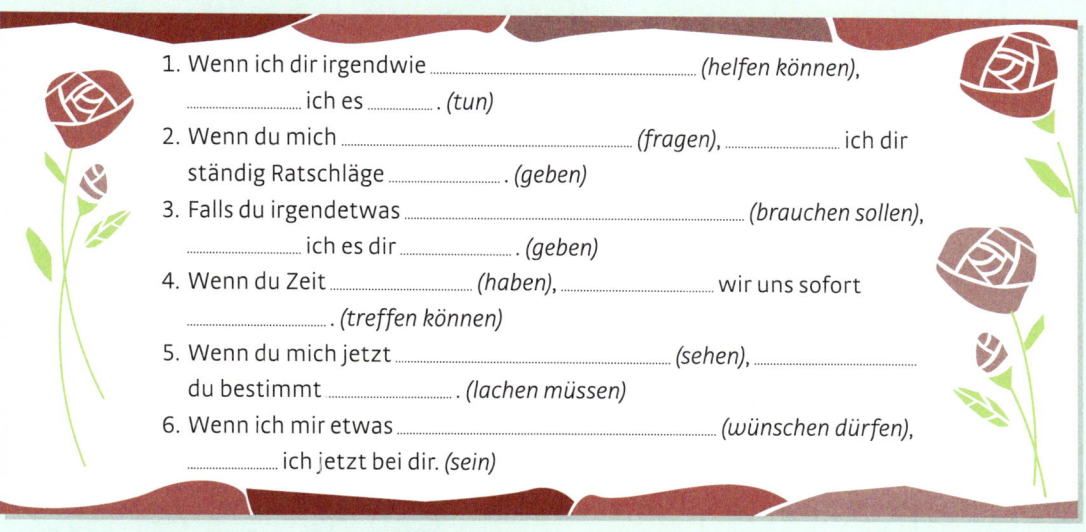

 .... / 10 Punkte   😊 6 – 10 Punkte   🙁 0 – 5 Punkte

2 **GRAMMATIK** Ergänzen Sie die Verben im Konjunktiv II.

1. Wenn ich dir irgendwie .... (helfen können), ... ich es .... (tun)
2. Wenn du mich .... (fragen), ... ich dir ständig Ratschläge .... (geben)
3. Falls du irgendetwas .... (brauchen sollen), ... ich es dir .... (geben)
4. Wenn du Zeit .... (haben), ... wir uns sofort .... (treffen können)
5. Wenn du mich jetzt .... (sehen), du bestimmt .... (lachen müssen)
6. Wenn ich mir etwas .... (wünschen dürfen), ... ich jetzt bei dir. (sein)

.... / 12 Punkte   😊 7 – 12 Punkte   🙁 0 – 6 Punkte

3 **KOMMUNIKATION** Wie kann man das anders sagen? Ordnen Sie zu. Nicht alles passt.

(a) Da stimme ich dir zu (b) Das sehe ich nicht so (c) Ich bin der Meinung, dass …
(d) Ich finde es ein bisschen komisch, dass … (e) Ich finde es verständlich, dass …

> Ich brauche mal deinen Rat. Sollte man sein Hobby bei einer Bewerbung angeben?

> *Ich denke, dass* (1 ......) man das machen kann, wie man will. Aber wenn dein Hobby nicht zur Stelle passt, würde ich es auch nicht angeben.

> *Da hast du recht* (2 ......). Aber wenn ich kein Hobby angebe, denken doch alle, dass ich keine Interessen habe, oder?

> *Das kann man so nicht sagen* (3 ......). Ich glaube nicht, dass man das automatisch denkt. Aber: *Ich kann gut verstehen, dass* (4 ......) du da unsicher bist. Wo bewirbst du dich denn?

 .... / 4 Punkte   😊 3 – 4 Punkte   🙁 0 – 2 Punkte

AB · MODUL 1 · SEITE 7

2

REISEN
Raus aus dem Alltag

1a WÖRTER Überfliegen Sie den Text in b. Bilden Sie dann Nomen und schreiben Sie auch den Artikel. → KB 1

~~Rei~~ ping hof ~~se~~ rei Um tung Aben ~~pla~~ be Rei er se ~~nung~~ ziel teu Bau Cam rei Vor Flug ern se welt

die Reiseplanung,

b Ergänzen Sie die Nomen aus a. Machen Sie dann den Test.

Was für ein Reisetyp sind Sie?

Meine _Reiseplanung_ (1):
- a) Ich fahre einfach los und lasse mich überraschen.
- b) Ein Reisebüro organisiert meine Reise.
- c) Ich organisiere gern alles selbst. Eine gute _____ (2) auf meine Reise ist mir wichtig.

Mein _____ (3):
- a) Ich mache am liebsten Urlaub in der Natur.
- b) Ich besichtige gern Städte und Sehenswürdigkeiten.
- c) Ich möchte _____ (4) in fremden Ländern erleben.

Meine Unterkunft:
- a) Vorzugsweise auf einem _____ (5).
- b) Ich buche ein schönes Hotel oder Apartment.
- c) Ich mache _____ (6) und schlafe im Zelt.

Meine Verkehrsmittel:
- a) Der _____ (7) zuliebe fahre ich mit Bahn oder Bus.
- b) Ich fahre gern mit dem eigenen Auto.
- c) Ich nehme auch schon mal das Flugzeug.

_____n (8) lehne ich ab.

Auswertung

2a WÖRTER Welches Nomen passt? Markieren Sie. → KB 1

Hallo,
viele liebe Grüße aus Griechenland! Diese Reise ist ein tolles **Erlebnis** / Ergebnis (1), eine absolute Traumreise! Eine Woche bin ich jetzt hier auf Karpathos — weit weg vom Tagesablauf / Alltag (2). Ich habe die Insel schon ziemlich gut erkundet. Gestern war ich mal alten Traditionen auf der Folge / Spur (3) und habe Olympos besucht, ein wunderschönes Dorf in den Bergen. Wandern kann man auf der Insel übrigens ganz wunderbar. Aber das Beste: Hier sind noch keine Trends / Massen (4) von Urlaubern. Ich hoffe, das bleibt auch so!
Nächste Woche geht es wieder zurück. Der Abschied wird mir schwerfallen, ich leide jetzt schon …
Bis bald, alles Liebe
Carolina
PS: Sicher denkst du jetzt auch schon an den nächsten Urlaub. ☺ Was wäre denn deine Traumreise?

b SCHREIBEN Antworten Sie Carolina in einer E-Mail (50–80 Wörter). Schreiben Sie etwas zu allen drei Fragen.

1. Wohin würden Sie gern fahren und warum?
2. Wie lange würden Sie dort bleiben?
3. Was würden Sie dort machen?

Hallo Carolina,
vielen Dank für deine Karte.
Toll, dass es dir so gut gefällt! …

3a WÖRTER — Lesen Sie den Tipp und das Gespräch. Wie würde man die *kursiven Ausdrücke* in der Standardsprache formulieren? Schreiben Sie die Sätze neu. → KB 1

> In Verbindung mit einem Verb werden *wohin*, *woher* und *dahin*, *dorthin* in der Umgangssprache oft getrennt. *Hin* und *her* werden dann Teil des Verbs: *Woher kommen Sie?* = *Wo kommen Sie her?*

◆ Entschuldigung, *wo* kann ich denn meinen Koffer *hinstellen* (1)? Im Gepäckregal ist alles voll.
▲ Ach warten Sie, ich mache Platz. … Äh, darf ich fragen, *wo* Sie *hinfahren* (2)?
◆ Nach Frankfurt. Ich besuche Freunde aus Spanien, die jetzt *dort hingezogen* (3) sind.
▲ Ach, in Spanien war ich auch schon öfter. Ein schönes Land! *Wo kommen* Ihre Freunde denn genau *her* (4)?
◆ Aus Südspanien, aus Sevilla.
▲ Ach, *da* würde ich auch gern noch mal *hinfahren* (5)!

1. Wohin kann ich denn meinen Koffer stellen?

b Bilden Sie weitere zusammengesetzte Verben. Benutzen Sie dafür mindestens ein Verb aus jeder Gruppe. Schreiben Sie zu jedem Verb einen Satz, einmal in der Umgangs- und einmal in der Standardsprache.

hin: fliegen reisen legen   her: nehmen haben holen

4 WÖRTER — Welches Nomen passt nicht? Streichen Sie es durch. → KB 1

1. ökologisch: Unterkunft – Verkehrsmittel – ~~Internetanschluss~~ – Lebensmittel
2. beliebt: Sehenswürdigkeit – Souvenir – Trend – Tourist
3. lokal: Bevölkerung – Haustür – Währung – Wetter
4. populär: Reiseziel – Reiseführer – Gericht – Gepäck

5 WÖRTER — Die markierten Nomen stehen an der falschen Stelle. Korrigieren Sie. → KB 1

Über mich   Reiseblog   Filme & mehr

Hallo, ich bin Aaron aus Berlin.
Willkommen auf meiner Seite *filmtouri.de*!
Was gibt es auf dieser Webseite?
Seit über zehn Jahren reise ich zu den Kosten (1)
von Filmen und Handlungsorten (2) auf der
ganzen Welt und sammle Informationen über sie.
Alles, was ich gefunden habe, gebe ich hier an
dich weiter.
Wie ist es zu dieser Webseite gekommen?
Ich habe mir öfter mal die Frage gestellt, warum die Menschen überhaupt reisen.
Dabei habe ich entdeckt, welchen Tourismus (3) Filme und Serien auf den
Einfluss (4) haben. Das betrifft vor allem die Wahl des Reiseziels: Neben anderen
Aspekten wie Umwelt, Serien (5) etc. spielen sie inzwischen eine immer größere Rolle.
Das hat mein Interesse geweckt.
Alle Orte, über die ich hier schreibe, habe ich übrigens auch selbst besucht!

1. Handlungsorten
2.
3.
4.
5.

6 KOMMUNIKATION Lesen Sie den Beitrag und die Kommentare. Ordnen Sie dann zu: Wissen ausdrücken (a), Unwissen ausdrücken (b), über persönliche Erfahrungen berichten (c). → KB 1

Slow Travel, auf Deutsch „langsames Reisen", ist seit einigen Jahren der neue Reise-Trend. Er ist eine Antwort auf den Massentourismus. Wer langsam reist, möchte mit den Menschen im Urlaubsland in Kontakt kommen, möchte ihre Lebensweise und ihre Traditionen verstehen und versucht dabei, möglichst wenig Spuren in der Umwelt zu hinterlassen. Ganz so neu ist die Slow-Idee allerdings nicht. Wir begegnen ihr schon in den Achtzigerjahren beim Slow Food, das eine Antwort auf ungesunde Hamburger und anderes Fast Food war. *[mehr]*

KOMMENTIEREN

LisaR: Von dieser Art des Reisens habe ich schon gehört (1 _a_). Aber für mich war neu, dass (2 ......) sie Slow Travel genannt wird. Ich finde das einen sehr guten Trend. Rücksicht auf die Umwelt kann man nie genug nehmen! Ich selbst war vor zwei Monaten (3 ......) im Urlaub an der Nordsee. Ich bin mit dem Zug dorthin gefahren und habe mein Fahrrad mitgenommen.

ChristophH: Den Ausdruck Slow Travel kannte ich schon (4 ......). Ich habe selbst schon (5 ......) öfter solche Reisen gemacht. Ich genieße dann einfach die Tage, ohne viel zu planen. Dass dieser Trend eine Antwort auf den Massentourismus ist, wusste ich allerdings noch nicht (6 ......).

AmirS: Mir war schon bekannt, dass (7 ......) Slow Food ein Protest gegen ungesunde Ernährung ist. Aber von Slow Travel hatte ich noch nie gehört (8 ......). Ich habe allerdings etwas Ähnliches erlebt (9 ......), als ich letztes Jahr in Frankreich war. Da habe ich öfter mal auf dem Wochenmarkt eingekauft und bin mit Leuten ins Gespräch gekommen.

7 SCHREIBEN Was ist Ihre Meinung zu Slow Travel? Haben Sie Erfahrung damit? Verfassen Sie einen Kommentar (50–80 Wörter). Die Redemittel aus 6 helfen Ihnen. → KB 1

8 WÖRTER Was passt zusammen? Verbinden Sie. → KB 2

1. soziale Netzwerke
2. die Influencerin / der Influencer
3. die Followerin / der Follower
4. der Beitrag
5. der Podcast

a. eine Audiodatei, die man im Internet anhören und herunterladen kann
b. etwas, was jemand in den digitalen Medien veröffentlicht (Bild, Video, Text etc.)
c. Gemeinschaften, die über das Internet organisiert werden. Hier können sich Menschen aus der ganzen Welt treffen.
d. eine Person, die einer anderen in einem sozialen Netzwerk folgt
e. eine Person, die in den sozialen Netzwerken besonders bekannt ist und Einfluss auf ihre Fans nimmt

9 WÖRTER Welches Verb passt? Markieren Sie. → KB 3

www.lifestylemagazin.de/reisen

MODE   WOHNEN   REISEN   ESSEN

Die Augen sind müde vom Lesen oder vom Filmegucken, aber die Reise dauert noch lange?
Podcasts bieten eine schöne Alternative gegen die Langeweile! Hier drei Empfehlungen:

1. ALTERNATIV REISEN
Natur erleben / testen (1) und neue Erfahrungen mit nach Hause nehmen. Armin Gerber gilt / wirbt (2) für alternatives Reisen. ⇨ hier geht's zum Podcast

2. MIT LEAH AUF TOUR
Leah Friedmann trifft / beschäftigt (3) sich in ihrem Podcast mit den besten Trekkingtouren der Welt, spannenden Roadtrips und anderen Abenteuern. ⇨ hier geht's zum Podcast

3. KEINE ANGST!
Die Meinung, dass Frauen nicht allein reisen sollten, hört man immer noch viel zu oft.
Aydan Yilmiz macht Frauen Mut, die genau das vorhaben / auswählen (4): allein auf Reisen zu gehen.
⇨ hier geht's zum Podcast

10 KOMMUNIKATION Lesen Sie die Äußerungen. Welche Redemittel drücken Zustimmung (+) aus? Ergänzen Sie. → KB 4

Liebe Zuhörerinnen und Zuhörer, die Reisezeit steht vor der Tür. Manche Leute fahren einfach los und lassen den Zufall entscheiden, andere bereiten ihre Reise ganz genau vor. Spontan oder gut geplant? Ihre Meinung ist gefragt. Rufen Sie jetzt an oder schreiben Sie uns.

Anrufer 1: Hallo, mein Name ist Fred Liebig. Ich finde es auf jeden Fall besser, wenn man alles früh und genau plant. Da gibt es noch viel mehr Angebote. Wenn man zu spät bucht, sind die schönsten Sachen schon weg.

Anruferin 2: Hallo, ich bin Elena. Ich sehe das ähnlich wie (1 _+_) Herr Liebig, weil es auch viel billiger ist, wenn man sich früh um alles kümmert. Besonders bei Flügen spart man ja viel Geld.

Anruferin 3: Also, ich weiß nicht (2 ___). Man entdeckt doch viel mehr, wenn man nicht alles schon vorher geplant hat! Ich probiere zum Beispiel gern mal Tipps von Einheimischen aus! Übrigens: Linh Nguyen ist mein Name.

Anrufer 4: Ich heiße Nabil Khoury. Ich bin der gleichen Meinung wie (3 ___) Frau Nguyen. Es ist gut, wenn man auf Reisen flexibel ist. Es läuft ja eh selten so, wie man es geplant hat. Da braucht man sich dann nicht zu ärgern.

Anrufer 5: Ich stimme eher den beiden ersten Anrufern zu (4 ___), denn gute Reiseplanung bedeutet ja auch, dass man am Urlaubsort nicht viel Zeit verliert und man auch keine bösen Überraschungen erlebt, weil man sich nicht richtig informiert hat. Man darf ja zum Beispiel gar nicht überall zelten.

Anruferin 6: Da bin ich anderer Meinung (5 ___). Genauso wie Frau Nguyen und Herr Khoury finde ich, dass (6 ___) zu viel Planung eher stört. Es kann ganz schön stressig werden, wenn man ein volles Programm hat!

11a GRAMMATIK Lesen Sie den Werbetext und markieren Sie alle Adjektive vor einem Nomen. Ergänzen Sie dann die Endungen in der Tabelle. → KB 5

URLAUBSREGION BURGENLAND

Das Burgenland ist eine der (schönsten) Regionen in Österreich. Nicht nur die wunderbare Natur ist hier ein Erlebnis. Auch das große Angebot an Kultur- und Freizeitaktivitäten macht die Region attraktiv. Freuen Sie sich auf den perfekten Urlaub.

Adjektivdeklination: bestimmter Artikel				
	maskulin	*neutral*	*feminin*	*Plural*
Nominativ	der perfekte Urlaub	das groß......... Angebot	die wunderbar......... Natur	die schönsten Regionen
Akkusativ	den perfekt......... Urlaub	das große Angebot	die wunderbare Natur	die schönsten Regionen
Dativ	dem perfekten Urlaub	dem großen Angebot	der wunderbaren Natur	den schönsten Regionen
Genitiv	des perfekten Urlaubs	des großen Angebots	der wunderbaren Natur	der schönst_en_ Regionen

⌐ ¬
Nach dem bestimmten Artikel ist die Adjektivendung immer *-e* oder *-en*.
└ ┘

b GRAMMATIK Lesen Sie die Anzeige und den Tipp. Ergänzen Sie dann die Endungen in der Tabelle.

Hotel Neusiedler See
Bei uns erwarten Sie schöne Zimmer, ein gutes Frühstück, eine ruhige Lage – und ein guter Preis! Jetzt → hier buchen!

> Wenn man den Kasus nicht erkennen kann, zeigt das Adjektiv den Kasus:
> *die Zimmer → schöne Zimmer.*

Adjektivdeklination: unbestimmter Artikel / ohne Artikel				
	maskulin	neutral	feminin	Plural
Nominativ	ein gut____ Preis – guter Preis	ein gut____ Frühstück – gutes Frühstück	eine ruhig____ Lage – ruhige Lage	keine/meine schönen Zimmer – schön_e_ Zimmer
Akkusativ	einen guten Preis – guten Preis	ein gutes Frühstück – gutes Frühstück	eine ruhige Lage – ruhige Lage	keine/meine schönen Zimmer – schöne Zimmer
Dativ	einem guten Preis – gutem Preis	einem guten Frühstück – gutem Frühstück	einer ruhigen Lage – ruhiger Lage	keinen/meinen schönen Zimmern – schönen Zimmern
Genitiv	eines guten Preises – guten Preises	eines guten Frühstücks – guten Frühstücks	einer ruhigen Lage – ruhiger Lage	keiner/meiner schönen Zimmer – schöner Zimmer

12 GRAMMATIK Was passt? Markieren Sie. → KB 6

Mit der superleichte / (superleichten) (1) Regenjacke Aquafit 3 cx können Sie nichts falsch machen: Die wasserdichte / wasserdichten (2) Jacke schützt zuverlässig auch vor dem stärksten / stärkste (3) Regen. Die flachen / flache (4) Taschen rechts und links an der Jacke bieten außerdem genug Platz für all die kleine / kleinen (5) Dinge, die man unterwegs gern zur Hand hat. Wegen des dünnen / dünne (6) Materials lässt sich die Jacke auch leicht verpacken. Passend zur Jacke gibt es einen Regenhut.

13 GRAMMATIK Ergänzen Sie die Adjektivendungen. → KB 6

Sprüche zum Thema Reisen
1. Jede Reise öffnet ein neu_____ Fenster.
2. Auf eine lang_____ Reise geht man besser mit einem leicht_____ Koffer.
3. Manche Reisen gelingen besser ohne einen genau_____ Plan.
4. Ein Souvenir, das man von jeder Reise mitbringen sollte, sind schön_____ Erinnerungen.

14 GRAMMATIK Lesen Sie und ergänzen Sie die Adjektive in der richtigen Form. → KB 6

best- ganz kurz nächst- ~~neu~~ positiv voll wichtig (2x)

Claudia Richters _neues_ (1) Buch „Reisen mit Hund" ist jetzt erschienen.
Dort gibt sie eine _____ (2) Reihe _____ (3) Hinweise, die man beachten sollte. Hier eine Auswahl:
1. Überlegen Sie, ob die Reise im _____ (4) Interesse Ihres Hundes ist.
2. Eine Reise mit Tier sollte unbedingt eine _____ (5) Erfahrung für alle sein.
3. Für Ihren Hund ist alles neu und er hat sicher erst mal Angst: Vermeiden Sie deshalb _____ (6) Plätze mit vielen Menschen.
4. Auch die Reiseapotheke gehört zu den _____ (7) Vorbereitungen für Ihren _____ (8) Urlaub.
5. Bei Reisen mit dem Auto müssen öfter _____ (9) Pausen eingeplant werden.

15 WÖRTER Formulieren Sie die Sätze 1–4 um. Verwenden Sie für die *kursiven Ausdrücke* die folgenden Verben in der richtigen Form. → KB 7

beantworten   posten   verlinken   drehen

1. Wir beantworten Ihre Fragen rund ums Reisen.

www.reisequest.net

FAQ - Wir *antworten auf* Ihre Fragen rund ums Reisen: (1)

- Ich *mache* auf Reisen gern Videos. (2) Darf ich sie problemlos online stellen?
  Es kommt darauf an: Einen schönen Sonnenaufgang können Sie problemlos online stellen. Wenn auf dem Video aber Personen zu erkennen sind, müssen diese erst ihre Erlaubnis geben. Dasselbe gilt auch für Fotos, die man gemacht hat und die man nun auf einer Social-Media-Plattform *veröffentlichen* will. (3) Um Probleme zu vermeiden, sollte man solche Fotos und Videos nur mit persönlichen Freunden teilen, nicht mit einem größeren Personenkreis.
- Wo kann ich eigene Urlaubstipps und Empfehlungen veröffentlichen?
  Es gibt Reiseportale, die gratis Artikel von Reisenden veröffentlichen. Im Artikel können in der Regel auch andere Webseiten mit nützlichen Inhalten zum Thema *über einen Link verbunden* werden. (4)

16 KOMMUNIKATION Was passt zusammen? Verbinden Sie. → KB 8

1. Ich stelle Ihnen heute
2. Sie hat etwa 100.000
3. Sie wurde bekannt, weil sie
4. Sie dreht Videos und postet regelmäßig
5. Sie ist auf
6. Sie beschäftigt sich
7. Sie macht Werbung
8. Es lohnt sich mit Sicherheit,

a Followerinnen und Follower.
b Beiträge auf verschiedenen Plattformen.
c ihr zu folgen. Denn man bekommt viele gute Tipps.
d mehreren Kanälen aktiv.
e für Fahrradkleidung.
f seit zwei Jahren mit dem Fahrrad die Welt erkundet.
g Aysun Kaya vor.
h in ihren Beiträgen vor allem mit Transportmitteln und dem richtigen Packen des Gepäcks.

Aussprache: Betonung von bekannten Informationen

1a Hören Sie das Gespräch und achten Sie auf die markierten Wörter. Ist die Information schon bekannt oder neu? Notieren Sie *b* für bekannt und *n* für neu.

- Ich will bis zur Endstation (1 _n_) fahren und von dort zu Fuß (2 ......) nach Hause gehen.
- Dann solltest du bequeme Schuhe (3 ......) anziehen.
- Richtig. Bequeme Schuhe (4 ......) brauche ich auf jeden Fall.
- Und nimm genug Wasser (5 ......) mit.
- Ja. Wasser (6 ......) nehme ich auch mit.
- Ganz wichtig ist dein Handy (7 ......).
- Genau. Das Handy (8 ......) darf auf keinen Fall fehlen.

Normalerweise werden im Satz die Informationen betont, die noch nicht bekannt sind. Bekannte Informationen können aber betont werden, indem man sie an den Satzanfang stellt und zusätzlich betont.

b Welche Wörter werden außerdem betont? Hören Sie das Gespräch noch einmal und markieren Sie in a.

2 Markieren Sie die betonten Wörter. Hören Sie dann und vergleichen Sie.

1. ◆ Wer kann ein Taschenmesser besorgen?   ▲ Das Taschenmesser besorge ich.
2. ◆ Wir sollten auch Müllbeutel mitnehmen.   ▲ Ja. Müllbeutel brauchen wir unbedingt.
3. ◆ Denkt ihr bitte auch an Regenjacken?   ▲ Klar. An Regenjacken müssen wir unbedingt denken.

Selbstkontrolle

1 WÖRTER Lesen Sie den Artikel. Welches Nomen passt? Markieren Sie.

CAMPINGURLAUB WIRD IMMER BELIEBTER

Campingurlaub liegt im Trend / Test (1), meldet das Institut für Bevölkerung / Tourismus (2). Hier sind drei Gründe dafür:

Grund 1: Viele Menschen haben schon als Kinder irgendwann einmal gezeltet und haben dieses Erlebnis / Angebot (3) in schönster Erinnerung. In der Hängematte / Regenjacke (4) oder im Müllbeutel / Schlafsack (5) zu übernachten, ist schließlich ein kleines Abenteuer / Praktikum (6).

Grund 2: Campingurlaub bedeutet Freiheit und Herauskommen aus dem Alltag / Kompass (7).

Ist es an einem Ort nicht schön oder das Wetter schlecht, fährt man einfach weiter und sucht sich ein neues Reiseziel / Souvenir (8).

Grund 3: Wer Campingurlaub macht, verzichtet meistens auf Follower / Flugreisen (9). Und das ist gut für die Umwelt / Reiseplanung (10). Und natürlich sind die Kosten / Netzwerke (11) nicht so hoch.

 .... / 11 Punkte 😊 6 – 11 Punkte 🙁 0 – 5 Punkte

2 GRAMMATIK Lesen Sie den Werbetext und ergänzen Sie die Adjektivendungen.

GÜNSTIG REISEN

Wäre eine günstig......... (1) Städtereise nach Lissabon oder ein kurz......... (2) Besuch in Budapest nicht mal genau das Richtige?
Auf dieser Seite finden Sie die best......... (3) Angebote für die verschiedenst......... (4) Reiseziele, egal ob Sie gerade von einer interessant......... (5) Städtereise, einer Wanderung durch schön......... (6) Natur oder einem weiß......... (7) Strand in der Karibik träumen.

Wir suchen im Netz ständig nach toll......... (8) Reisen, die Sie preiswert um die ganz......... (9) Welt bringen, und geben Tipps für besonder......... (10) Unterkünfte. Suchen Sie sich einfach ein aktuell......... (11) Angebot aus und buchen Sie schon bald Ihre nächst......... (12) Reise. Es wartet bestimmt ein spannend......... (13) Ort auf Sie!

 .... / 13 Punkte 😊 7 – 13 Punkte 🙁 0 – 6 Punkte

3 KOMMUNIKATION Wie kann man das anders sagen? Ordnen Sie zu. Nicht alle Redemittel passen.

(a) ... beschäftigt sie sich gern mit ...   (b) Sie ist auf ... aktiv   (c) Ich stelle Ihnen ... vor
(d) Es lohnt sich mit Sicherheit, ihr zu folgen ...   (e) Sie postet Beiträge auf ...   (f) ... sie wurde bekannt ...

VON BERUF: Reisefotografin

Ich *mache Sie* heute *mit* Mareike Freytag *bekannt* (1 ......). Sie gehört zu den erfolgreichsten Reisefotografinnen der Schweiz und *man kennt sie* (2 ......), weil sie sehr ungewöhnliche Landschaftsaufnahmen macht. Mehrere Bildbände hat sie inzwischen veröffentlicht. Daneben führt sie einen eigenen Blog. In ihren Beiträgen *schreibt sie gern über* (3 ......) Frauen in der Reisefotografie. Sie möchte wegkommen von traditionellen Rollenbildern. „Meine Bilder sind nicht unbedingt schön", sagt sie. „Aber sie erzählen alle eine Geschichte." *Es ist immer nützlich, ihre Beiträge zu lesen* (4 ......), denn sie hat einen ganz eigenen Blick auf die Welt.

 .... / 4 Punkte 😊 3 – 4 Punkte 🙁 0 – 2 Punkte

STADT UND LAND
Neustart als Landärztin

1a KOMMUNIKATION Lesen Sie die Nachrichten und ordnen Sie zu: Vermutungen äußern (a) oder Überraschung ausdrücken (b). → KB 1

MATZE: Warum ist es eigentlich so schwer, in Berlin eine Wohnung zu finden? Ich habe 15 Wohnungen angesehen, bevor ich endlich eine bekommen habe. Und die waren alle sehr teuer! Warum ist das so? Was glaubt ihr?

CARO: Es wundert mich, dass du „nur" 15 Wohnungen besichtigt hast. Bei mir waren es 26!

1. b

NADJA: Mich überrascht, dass die Leute überhaupt noch so oft umziehen. Mit jedem Umzug zahlt man mehr Miete für eine Wohnung, die genauso groß ist wie die alte.

2. ......

FRANK: Der wichtigste Grund für das Ganze ist vielleicht, dass jedes Jahr so viele Leute nach Berlin ziehen. Die Stadt ist einfach voll.

3. ......

PAULA: Das glaube ich auch! Gleich danach kommt wahrscheinlich das Problem, dass viele Wohnungen nicht mehr von Privatpersonen vermietet werden, sondern von großen Firmen. Denen geht es nur ums Geld!

4. ......

ÖZER: Ihr habt total recht: Das sind beides sehr wichtige Gründe. An dritter Stelle sind vermutlich die vielen Renovierungen. Immer wenn die Vermieter etwas renovieren lassen, erhöhen sie danach die Miete. So werden die Wohnungen immer teurer.

5. ......

NINA: Ich bin erstaunt, dass ihr die Schuld nur bei den Vermietern sucht. Warum denkt niemand an die Politik? Die Gesetze sollte man endlich mal ändern! Dann können die Vermieter nicht mehr machen, was sie wollen.

6. ......

OMO: Am wenigsten wichtig ist vielleicht das Argument, dass es zu wenig Häuser gibt. Man hört immer, dass Wohnungen in der Stadt fehlen. Das stimmt aber nicht, denn es gibt überall Baustellen: Es fehlen **bezahlbare** Wohnungen.

7. ......

b Lesen Sie die Nachrichten in **a** noch einmal und ergänzen Sie die fehlenden Buchstaben.

Vermutungen äußern
Der wichtigste Grund für ... ist vielleicht ...
Gl__ch d__n__ch k__mmt w__hrsch__nl__ch ...
__n dr__tt__r St__ll__ s__nd v__rm__tl__ch ...
__m w__n__gst__n w__cht__g __st v__ll__cht ...

Überraschung ausdrücken
__s w__nd__rt m__ch, d__ss ...
M<u>ich</u> <u>ü</u>b<u>e</u>rr<u>a</u>scht, d<u>a</u>ss ...
__ch b__n erst__nt, d__ss ...

2 WÖRTER Lesen Sie den Anfang der Reportage und schreiben Sie die Nomen richtig. → KB 3

Was bedeutet eigentlich Stadtleben? Lärm, Anonymität, Schmutz: Es gibt viele negative Bilder von der Großstadt. Wir haben verschiedene Menschen gefragt, warum sie trotzdem in der Stadt leben – und wie sie sie erleben.

HARALD WINKLER, 76, AUS NÜRNBERG
Ich höre oft, dass die Leute in der Stadt allein leben und dass es keine _Gemeinschaft_ (meinGeschaft) (1) gibt, aber das stimmt nicht. Natürlich kenne ich nicht alle 500.000 _____ (nerwohEin) (2) Nürnbergs, aber sehr viele Leute aus meinem Stadtviertel. Ich bin hier geboren, habe meine _____ (heitKind) (3) hier verbracht und später ganz in der Nähe gearbeitet. Wenn meine Kollegen und ich früher _____ (aFeibender) (4) hatten, sind wir oft zusammen nach Hause gegangen. Als ich noch jung war, haben wir manchmal zusammen _____ (Abrotbend) (5) gegessen. Das wurde weniger, als viele von uns später geheiratet haben und dann der _____ (wuchsNach) (6) kam. Aber wir sind auch heute noch Nachbarn, Kollegen oder Freunde. Sogar den _____ (meisBürterger) (7) kenne ich persönlich: Früher habe ich mit ihm Fußball gespielt.

HA PHAM, 38, AUS FRANKFURT AM MAIN
Ich komme aus dem Schwarzwald. Wie der Name sagt, ist es eine sehr waldreiche _____ (gendGe) (8), und ich liebe die Natur. Trotzdem war die _____ (scheiEntdung) (9), zum Studium in die Stadt zu ziehen, für mich nicht schwer. Ich fand die Stadt auch spannend. Nach dem Studium habe ich hier an meiner _____ (rieKarre) (10) gearbeitet. Ich bin Ärztin in einer großen _____ (nikKli) (11). Das gefällt mir besser als Landärztin zu sein: Ich bin nicht allein für die _____ (gungsorVer) (12) der Patientinnen und Patienten und auch noch für die _____ (tungwalVer) (13) der Praxis zuständig, sondern ich kann die Arbeit mit meinen Kolleginnen und Kollegen teilen. Eine andere Sache, die mir in der Stadt gut gefällt, ist die _____ (Instrukfratur) (14): Man kommt überall mit Bus und Bahn hin. Und am Wochenende fahre ich dann in die Natur raus – wenn ich keinen Dienst habe.

3a WÖRTER Was passt zu den Verben? Markieren Sie. Mehrere Lösungen sind möglich. → KB 3

1. einen Einwohner / (eine Idee) / einen Feierabend / (einen Vorschlag) besprechen
2. einen Tag / ein Land / seine Familie / einen Ort verlassen
3. sich von einem Freund / einer Praxis / Patienten / dem Abendbrot verabschieden
4. eine Gesprächspartnerin / einen Heimatort / seine Eltern / eine Position überzeugen
5. sich an jemanden / ein neues Leben / eine Kindheit / die Verantwortung gewöhnen

b Finden Sie noch vier Verben und ergänzen Sie.

S L D F V E R S O R G E N V E R H S D F Ü B E R N E H M E N S G E B E E I N F L U S S E N
E R G E B E G E G N E N (E R L E D I G E N) T E N

1. den Papierkram oder die Hausarbeit _erledigen_
2. die Persönlichkeit von jemandem positiv oder negativ _____
3. jemandem mit Respekt oder Distanz _____
4. eine Praxis oder ein Geschäft von jemandem _____
5. Patientinnen und Patienten _____

c Lesen Sie die E-Mail und ergänzen Sie die Verben aus **a** und **b** in der richtigen Form.

Hallo lieber Cem,
jetzt wohne ich schon eine Woche hier in Hamburg und habe endlich Zeit, dir zu schreiben. Ich muss sagen: Es war ein komisches Gefühl, als ich mich am Sonntag von meinen Eltern _verabschiedet_ (1) habe und dann allein in meinem neuen Zimmer saß.
Und die Stadt! Früher habe ich es nicht so stark gemerkt, aber die Leute sind hier anders. Man _____ (2) sich mit mehr Distanz, aber auch mit weniger Respekt. Ich finde es zum Beispiel sehr seltsam, dass die Leute sich hier viel seltener grüßen. Aber daran _____ (3) man sich bestimmt schnell. Schließlich habe ich unser Dorf _____ (4), um das Großstadtleben kennenzulernen. Und ich bin ganz sicher, dass es meine Persönlichkeit positiv _____ (5) wird. Trotzdem komme ich nächstes Wochenende erst mal nach Hause.
Bist du auch da? Hast du Zeit?
Viele liebe Grüße
Olga

4 WÖRTER Welches Wort passt? Markieren Sie. → KB 3

Wir suchen Mitbewohner*innen!

Für das Wohnprojekt „Havelhof" suchen wir nette Menschen, die allmählich / **bereit** (1) sind, in einer ähnlichen / ländlichen (2) Gegend ein gemeinsames Zuhause zu gründen. Alter, Beruf oder selbstständige / gesellschaftliche (3) Position sind dabei egal. Allerdings ist uns wichtig, dass du von der Idee positiv / begeistert (4) bist und das Projekt ernst / auswendig (5) nimmst. Wir freuen uns auf dich!

Wo ist das Projekt? Brandenburg, Roskow   Wen kann ich kontaktieren? Matthias Wolf

5 KOMMUNIKATION Lesen Sie die Beiträge und schreiben Sie die Redemittel richtig. → KB 4

Unsere Mitbewohner*innen vom Havelhof erzählen von ihren Erlebnissen:

(war – so – das – Bei mir) (1) _____ :
Ich habe von Freunden gehört, dass es das Projekt gibt. Ich habe es mir angesehen und bin sofort eingezogen.

(habe – dass – erlebt, – Ich) (3) _____ es für mich schöner ist, in einer Gemeinschaft zu leben als allein. Deshalb bin ich hier.

(erlebe – immer wieder, – Ich – dass) (2) _____ mich Freunde besuchen und sagen, dass sie auch gern so leben würden. Macht es einfach, Leute! Ich bin sehr glücklich mit meiner Entscheidung.

(uns – Bei – das – so – ist) (4) _____ :
Wir sind gern draußen und möchten, dass die Kinder Platz zum Spielen haben. Dafür ist der Hof perfekt! Und Haustiere haben wir hier auch.

6 WÖRTER Ergänzen Sie die Endungen *-heit, -keit, -schaft* oder *-ität*. → KB 5

1. Freund*schaft*
2. Arbeitslosig............
3. Mobil............
4. Gelegen............
5. Frei............
6. Tätig............
7. Aktiv............
8. Wissen............
9. National............

7 GRAMMATIK Lesen Sie den Tipp. Ergänzen Sie dann *zu* an der richtigen Stelle. → KB 6

> Bei trennbaren Verben steht *zu* zwischen der Vorsilbe (Präfix) und dem Verb. Man schreibt die Form zusammen: *aufzustehen*. Bei allen anderen Verben schreibt man *zu* und das Verb getrennt voneinander: *zu organisieren*.

Hallo Leute! Ich bin gerade in meine erste eigene Wohnung gezogen. Einerseits ist es total schön, ... auf *zu* stehen, wann man will, und den ganzen Tag .... selbst *zu* organisieren. Aber andererseits habe ich auch ein bisschen Angst. Ging es euch auch so?

YUMA: Ja, mir ging es ähnlich. Ich hatte am Anfang Angst .... allein .... sein (1).

PEDRO: Für mich war das Einkaufen am Anfang schwierig: Ich habe manchmal vergessen, rechtzeitig .... einkaufen .... gehen (2) oder alles .... ein .... kaufen (3), was ich am nächsten Tag gebraucht habe.

STEFFI: Ich habe mich darauf gefreut, meinen Tag endlich selbstständig .... planen .... können (4).

LEA: Ich hatte mich wochenlang darauf gefreut, endlich den ersten Tag in meiner neuen Wohnung .... ver .... bringen (5), aber dann war es doch ein bisschen komisch. Am dritten Tag war alles wieder gut! 😉

TONI: Angst hatte ich nicht, aber ich habe es vermisst, morgens von meinem Vater .... geweckt .... werden (6).

8a GRAMMATIK Lesen Sie Gabrielas Notizen zum Landleben und ergänzen Sie *zu*, wo nötig. → KB 6

Vorteile, wenn wir aufs Land ziehen:
1. Es ist vielleicht einfacher, Leute kennen *zu* lernen.
2. Die Kinder finden es schön, einen Garten .... haben – und wir auch.
3. Ich hoffe, mich dort besser erholen .... können.
4. NachbarInnen gehen einander .... besuchen.
5. Wir können die Kinder einfach in der Nachbarschaft spielen .... lassen, ohne Angst vor Autos.
6. Wir haben nicht so leicht das Gefühl, die NachbarInnen .... stören, wenn wir zusammen Musik machen.
7. Wir müssen weniger Miete .... zahlen.

Ist es wirklich eine gute Idee, aufs Land zu ziehen?

b Lesen Sie Gabrielas Notizen zum Stadtleben und schreiben Sie die Sätze richtig.

Vorteile, wenn wir in der Stadt bleiben:
1. *(Ich – es spannend finden – in der Stadt leben)*
   Ich finde es spannend, in der Stadt zu leben.
2. *(Man – sehen – viele unterschiedliche Menschen kommen und gehen)*

3. *(Ich – das Gefühl haben – mitten im Leben sein)*

4. *(Wir – können – ins Theater oder ins Kino gehen)*

5. *(Es – nicht nötig sein – ein Auto haben)*

6. *(Ich – mir auch gut vorstellen können – in der Stadt bleiben)*

9a WÖRTER Was ist positiv am Stadtleben, was negativ? Sortieren Sie. → KB 8

~~Arbeitsplätze~~ Bildungschancen Einkaufsmöglichkeiten Einsamkeit Freizeitangebote Lärm Smog Stau

positiv	negativ
Arbeitsplätze	

b Finden Sie noch fünf Wörter und ordnen Sie sie den Definitionen zu. Notieren Sie auch den Artikel.

G(EMPFANG)EBILDUNGBEGVERBINDUNGSDEBEVÖLKERUNGS
PRSVERENFWOHNRAUMUNBEGEBÄUDESTER

1. die technische Voraussetzung dafür, dass man Radio hören, fernsehen oder im Internet surfen kann — der Empfang
2. der Platz, den Menschen zum Wohnen nutzen
3. alle Menschen, die an einem bestimmten Ort leben
4. etwas, was Menschen gebaut haben und wo man hineingehen kann
5. etwas, was zwei Dinge miteinander in Kontakt bringt, zum Beispiel durch Verkehrsmittel
6. das Können und Wissen, das man durch Lernen sammelt

c Lesen Sie den Artikel und ergänzen Sie die Nomen aus a und b in der richtigen Form.

Coworking auf dem Land: Was vor einigen Jahren niemand für möglich gehalten hätte, ist heute ein Trend. Doch was zieht die Städter aufs Land?

Eine alte Fabrik, ein Bauernhof oder ein ehemaliges Gasthaus: Viele Coworking-Büros befinden sich in ganz besonderen _____ (1) – wie das „Coworking Wolmersdorf". Auch Nadja Fischer hat sich hier einen _____ (2) gemietet, zusammen mit rund 20 anderen Leuten. „Erst hatte ich Angst, dass das Internet nicht so gut ist, aber zum Glück ist der _____ (3) super. Das ist alles, was ich zum Arbeiten brauche", erzählt die 35-jährige Autorin. Die Gründe dafür, auf dem Land zu leben, liegen oft auch im Privatleben: „Die Wohnungen hier in Wolmersdorf sind sehr günstig und überhaupt gibt es viel mehr _____ (4)." Die Großstadt ist trotzdem erreichbar: Im Nachbarort Meldorf gibt es einen Bahnhof und zweimal in der Stunde eine _____ (5) nach Hamburg. Doch oft fährt Nadja dort nicht hin. Sie geht nicht gern shoppen und die _____ (6) in Meldorf reichen ihr. Wie Nadja denken viele Leute und in einigen Dörfern und Kleinstädten wächst die _____ (7) sogar wieder.

3

10a KOMMUNIKATION **Lesen Sie die Beiträge und formulieren Sie die Sätze um. Verwenden Sie die Redemittel in Klammern.** → KB 8

> **DUDE:** Hallo Leute! Ich bin gerade in eine WG gezogen. Wenn ich davon erzähle, reagieren manche Leute sehr begeistert, andere eher negativ. Das verstehe ich nicht ganz. Daher meine Bitte: Wenn ihr fünf Sachen aufschreibt, die ihr mit dem Thema „WG" verbindet, was kommt da bei euch heraus? Und: Würdet ihr gern in einer WG leben?
>
> **NETTI:** Bei dem Leben in einer WG denke ich an Gemeinschaft und Freundschaft. Ihr nicht?
> *(Ich verbinde mit ... vor allem ... Und ihr?)* (1)
> _Ich verbinde mit dem Leben in einer WG vor allem Gemeinschaft und Freundschaft. Und ihr?_
>
> **BASTIAN:** Das habe ich nicht auf meine Liste geschrieben. *(In meiner ... ist das ganz anders.)* (2)
>
> Ich habe viel über Ordnung und Sauberkeit nachgedacht. Eine WG braucht einen guten Putzplan.
> Habt ihr das nicht geschrieben? *(Für mich gehört ... Habt ihr das auch so?)* (3)
>
> **GONZO:** Nein, ich habe nicht über den Putzplan nachgedacht.
> Für mich ist das Thema Gemeinschaft auch eher eine Sache, die ich in einer WG wichtig finde.
> *(Für mich gehört ... auch eher zu ...)* (4)
>
> **BEA:** Ich weiß nicht, ob ich in einer WG leben möchte. *(Bei der Frage, ob ..., war ich mir unsicher.)* (5)
>
> Eure Ideen finde ich auch wichtig. Aber was ist mit der Privatsphäre?
> Ihr habt nicht geschrieben, dass man auch mal allein sein möchte. *(Mir hat gefehlt, dass ...)* (6)

b SCHREIBEN **Schreiben Sie fünf Wörter auf, die Sie mit dem Leben in einer WG verbinden. Schreiben Sie dann einen Beitrag für das Forum. Die Redemittel aus a helfen Ihnen.**

Aussprache: Betonung bei Nomen

2◄)) 06 **1 Hören Sie und markieren Sie die betonte Silbe. Hören Sie dann noch einmal und sprechen Sie nach.**

1. **Man**gel – Gegend – Zukunft – Ärztin
2. Wohnraum – Heimatort – Papierkram – Hausärztin

> Im Deutschen werden viele Nomen auf der ersten Silbe betont. Bei zusammengesetzten Nomen bestimmt die Betonung des ersten Wortes über die Gesamtbetonung: *das Pa**pier** + der **Kram** → der Pa**pier**kram*

2◄)) 07 **2a Ordnen Sie die Nomen zu. Hören Sie dann und sprechen Sie nach.**

Einsamkeit Patient Bildung Universität Position Kindheit Gemeinschaft Distanz

1. „deutsches" Wort: _Einsamkeit,_
2. Internationalismus / Fremdwort: _____

> Die Endungen *-heit, -keit, -schaft, -ung* werden nicht betont. Die Betonung des Basiswortes entscheidet über die Betonung: **ein**sam + -keit → **Ein**samkeit
> Dagegen werden die Endungen bei Fremdwörtern meist betont (*-anz, -ent, -tät, -(t)ion*).

b Notieren Sie weitere Nomen aus der Lektion und sprechen Sie sie.

-heit: die Krankheit ...
-keit: die Fähigkeit ...

Selbstkontrolle

1 WÖRTER Lesen Sie den Artikel und ergänzen Sie die fehlenden Buchstaben.

WIE LEBT MAN AUF ST. PAULI?
– von Christian Rohwedder –

Wenn ich erzähle, dass ich im Hamburger Viertel St. Pauli wohne, fragen mich immer alle: „Und? Wie ist es da?" Viele Geschichten, die man über St. Pauli hört, stimmen. Zum Beispiel ist es ständig laut. Schreie, Musik, Autos: Man hört immer irgendwo L___m (1). Aber daran g_w_hnt (2) man sich. Das Leben hier ist bunt und verrückt. Die Leute feiern viel und denken nicht so oft an Arbeit und K_rr__r (3). Auf der Straße b_g_gn_n (4) mir alle möglichen Leute aus allen g_s_llsch_ft_ch_n (5) Gruppen. Man kommt leicht ins Gespräch. __ns__mk__t (6) ist hier nicht das Problem. Trotzdem ist das Leben für einige hier hart, es gibt viele andere Probleme. Meine K__dh__t (7) hätte ich hier vielleicht nicht gern verbracht. Aber jetzt lebe ich schon über zehn Jahre hier, kenne alle Straßen und Ecken __sw__nd__g (8) und habe viele Freunde im Viertel. Ich liebe es hier und bin immer noch __b_rz__gt (9) davon, dass es damals eine gute __tsch__d_ng (10) war, hierher zu ziehen.

  ____ / 10 Punkte   😊 6 – 10 Punkte   ☹ 0 – 5 Punkte

2 GRAMMATIK Lesen Sie das Interview und schreiben Sie die Sätze richtig.

Sandra Keller, Sie sind Bürgermeisterin von Bredwitz in Brandenburg und mit 26 Jahren die jüngste Bürgermeisterin Deutschlands. Wie ist das für Sie?

1. Natürlich ist es aufregend, … *(sein – die jüngste Bürgermeisterin Deutschlands)*
   Natürlich ist es aufregend,

2. Man kann … *(beschreiben – das Gefühl kaum)*

3. Vor der Wahl hatte ich ein wenig Angst, … *(schaffen – es nicht)*

4. Deshalb habe ich versucht, … *(sprechen – mit möglichst vielen Einwohnerinnen und Einwohnern)*

5. Trotzdem habe ich nicht damit gerechnet, … *(werden – von so vielen Menschen gewählt)*

____ / 5 Punkte   😊 3 – 5 Punkte   ☹ 0 – 2 Punkte

3 KOMMUNIKATION Lesen Sie den Dialog und ergänzen Sie die Redemittel.

Ich verbinde mit | Bei mir war das so | Ich erlebe immer wieder | Der häufigste Grund für | Es wundert mich, dass

♦ _____ (1) heute wieder mehr Menschen aufs Land ziehen. _____ (2) dem Landleben vor allem Langeweile. Und ihr?

▲ _____ (3) diesen Trend ist vielleicht, dass die Leute mehr Natur erleben möchten. _____ (4), dass Menschen aus der Stadt zu uns ins Dorf ziehen und sich über die saubere Luft, die vielen Bäume und die Tiere freuen.

■ _____ (5): Ich hatte auch immer gedacht, dass es auf dem Land langweilig ist, aber als ich mit meinen Eltern in ein kleines Dorf gezogen bin, fand ich es sehr schön.

  ____ / 5 Punkte   😊 3 – 5 Punkte   ☹ 0 – 2 Punkte

EXTRA PRÜFUNG

1 LESEN Lesen Sie die Situationen 1 bis 5 und die Anzeigen a bis h. Wählen Sie: Welche Anzeige passt zu welcher Situation? Sie können jede Anzeige nur einmal verwenden. Die Anzeige aus dem Beispiel können Sie nicht mehr verwenden. Für eine Situation gibt es keine passende Anzeige. In diesem Fall schreiben Sie 0.

Einige Ihrer Bekannten möchten etwas unternehmen und suchen nach passenden Möglichkeiten.

Beispiel:

0. Sarah wohnt im Denkmalweg und will wissen, warum ihre Straße so heißt. Anzeige: g
1. Mikosch möchte regelmäßig Sport machen. Er hat nur in der Woche Zeit. Anzeige: ....
2. Ani möchte die Region besser kennenlernen und interessiert sich für Architektur. Anzeige: ....
3. Teres will das Geburtshaus ihres Lieblingsautors besichtigen, aber sie läuft nicht gern weit. Anzeige: ....
4. Peter möchte am Wochenende aktiv sein und etwas Spannendes erleben. Er will kein Geld ausgeben. Anzeige: ....
5. Sarina will am Wochenende ihr neues Mountainbike ausprobieren, am liebsten in einer Gruppe. Anzeige: ....

a) DORFKIRCHEN ENTDECKEN

Wir erkunden Kirchen in Dörfern der näheren Umgebung und finden dort oft tolle historische Gebäude mit spannender Geschichte. Interesse geweckt? Dann begleiten Sie uns auf unserer nächsten Kirchentour.
mitmachen@kirchen-im-dorf.de

b) Erlebnis Wald

Sie lieben die Natur und möchten mehr Zeit im Wald verbringen? Gern! Unsere Waldgruppe trifft sich jeden Dienstag um 10 Uhr. Gemeinsam entspannen wir uns in den Wäldern der Region.
MEHR INFOS: foerster.horst@mail.de

c) Rauf aufs Rad

Unser Verein bietet das ganze Jahr über Fahrradtouren an – immer am Wochenende. Wichtig: Sie brauchen ein gutes Fahrrad und sollten sportlich sein! Informationen zu Anmeldung und Kosten unter: www.rauf-aufs-rad.de

d) Literarischer Spaziergang – Führung

Angebot der Touristeninformation Holmsheim:
- zwei Stunden Rundgang
- Entdecken von Spuren berühmter Schriftsteller/innen
- inklusive Buchtipps
www.touri-holmsheim.de

e) Zuhören im Park

Sie lieben Geschichten, lesen aber selbst nicht gern? Dann kommen Sie am Abend in den Stadtpark und hören Sie zu! Wir lesen für Sie Klassiker und moderne Literatur.
www.zuhoeren-im-park.de

f) Abenteuerwochenende

- ein ganzes Wochenende im Holmsheimer Wald
- Ausrüstung kann man ausleihen
- kostenlos
- Kinder unter 16 Jahren nur mit Begleitperson
www.komm-mit-uns-in-den-wald.de

g) Straßennamen-Tour

für Menschen, die an der Geschichte ihrer Stadt interessiert sind. Wir bieten zweimal im Monat Führungen durch verschiedene Stadtviertel an und erklären dabei die Straßennamen.
Anmeldung: strassennamen@holmsheim.de

h) DONNERSTAGSWANDERUNG

Am Donnerstag ist die Arbeitswoche fast geschafft – Zeit, aktiv zu werden und zu wandern.
- Treffpunkt: Alte Eiche in Holmsheim-Süd um 16 Uhr
- mit Wanderschuhen!
- Picknick mitbringen
- von Mai bis August
donnerstags-wandern-wir@mail.de

Bei dieser Aufgabe kann es Ihnen helfen, die Schlüsselwörter in den Situationen zu markieren. Markieren Sie, was die Person möchte, aber auch, wann sie zum Beispiel (keine) Zeit hat und was es für Probleme gibt. Lesen Sie danach die Anzeigen und ordnen Sie zu. Wenn Sie bei einer Situation Probleme haben, dann machen Sie erst einmal mit den anderen Situationen weiter. Am Ende können Sie sich noch einmal damit beschäftigen, wenn noch Zeit bleibt.
Beachten Sie, dass es in der Prüfung mehr Situationen und Anzeigen gibt als hier.

EXTRA PRÜFUNG

2 ◀)) 08 **2** **HÖREN** **Sie hören nun einen Text. Sie hören den Text einmal. Dazu lösen Sie fünf Aufgaben.**
Wählen Sie bei jeder Aufgabe die richtige Lösung a, b oder c. Lesen Sie jetzt die Aufgaben 1 bis 5.
Dazu haben Sie 60 Sekunden Zeit.

Sie nehmen an einer Führung durch Leipzig teil.

1. Der Rundgang führt ...
   - (a) zu allen wichtigen Sehenswürdigkeiten.
   - (b) durch die Innenstadt.
   - (c) von der Nikolaikirche zum Gewandhaus.

2. Der Stadtführer ...
   - (a) mag diesen Rundgang sehr.
   - (b) berichtet gern über viele Details.
   - (c) kennt die Interessen seiner Zuhörerinnen und Zuhörer.

3. Leipzig ist eine Stadt mit ...
   - (a) vielen jungen Leuten.
   - (b) schönen Hochschulen.
   - (c) besonders jungen Touristen.

4. Wo ist die Führung zu Ende?
   - (a) Am Hauptbahnhof.
   - (b) Auf dem Augustusplatz.
   - (c) Auf dem Markt.

5. Bei Interesse an einem bestimmten Thema soll man ...
   - (a) dem Stadtführer Bescheid sagen.
   - (b) ein Buch kaufen.
   - (c) einen Experten fragen.

> Sie hören diesen Text nur einmal. Lesen Sie die Aufgaben deshalb vor dem Hören ganz genau und markieren Sie Schlüsselwörter. Das hilft Ihnen dann während des Hörens.

3 **SPRECHEN** **Unterhalten Sie sich mit Ihrer Partnerin / Ihrem Partner über folgende Themen.**

- Name
- Woher sie oder er kommt
- Wie sie oder er wohnt (Wohnung, Haus, Garten ...)
- Familie
- Wo sie oder er Deutsch gelernt hat
- Was sie oder er macht (Schule, Studium, Beruf ...)
- Sprachen (welche? wie lange? warum?)

> Auf diese Prüfungsaufgabe können Sie sich gut vorbereiten. Sie sollen sich vorstellen und jemanden kennenlernen. Überlegen Sie sich vor der Prüfung, was Sie zu den Punkten sagen möchten. Bereiten Sie auch Fragen mit unterschiedlichen Formulierungen vor, die Sie Ihrer Partnerin / Ihrem Partner stellen könnten.
> In der Prüfung stellen Ihnen die Prüfer/innen vielleicht noch weitere Fragen, zum Beispiel wie Sie das Wochenende verbringen oder welche Hobbys Sie haben. Auch auf diese Themen können Sie sich gut vorbereiten.

EXTRA PRÜFUNG

4 SPRACHBAUSTEINE **Lesen Sie den Text und schließen Sie die Lücken 1 bis 10.** Welche Lösung (a, b oder c) ist jeweils richtig?

> Liebe Samantha,
> heute möchte ich (1 ......) endlich mal wieder bei dir melden. Ich hoffe, (2 ......) es dir gut geht.
> Mir geht es sehr gut und ich habe (3 ......) große Neuigkeit: Ich ziehe aufs Land. Ich habe mit meinem Bruder zusammen ein Haus (4 ......) einem Dorf im Schwarzwald gekauft. Es ist (5 ......) alt und total kaputt. Aber du weißt ja, wie gern ich mit meinen Händen arbeite. Wir werden das Haus wieder aufbauen und dann dort (6 ......).
> Ich habe auch meinen Job gekündigt. Ich (7 ......) ja nicht im Schwarzwald wohnen und in Berlin arbeiten, das geht nicht. Ich hoffe, dass ich dort bald etwas Neues finde. (8 ......) nicht, dann habe ich mehr Zeit für das Haus. Nur das Geld wird dann vielleicht knapp.
> So, das waren auch schon meine (9 ......) Neuigkeiten. Schreib mir doch, (10 ......) es in deinem Leben Neues gibt!
> Liebe Grüße
> Lucien

1. a) mir
   b) mein
   c) mich

2. a) dass
   b) ob
   c) wenn

3. a) ein
   b) eine
   c) einer

4. a) in
   b) von
   c) aus

5. a) gern
   b) gerade
   c) ganz

6. a) lebten
   b) gelebt
   c) leben

7. a) darf
   b) kann
   c) soll

8. a) Wenn
   b) Warum
   c) Aber

9. a) große
   b) großer
   c) großen

10. a) das
    b) welche
    c) was

> Hier müssen Sie meistens die richtige grammatische Formulierung (zum Beispiel den richtigen Kasus von Adjektiven oder Personalpronomen) finden. Lesen Sie die E-Mail zuerst komplett und dann die Sätze mit den Lücken noch einmal ganz genau. Finden Sie gleich eine der Lösungen passend? Dann markieren Sie diese. Der erste Eindruck ist hier oft auch der richtige.

5 SCHREIBEN **Schreiben Sie eine E-Mail (ca. 80 Wörter).**

Seit einer Woche haben Sie eine neue Kollegin / einen neuen Kollegen. Sie finden sie / ihn sehr sympathisch und erzählen einer Freundin / einem Freund von dieser Bekanntschaft.

- Beschreiben Sie die neue Kollegin / den neuen Kollegen.
- Begründen Sie: Warum finden Sie sie / ihn sympathisch?
- Laden Sie Ihre Freundin / Ihren Freund ein, gemeinsam zu dritt etwas zu unternehmen.

Schreiben Sie etwas zu allen drei Punkten. Achten Sie auf den Textaufbau (Anrede, Einleitung, Reihenfolge der Inhaltspunkte, Schluss).

> Auf diese Aufgabe können Sie sich gut vorbereiten. Wiederholen Sie dafür die Merkmale von privaten E-Mails, zum Beispiel die Grußformeln für die Anrede und den Schluss.
> Liebe …, / Lieber …,
> Viele Grüße / Herzliche Grüße

> Achten Sie darauf, dass Sie zu allen drei Punkten etwas schreiben. Die Texte zu den einzelnen Punkten sollten dabei immer ungefähr gleich lang sein.

ESSEN UND TRINKEN
Gemeinsam essen

1 WÖRTER **Welches Wort passt nicht? Streichen Sie es durch.** → KB 1

1. die Gabel – der Löffel – das Messer – ~~die Schere~~
2. die Schüssel – der Teller – der Topf – die Vase
3. das Brot – das Gemüse – die Kohle – der Reis
4. die Feier – die Nachspeise – die Suppe – die Vorspeise
5. backen – reservieren – braten – grillen

2 WÖRTER **Lösen Sie das Rätsel und finden Sie das Lösungswort.** → KB 1

1. Er ist für Steaks, Würstchen und Gemüse. Meistens steht er im Garten.
2. Es ist typisch für die Schweiz. Man braucht dafür viel Käse.
3. Bratwurst mit Kartoffeln ist ein typisches deutsches …
4. Das Nomen zu *schmecken* heißt *der* …
5. ein anderes Wort für eine kleine Schüssel
6. Weil ich Geburtstag habe, feiere ich mit Freunden eine …

Lösung: _____

	1				L		
2	F						
	3				I		
4	G	E	S	C	H	M	A	C	K
	5				L		
	6	P					

3 KOMMUNIKATION **Lesen Sie den Beitrag und ergänzen Sie die fehlenden Buchstaben.** → KB 2

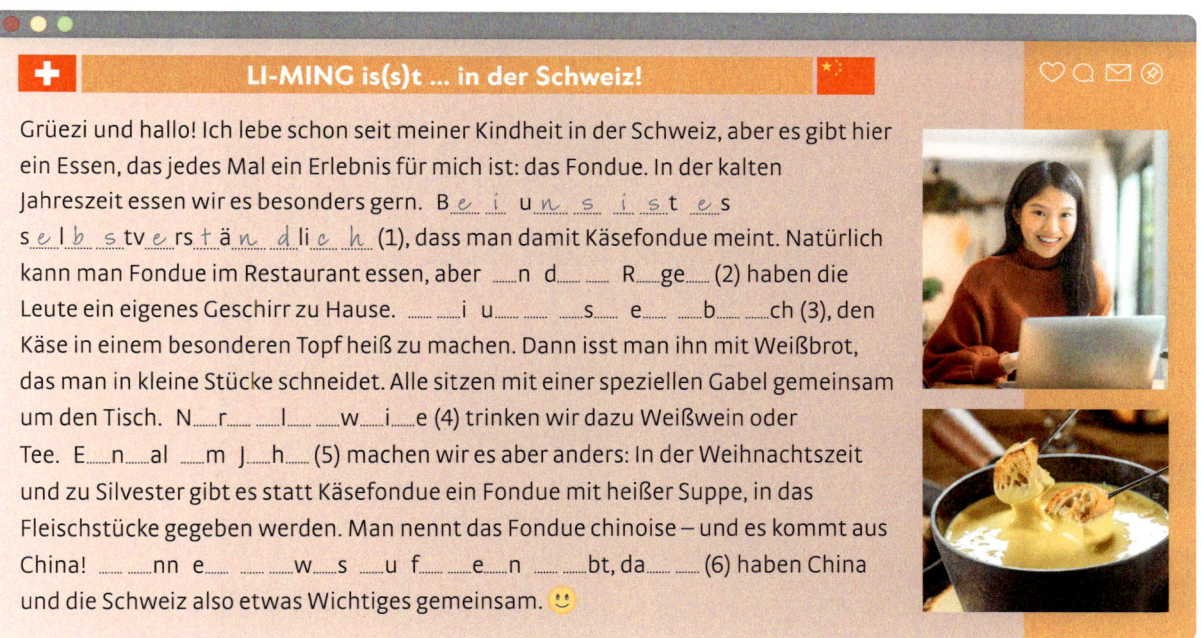

LI-MING is(s)t … in der Schweiz!

Grüezi und hallo! Ich lebe schon seit meiner Kindheit in der Schweiz, aber es gibt hier ein Essen, das jedes Mal ein Erlebnis für mich ist: das Fondue. In der kalten Jahreszeit essen wir es besonders gern. B__ei__ u__ns__ is__t es__ selbstverständlich (1), dass man damit Käsefondue meint. Natürlich kann man Fondue im Restaurant essen, aber __in d__er R__e__ge__l__ (2) haben die Leute ein eigenes Geschirr zu Hause. __M__i__t__ u__n__s__e__r__em __b__u__ch (3), den Käse in einem besonderen Topf heiß zu machen. Dann isst man ihn mit Weißbrot, das man in kleine Stücke schneidet. Alle sitzen mit einer speziellen Gabel gemeinsam um den Tisch. N__u__r __s__e__l__t__e__n w__i__e (4) trinken wir dazu Weißwein oder Tee. E__i__n__m__al __im J__a__h__r__ (5) machen wir es aber anders: In der Weihnachtszeit und zu Silvester gibt es statt Käsefondue ein Fondue mit heißer Suppe, in das Fleischstücke gegeben werden. Man nennt das Fondue chinoise – und es kommt aus China! __We__nn e__s __w__a__s u__s__f__e__n __h__a__bt, da__nn__ (6) haben China und die Schweiz also etwas Wichtiges gemeinsam. 🙂

4 WÖRTER **Was passt? Markieren Sie.** → KB 4

Gestern ging ich ins neue Lokal um die Ecke. Weil ich allein war, setzte ich mich an einen (Einzeltisch) / Herd (1). Es gab ein sehr günstiges Café / **Menü** (2): Tomatensuppe, Wiener Schnitzel und Eis. Mein Hunger war allerdings nicht groß und drei **Gänge** / Schüsseln (3) waren zu viel für mich. Ich hatte nur Lust auf einen Salat und etwas Süßes, deswegen bestellte ich am Schluss ein leckeres Angebot / **Dessert** (4). Das neue Restaurant scheinen auch **Berufstätige** / Kellner (5) zu schätzen: Mittags verbringen nämlich viele hier ihre Pause. Das Personal arbeitet schnell und verliert nie den Eintopf / **Humor** (6), auch wenn viel los ist. Man hat sofort das **Gefühl** / Problem (7), zu Hause zu sein. Vielleicht komme ich mal am Abend mit meiner Frau vorbei und lade sie **zum Dinner** / zur Runde (8) ein.

5 WÖRTER Was passt? Lesen Sie die Beiträge und ergänzen Sie die Verben in der richtigen Form. → KB 4

ausgehen   ausprobieren   decken   duften   entscheiden   ~~genießen~~   spüren   wechseln

Café NEUSTART
Seniorinnen und Senioren backen für euch!

Öffnungszeiten: täglich 9:00–18:00 Uhr
Bewertungen: 518 ★★★★★

GourMann ★★★★★
Die Idee von *Neustart* ist echt toll! Pensionierte Leute, die allein sind, backen und arbeiten im Café. So nehmen sie wieder aktiv am Leben teil und junge Besucherinnen und Besucher _genießen_ (1) die fantastischen Kuchen und Torten. Man kann als Gast jede Sekunde die Freude _____ (2), mit der hier gearbeitet wird.

Ulrike50 ★★★☆☆
Der Minuspunkt bei unserem Besuch: Wir mussten den Tisch _____ (3), als eine Reisegruppe kam. Aber die Torte war sehr gut und das Personal _____ (4) die Tische mit viel Liebe: Die Blumen waren ganz frisch und das Geschirr echt schön. 🙂

Camillo ★★★★☆
Ich wollte dieses Café immer schon mal _____ (5). Jetzt habe ich es endlich gemacht und bin begeistert! Es ist nicht nur ein Erlebnis für den Mund, sondern auch für die Nase: Schon beim Reinkommen _____ (6) es herrlich.

Madame Elena ★★★★★
Neulich konnten wir uns nicht _____ (7): Sollen wir am Fluss Eis essen oder das Café *Neustart* probieren? Zum Glück hat mich meine Freundin überzeugt. Wenn ich das nächste Mal _____ (8) will, komme ich sicher wieder. Meine Empfehlung: der wunderbare Apfelkuchen!

6a KOMMUNIKATION Lesen Sie die Kommentare und schreiben Sie die Redemittel richtig. → KB 4

DietRich92: Hey, Leute! Zum Geburtstag habe ich eine Einladung zum Essen im Dunkeln bekommen. Man sieht absolut nichts und wird von blinden Kellnerinnen und Kellnern bedient. Hat jemand von euch schon Erfahrungen damit gemacht?

KOMMENTIEREN

Mimi: Leider habe ich bis jetzt nur davon gehört. _Ich hätte Lust, das auszuprobieren_ (hätte – das – Lust, – Ich – auszuprobieren) (1), weil es sicher sehr spannend ist. Falls du also noch jemanden suchst, der dich begleiten soll: Ich komme mit! 🙂

MisterRi: _____ (so – kann – vorstellen – gut – Ich – mir – nicht) (2), beim Essen nichts zu sehen. Ich möchte genau wissen, was auf meinem Teller liegt. Außerdem muss man sicher sein Handy ausmachen, weil ja kein Licht erlaubt ist.

Pablo: Vor einem Monat habe ich das Lokal besucht und kann es absolut empfehlen! @MisterRi: _____ (gut – dass – Besonders – mir, – gefällt) (3) Handys verboten sind. So kann man die Speisen wirklich in Ruhe genießen.

Corin!na: _____ (seltsam, – finde – es – dass – Ich) (4) manche diese Idee gut finden. Ich hätte die ganze Zeit Stress! Und wie findet man dort zur Toilette?

---

b SCHREIBEN Verfassen Sie einen eigenen Kommentar (30 – 40 Wörter). Die Redemittel aus a helfen Ihnen.

7 WÖRTER Lesen Sie den Tipp unten und dann den Text. Wie heißt das Adjektiv als Nomen? Ergänzen Sie mit Artikel. → KB 4

In Südtirol freuen sich alle, wenn die Blätter gelb werden. Denn _das Besondere_ (besonders) (1) im Herbst ist das sogenannte Törggelen. Die Leute wandern durch die Weingärten. Dabei kann man _____ (schön) (2) mit _____ (angenehm) (3) verbinden: Neben der Natur genießt man den jungen Wein in einem besonderen Lokal, das man Buschenschank nennt. Viele Leute in Südtirol lieben _____ (gemeinsam) (4) beim Törggelen. _____ (positiv) (5) für den Tourismus ist, dass auch viele ausländische Besucherinnen und Besucher wegen dieser Tradition nach Südtirol kommen.

> Man kann aus Adjektiven Nomen bilden, zum Beispiel wenn man allgemeine Dinge, Themen oder Situationen beschreibt. Das Nomen ist neutral, wird großgeschrieben und braucht eine Endung wie ein Adjektiv: *Das Besondere ist … / … mit dem Besonderen.*

8 GRAMMATIK Welche Präpositionen passen? Markieren Sie. → KB 7

	an	auf	mit	über	von	vor
1. achten		X				
2. anfangen						
3. denken						
4. sich freuen						
5. sich fürchten						
6. träumen						

9 GRAMMATIK Finden Sie noch fünf Fragewörter mit Präposition und ergänzen Sie. → KB 7

WARIN(WORAN)KHERWOSWOMITWIRDARIEWORÜBERSOFWANWOVORM
OSIWURWORAUFBINWUWOVONDA

DER STADTSPION – Wir finden für Sie die spannendsten Neuigkeiten und Geschichten!

Warum Eva Hersfeld lieber altes als frisches Brot hat, erzählt sie in unserem Interview aus der Reihe „7 schnelle Fragen"!

StadtSpion: Frau Hersfeld, Sie haben den Preis für die beste Geschäftsidee des Jahres bekommen. Sagen Sie doch kurz für alle, die Sie noch nicht kennen: _____ (1) beschäftigen Sie sich genau?
E. Hersfeld: Ich wollte schon lange etwas für Klima und Umwelt tun. So hatte ich die Idee zu „Brot 2.0".
StadtSpion: Was ist das genau?
E. Hersfeld: Da muss ich jetzt Sie fragen: _Woran_ (2) denken Sie, wenn Sie „Brot 2.0" hören?
StadtSpion: Ich denke an eine moderne Bäckerei.
E. Hersfeld: Ja, so etwas Ähnliches ist es. Bäcker bringen Brot und Gebäck, das sie nicht verkaufen konnten, in Cafés. Am nächsten Tag macht man dort daraus leckere Gerichte, zum Beispiel Brotpudding, Müsli oder Brotsalat. So kommen Lebensmittel, die noch gut sind, nicht in die Mülltonne.
StadtSpion: Und _____ (3) müssen die Geschäftspartner besonders achten?
E. Hersfeld: Dass immer sauber gearbeitet wird. Obwohl alles streng kontrolliert wird, sind manche von der Idee aber nicht überzeugt.
StadtSpion: Warum denn? _____ (4) fürchten sie sich?
E. Hersfeld: Manche haben Angst, dass ihre Kunden keine Speisen aus Brot vom Vortag wollen.
StadtSpion: Zum Glück hat Ihre Idee aber schon Erfolg. Gibt es etwas, _____ (5) Sie sich in letzter Zeit besonders gefreut haben?
E. Hersfeld: Dass sogar eines der beliebtesten Cafés in der Stadt mitmacht und die Öffentlichkeit informiert!
StadtSpion: Gibt es noch andere Dinge, die Sie gern machen würden? _____ (6) träumen Sie?
E. Hersfeld: Da gibt es Vieles!

10a GRAMMATIK Welche Form ist richtig? Markieren Sie. → KB 7

◆ Hallo, Paul! Morgen ist ja die Überraschungsparty für Mona im Café *Surprise*. Ich habe schon mit dem Personal gesprochen.
▲ Oje, dein Handyempfang scheint sehr schlecht zu sein. (Mit wem)/ Womit (1) hast du gesprochen?
◆ Mit dem Personal. Alle wissen, was wir geplant haben. Wenn du um 20 Uhr kommst, musst du nur nach Frank fragen.
▲ Wie bitte? Nach wem / Wonach (2) soll ich fragen?
◆ Nach Frank! Er ist der Chef des Cafés. Du kannst ihn an seiner Frisur erkennen.
▲ An wem / Woran (3) kann ich ihn erkennen?
◆ An seiner Frisur! Er hat lange, schwarze Haare. Ich habe mit ihm genau über das Programm gesprochen.
▲ Oje, ich verstehe dich fast gar nicht. Über wen / Worüber (4) habt ihr gesprochen?
◆ Über das Programm! Es soll ja Musik, ein Buffet und auch eine Rede geben. Ich möchte ein bisschen von Mona erzählen.
▲ Von wem / Wovon (5) möchtest du erzählen?
◆ Von Mo-naaaa! Mensch, ich rufe dich besser später an. Dann reden wir in Ruhe über die geplante Überraschung, okay?
▲ Wie bitte? Über wen / Worüber (6) sollen wir reden? Hallo!? Oje, die Verbindung ist weg. Ich glaube, ich rufe mal Mona an und frage sie, was sie weiß …

b Lesen Sie noch einmal das Gespräch in **a**. Ergänzen Sie Beispiele aus dem Dialog.

> 1. Fragewort bei Sachen / Themen: *wo-* + Präposition *Wovon?*
> *wo-* + *r* + Präposition _____
> Achtung: Man braucht ein extra *-r-*, wenn die Präposition mit *a, i, u* oder *ü* beginnt.
> 2. Fragewort bei Personen: Präposition und Fragewort _____ …

11 GRAMMATIK Lesen Sie die Fragen und die Antworten. Ergänzen Sie dann das Fragewort und verbinden Sie. → KB 7

Willkommen zum SPEED-DATING-ABEND!
Lern die Person gegenüber in nur 2 Minuten kennen und stell ihr 6 Fragen.

Für neue Ernährungstrends.

Sag mir doch mal schnell …

1. *Wofür* interessierst du dich besonders?
2. _____ kann man dir eine große Freude machen?
3. _____ würdest du gern einmal ausgehen?
4. _____ hast du Angst?
5. _____ kannst du lachen?
6. _____ möchtest du mich noch fragen?

ⓐ Mit einem berühmten Filmstar.
ⓑ Nach deiner Handynummer.
ⓒ Für neue Ernährungstrends.
ⓓ Vor zu vielen Fragen.
ⓔ Über meinen besten Freund. Er ist so witzig.
ⓕ Mit einem Lied, aber nur wenn es selbst geschrieben ist.

12 GRAMMATIK Was passt? Lesen Sie die E-Mail und ergänzen Sie. → KB 8

dafür damit daran ~~darauf~~ darauf davor

Liebe Jana,
ich schreibe dir schnell aus der Mittagspause von meinem ersten Arbeitstag in der Pension Krachbaum. Der Vormittag war furchtbar! Mein Kollege Carlo in der Küche ist eine Katastrophe: Am Morgen hat er nicht _darauf_ (1) geachtet, ob manche Gäste eventuell später frühstücken wollen. Er hat sofort alles zum Buffet gebracht und schon um 9 Uhr war alles leer. Um 10 Uhr hat er schon _____ (2) angefangen, den Salat für das Mittagessen zu waschen. Deswegen hatte er keine Zeit _____ (3), rechtzeitig mit der Suppe zu beginnen. Der Chef hatte dann eine lange Diskussion mit ihm. Und jetzt wartet Carlo immer _____ (4), dass ihm jemand sagt, was er tun soll. Er hat vom Kochen überhaupt keine Ahnung! 😣
Ich fürchte mich schon _____ (5), wieder zurück in die Küche zu gehen ... Aber ich erinnere mich _____ (6), was du letzte Woche gesagt hast: Aller Anfang ist schwer! Hoffentlich ist bei dir alles in Ordnung.
Liebe Grüße, Alex

13 GRAMMATIK da(r)- + Präposition oder Präposition und Pronomen? Ergänzen Sie die richtige Form. → KB 8

- ◆ Gestern war ich zum ersten Mal im Café *Handylos*. Es war eine ganz neue Erfahrung! Gehen wir doch morgen zusammen hin, wenn du Lust auf Kaffee und Kuchen hast.
- ▲ _Darauf_ (1) habe ich große Lust, aber dort ist doch Handyverbot. Wenn ich mein Smartphone nicht benutzen darf, habe ich Angst, wichtige Anrufe oder SMS zu verpassen.
- ◆ Aber _____ (2) brauchst du doch keine Angst zu haben. Denk doch einfach mal an deine Oma!
- ▲ Warum soll ich _____ (3) denken?
- ◆ Weil sie ihr Leben lang kein Handy hatte und trotzdem das Ausgehen genießen konnte. Glaub mir, eine digitale Pause ist sehr angenehm. Im Café *Handylos* gibt es Musik und der Besitzer sorgt für gute Stimmung.
- ▲ _____ (4) sorge ich normalerweise selbst: Ich höre Podcasts, poste etwas im Netz auf Nicebook ...
- ◆ ... und sitzt einsam am Tisch und redest mit keinem! Schreib doch mal über das Café *Handylos*. Das wird deine Follower überraschen!

14 WÖRTER Lesen Sie die Anzeigen und ergänzen Sie die fehlenden Buchstaben. → KB 10

www.essstudio.com
Wie kann ich mich gesund e_r_ _n_ä_h_r_e_n_ (1)? Unser Tipp: Essen Sie wenig Zucker und verzichten Sie auf A_ko____ (2). Und nehmen Sie sich Zeit! Wenn Sie Speisen ohne Stress z_b____ei_____ (3) und dann in Ruhe genießen, tun Sie Ihrem Körper etwas Gutes.

www.gruenkoch.de

Sei dabei ohne Ei! Einmal pro Woche v____a__ (4) essen? Das ist gar nicht schwer! Wir liefern leckeres F____ng____fo____ (5) direkt zu Ihnen nach Hause! Oder lieber ein komplettes Menü? Egal ob Suppen, Salate, Snacks mit ____üs____n (6) oder feine Desserts.

www.will-stil.com
Keine Idee, wie Ihr Tisch aussehen soll? Dann kontaktieren Sie uns! Wir helfen Ihnen, für jedes Festessen die richtige D____o____ti____ (7) zu finden. Egal ob ____müt____h____r (8) Spieleabend oder elegantes Dinner. Wir entwickeln spezielle Angebote: vom lustigen M____o (9) bis zum Blumenschmuck. So wird Ihre persönliche Feier zum besonderen Erlebnis!

15a KOMMUNIKATION Lesen Sie die Nachrichten und ordnen Sie zu. → KB 10

(a) Ich finde den Vorschlag gut, weil   (b) Ich habe einen anderen Vorschlag: (c) Können wir uns darauf einigen?
(d) Sollen wir vielleicht lieber   (e) Wärt ihr damit einverstanden?   (f) Was haltet ihr davon, wenn

JOBFRIENDS

LILLY: Hi Leute! Unser Kollege Lars kommt ja in zwei Wochen von seiner Weltreise zurück. Deswegen möchte ich gern eine kleine Feier in einem Restaurant organisieren. ... (1 _e_) 🙂

IOAN: Also, mir wäre es lieber, wenn wir das gemeinsam machen. ... (2 ___) jede/r von uns eine eigene Aufgabe übernimmt? Ich könnte ein paar nette Lokale suchen und eine Liste zur Auswahl an alle schicken.

FEI LING: Aber im Restaurant müssen wir im Voraus reservieren und jetzt vor Weihnachten ist vieles schon ausgebucht. ... (3 ___) Machen wir doch ein Buffet in der Firma! Dann kann jede/r in Ruhe mit Lars reden.

ERIK: (4 ___) einen Partyraum mieten? In der Firma ist ja nicht so viel Platz ...

IOAN: Ein Partyraum? Cool! ... (5 ___) wir dann nicht selbst aufräumen müssen. 🤔

LILLY: Dann machen wir es doch so: Ich organisiere einen Raum. Und wir machen ein buntes internationales Buffet, für das jede/r von uns etwas mitbringt. Als Motto nehmen wir „Wie is(s)t die Welt?". ... (6 ___)

FEI LING: Perfekt! Jetzt müssen wir nur noch die anderen Kolleg*innen informieren ... 👍

b SCHREIBEN Sie sind Teil der Chatgruppe. Verfassen Sie eine Einladung (50 – 60 Wörter) für den gemeinsamen Abend unter dem Motto „Wie is(s)t die Welt?".

Aussprache: Betonung bei Präpositionalpronomen

1a Hören Sie das Gespräch und markieren Sie in den fett markierten Wörtern die betonte Silbe.

◆ Hm, du kochst so gut. Hast du schon einmal **da(ran)** gedacht, ein Restaurant zu eröffnen?
▲ Nein, **daran** habe ich noch nie gedacht. Und du?
◆ Ich schon. Ich träume **davon**, eines Tages mein eigenes veganes Restaurant zu haben.
▲ Wirklich? **Davon** träume ich eher nicht. Nur vegan zu kochen, stelle ich mir ziemlich schwierig vor. Weißt du übrigens, dass du als Veganer **darauf** achten musst, ausreichend Bohnen und Nüsse zu essen?
◆ Ja, weiß ich. **Darauf** achte ich natürlich. Ich beschäftige mich sehr viel mit gesunder Ernährung.
▲ Ich habe den Eindruck, dass sich heutzutage fast alle außer mir **damit** beschäftigen.
◆ **Damit** sollte man sich auch beschäftigen. Das ist sehr wichtig.
▲ Ach was. Ich esse lieber, was mir schmeckt.

> Normalerweise wird bei Präpositionalpronomen die Präposition betont *(daran)*. Wenn man das Präpositionalpronomen besonders betonen möchte, wird jedoch **da(r)-** betont. Meist steht das Präpositionalpronomen dann am Satzanfang.

b Hören Sie noch einmal und sprechen Sie die Rolle von ▲. Achten Sie besonders auf die korrekte Betonung der fett markierten Wörter.

Selbstkontrolle

1 WÖRTER Lesen Sie die E-Mail. Bilden Sie dann die Wörter und ergänzen Sie sie.

Al | be | De | Des | de | Ge | fühl | hol | ko | Hu | ko | Me | mor | nü | ra | Run | Schei | sert | tion

Liebe Mara,
du wolltest ja unbedingt wissen, wie das große Herbstdinner bei Jonas war. Ich kann nur sagen: Fantastisch! Jonas hat sich große Mühe mit der .... (1) gegeben: Die Tische waren wunderschön gedeckt und überall standen Blumen. Und es gab ein 4-Gänge-............................ (2)! Am Besten hat mir die Vorspeise geschmeckt: eine .... (3) frisches Weißbrot, dazu spanischer Schinken. Und ich habe sogar ein Glas Champagner probiert, obwohl ich normalerweise ja keinen .... (4) trinke. Am Schluss gab es noch ein .... (5) mit weißer Schokolade, aber ich war schon so voll, dass ich gar nichts mehr essen konnte. Wir waren eine nette .... (6) und ich hatte total viel Spaß, besonders mit Olli, einem Arbeitskollegen von Jonas. Er kann super Witze erzählen und hat viel .... (7). Ich habe das .... (8), dass er mich wieder treffen will. Hoffentlich meldet er sich bald bei mir …
Liebe Grüße, Nika

.... / 8 Punkte   😀 5 – 8 Punkte   ☹ 0 – 4 Punkte

2 GRAMMATIK Was passt? Markieren Sie.

1. ◆ Für wen / Wofür kocht ihr hier in eurer Küche?
   ▲ Für Senioren, die nicht so viel Geld haben.
2. ◆ Über wen / Worüber freust du dich besonders?
   ▲ Über das positive Feedback unserer Gäste.
3. ◆ An wen / Woran erinnerst du dich gern?
   ▲ An mein Praktikum in Italien. Dort habe ich viel gelernt.
4. ◆ Brauchst du noch Zeit für dein nächstes Küchen-Projekt?
   ▲ Ja, dafür / für es brauche ich noch zwei Monate.
5. ◆ Willst du das Projekt mit Freunden realisieren?
   ▲ Unbedingt! Damit / Mit ihnen klappt sicher alles besser.

.... / 5 Punkte   😀 3 – 5 Punkte   ☹ 0 – 2 Punkte

3 KOMMUNIKATION Lesen Sie die Nachrichten. Ergänzen Sie die fehlenden Buchstaben.

SYLVIE: Hi Mädels! Freitagabend steht vor der Tür!! ___s h___ et ___r da___ (1), wenn wir in die Robo-Bar gehen? Dort bringt ein sprechender Roboter die Getränke zum Tisch.

KIM: Ein sprechender Roboter? Cool! I___ fi___ d___ sch___ g von Sylvie ___r g___ (2).

JULE: I___ e ___ne ___der V___ sch___ (3): Probieren wir doch das Katzen-Café im Zentrum aus! Ich mag Tiere lieber als Roboter. Wir könnten uns um 19 Uhr dort treffen. ___rt i___ am ___ve___ tan___ (4)?

RITA: Aber sowohl die Robo-Bar als auch das Katzen-Café sind doch ziemlich teuer. So___ w___ lle___ ht ___er (5) ins Zahl-wieviel-du-willst-Café gehen?

SYLVIE: Stimmt! Dort gibt es coole Musik und unsere Geldbörsen freuen sich auch. 🙂 Also morgen um 19 Uhr direkt dort? ___nn___ w___ s ___ra f ei___ g___ (6)?

KIM: Ich bin dabei!!

.... / 6 Punkte   😀 4 – 6 Punkte   ☹ 0 – 3 Punkte

5
KLEIDUNG
Im Schrank

1 WÖRTER Wie kann man das anders sagen? Ergänzen Sie die Verben in der richtigen Form. → KB 1

achten anprobieren bestehen halten produzieren zustimmen

1. Aus welchem Material sind diese Stiefel? = Aus welchem Material *bestehen* diese Stiefel?
2. In welchem Land wurden sie hergestellt? = In welchem Land wurden sie _____?
3. Schaust du auf so etwas? = _____ du auf so etwas?
4. Willst du sie mal anziehen und testen? = Willst du sie mal _____?
5. Die kann man bestimmt nicht lange benutzen. = Die _____ bestimmt nicht lange.
6. Da bin ich deiner Meinung. = Da _____ ich dir _____.

2 WÖRTER Wie heißen die Nomen? Ergänzen Sie die fehlenden Buchstaben. → KB 1

Worauf achten Sie beim Kleiderkauf?
- 49 % auf faire Pr_e_ _i_ _s_ _e_ (1)
- 37 % auf gute Qu__l__t__t (2)
- 36 % auf die M__rk__ (3)
- 14 % auf strenge Öko-K__ntr__ll__n (4)
- 11 % auf gute Produktionsb__d__ng__n (5)
- 8 % auf recycelte M__t__r__l__n (6)

3 WÖRTER Lösen Sie das Rätsel. → KB 3

1. ... ist ein Material, das aus Pflanzen hergestellt wird.
2. Wenn die Sonne auf schwarze Kleidung scheint, spürt man schnell die ...
3. Das ... ist der Ort, wo man ständig lebt.
4. Ein Hemd oder ein Mantel ist ein ...
5. Schmutzige ... kommt zum Waschen in die Waschmaschine.
6. Beim Gehen macht man einen ... nach dem anderen.
7. Im ... von Geschäften liegen Sachen zum Anschauen.
8. Viele Strände am Meer haben weißen ...
9. In einer ... erzählt eine Autorin / ein Autor etwas auf wenigen Seiten.

Lösung: Mit seiner Partnerin / seinem Partner hat man eine _____.

1 B _ _ _ _ _ _ _
2 W Ä _ _ _
3 Z _ H _ _ E _
4 K _ _ _ _ _ _
5 W _ _ _ _ _
6 S _ _ _ _ _ _
7 S _ _ _ _ _ _ _ _ _
8 S _ _ _
9 K _ _ _ _ _ _ _ _ _

AB · MODUL 2 · SEITE 32

4 WÖRTER Lesen Sie die Nachricht. Welche Wörter und Ausdrücke haben eine ähnliche Bedeutung? Ordnen Sie zu. → KB 3

Mensch, schau mal, wie dein Zimmer wieder aussieht! Kannst du bitte mal die Sachen aufheben (1) und auf den Stuhl legen? Und muss die Jogginghose nicht in die Wäsche (2)? Ich fange langsam an, mir Sorgen zu machen (3). Wieso räumst du nie auf? Wir haben schon so oft darüber geredet. Ich bin irgendwie enttäuscht (4), dass sich gar nichts ändert. Wie soll das weitergehen (5)? Ich hatte ja schon gehofft, dass du irgendwann deine Liebe zur Ordnung entdeckst (6)…

_____ finden
_____ traurig sein
_1_ hochnehmen, hier: vom Teppich wegnehmen
_____ in der nächsten Zeit werden
_____ Angst haben / unruhig werden
_____ gewaschen werden müssen / schmutzig sein

5 WÖRTER Lesen Sie die Titelseite eines Magazins. Ordnen Sie die Gegensätze dann in die Tabelle ein. Nicht alles passt. → KB 3

Aktuelle Herbstmode:
Karierte Jacken zu engen Jeans

Perfekt für Ihr Training:
Yogahosen aus Bio-Baumwolle

Mit viel Herz:
Liebevolle Frühjahrsdekoration für die gemeinsame Wohnung

Einfarbig war gestern:
Ungewöhnliche Farbideen für Ihr Zuhause

Wieder im Trend:
Hellblaue Hemden zum Anzug

Gegensätze					
1. weit	↔	eng	4. gewöhnlich	↔	
2. bunt	↔		5. nicht gut	↔	
3. lieblos	↔		6. dunkelblau	↔	

6 WÖRTER 🔁 Lesen Sie den Tipp unten. Wie kann man das anders sagen? Ergänzen Sie *-voll* oder *-los*. → KB 3

1. Ein Leben ohne Mode hat keinen Zweck. = … ist zweck_los_.
2. Viele Geschäfte schauen mit großer Sorge in die Zukunft. = … sorgen_____ …
3. Die Schaufensterdekoration ist mit viel Fantasie gemacht. = … fantasie_____ …
4. Auch Mode-Influencer können nicht ohne Pause posten. = … pausen_____ …
5. Die Gesichtscreme hat keine Farbe. = … ist farb_____.
6. Das Geschenk wurde mit Liebe eingepackt. = … liebe_____ …
7. Das Badezimmer hat keine Fenster. = … ist fenster_____.
8. Um das Leben genießen zu können, braucht man Humor. = … muss man humor_____ sein.

[Aus Nomen kann man mit *-los* und *-voll* Adjektive bilden.]

7a KOMMUNIKATION Wie kann man das anders sagen? Ordnen Sie zu. → KB 3

(a) irgendwann (b) später (c) zum Schluss (d) Am Anfang (e) Seit diesem Tag (f) Alles fängt ... an

Alles beginnt (1 _f_) mit einer Einladung im Briefkasten. Ein guter Freund heiratet in einem halben Jahr. Anfangs (2 ......) freue ich mich auf die Feier, die in einem alten Schloss stattfinden soll. Doch eines Tages (3 ......) wache ich morgens mit der Frage auf: Was ziehe ich nur an? Seitdem (4 ......) suche ich nach einem passenden Kleidungsstück. Zuerst habe ich online gesucht, danach (5 ......) in allen möglichen Geschäften und am Ende (6 ......) war ich einfach nur ratlos. Jetzt frage ich mich sogar, ob ich überhaupt zu dieser Hochzeit gehen soll. Kennt ihr das auch?

b SCHREIBEN Bringen Sie die Bilder in eine sinnvolle Reihenfolge. Verfassen Sie dann eine Geschichte zu den Bildern. Verwenden Sie mindestens vier Ausdrücke aus a.

sich freuen

Nachricht von Maria bekommen / treffen

nichts mehr von Maria hören

eine Jeans mit weißem Hemd wählen / auf dem Weg zum Kino / merken: Hemd einen gelben Fleck haben

Nachricht an Maria schicken / Treffen verschieben

unsicher werden / Kleidung anprobieren / nicht gefallen / zu eng sein

Alles beginnt mit einer Nachricht von Maria. Sie möchte Robin am Samstag ...

8a WÖRTER Die markierten Verben stehen an der falschen Stelle. Korrigieren Sie. → KB 4

Ich nicke den Kopf,
weil ich es nicht glauben kann.
Mein Atem klopft schnell,
meine Beine kommen .
Mein Herz geht laut.
Ich sehe dich an und frage:
„Warum zittern deine Augen?"
Du lächelst und sagst: „Wegen uns.
Ich freue mich, dass es uns gibt."
Mir leuchten die Tränen.
Ich schüttele und sage „Ja" – atemlos vor Glück.

1. schüttele
2. ....
3. ....
4. ....
5. ....
6. ....
7. ....

b SCHREIBEN Stellen Sie sich vor: Sie sollen vor 200 Menschen ein Lied singen. Wie fühlen Sie sich, wie reagiert Ihr Körper? Beschreiben Sie (ca. 20 Wörter). Die Ausdrücke aus **a** helfen Ihnen.

Wenn ich vor 200 Menschen ein Lied singen müsste, würden meine ...

9a GRAMMATIK Welches Bild passt? Ordnen Sie zu. → KB 5

○ Mir sind Rollkragenpullover oft zu eng. Trotzdem trage ich sie immer wieder.

○ Ich finde Rollkragenpullover schön warm. Deswegen trage ich sie gern.

b Was passt? Ergänzen Sie *deswegen* oder *trotzdem*.

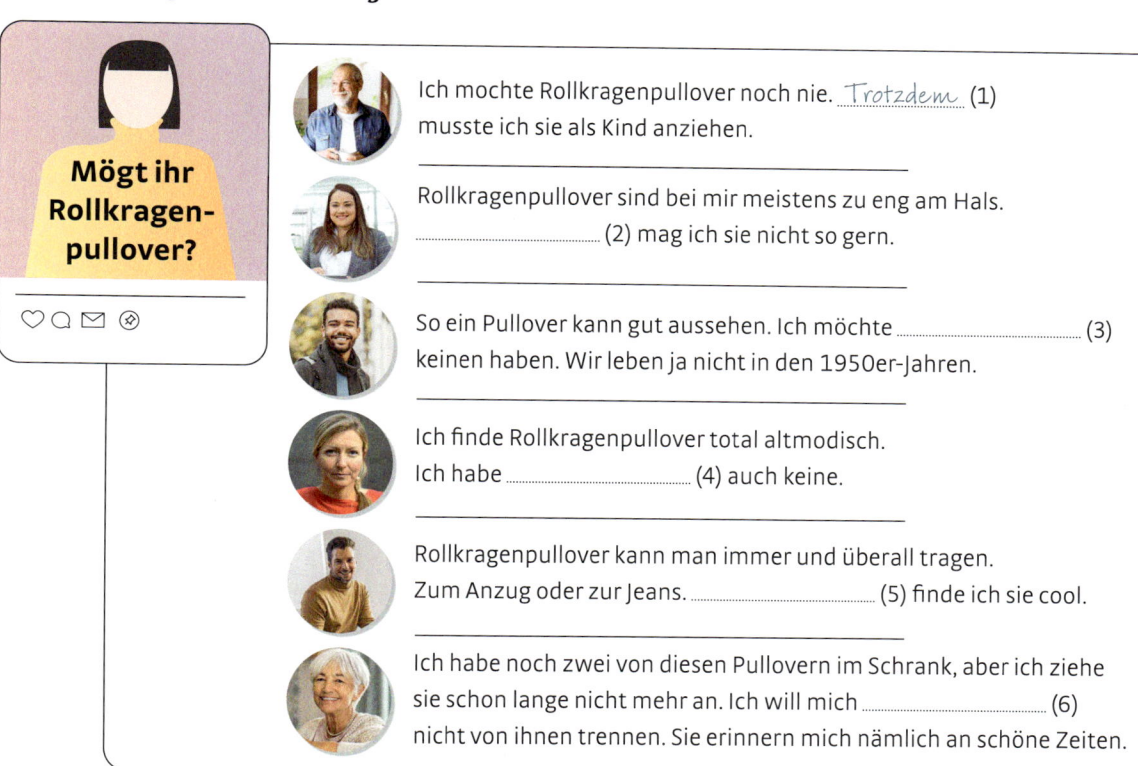

Ich mochte Rollkragenpullover noch nie. Trotzdem (1) musste ich sie als Kind anziehen.

Rollkragenpullover sind bei mir meistens zu eng am Hals. .... (2) mag ich sie nicht so gern.

So ein Pullover kann gut aussehen. Ich möchte .... (3) keinen haben. Wir leben ja nicht in den 1950er-Jahren.

Ich finde Rollkragenpullover total altmodisch. Ich habe .... (4) auch keine.

Rollkragenpullover kann man immer und überall tragen. Zum Anzug oder zur Jeans. .... (5) finde ich sie cool.

Ich habe noch zwei von diesen Pullovern im Schrank, aber ich ziehe sie schon lange nicht mehr an. Ich will mich .... (6) nicht von ihnen trennen. Sie erinnern mich nämlich an schöne Zeiten.

c Schreiben Sie die Sätze aus **b** neu – mit *deswegen* und *trotzdem* an einer anderen Position im Satz.

1. Als Kind musste ich sie trotzdem anziehen.
2. ...

10 GRAMMATIK Ergänzen Sie die Sätze: einmal mit *da* und einmal mit *obwohl*. → KB 5

1. Ich benutze das alte karierte Handtuch am liebsten, ... (so schön weich / schon ganz hart)
2. Ich kaufe diese Schuhe, ... (so günstig / so teuer)
3. Ich verkaufe meinen alten Mantel, ... (zu eng sein / noch gut passen)
4. Ich trage oft weite Hosen, ... (sehr bequem / etwas altmodisch)

1. Ich benutze das alte karierte Handtuch am liebsten, da es so schön weich ist. / obwohl es schon ganz hart ist.

11a WÖRTER Welche Wörter drücken Gegensätze aus? Verbinden Sie. → KB 6

1. etwas wegwerfen
2. sich von jemandem trennen
3. etwas entdecken
4. sich von jemandem verabschieden
5. sich an etwas erinnern

a Hallo sagen
b etwas suchen
c zusammenbleiben
d etwas vergessen
e etwas behalten

b Lesen Sie den Beitrag. Ergänzen Sie die Verben aus der linken Spalte in a in der richtigen Form.

Wenn Paare getrennte Wege gehen. Welche Erfahrungen habt ihr gemacht?

Mein Partner und ich waren acht Jahre lang ein Paar. Vor zwei Monaten haben wir uns _getrennt_ (1), weil wir nur noch gestritten haben. Ich habe das Gefühl, dass ich mich damit nicht nur von dieser Beziehung, sondern auch von einem Teil meines Lebens _____ (2). Das ist nicht einfach. Immer wieder _____ (3) ich mich an unsere gemeinsamen Erlebnisse. Das tut weh. Am Anfang habe ich viele Fotos und andere Dinge _____ (4), weil ich sie nicht mehr sehen wollte. Jetzt ist das anders. Gestern habe ich im Schrank alte Urlaubsfotos _____ (5) und mich darüber gefreut. Ich fand es schön zu sehen, dass wir auch gute Zeiten hatten.

KOMMENTIEREN

12 WÖRTER Was passt? Ergänzen Sie und notieren Sie in jeder Gruppe noch ein Nomen mit Artikel. → KB 8

Fahrzeug   Gegenstand   Gerät   ~~Kleidungsstück~~   Möbelstück

1. _Kleidungsstück_ : die Jogginghose – die Mütze – der Stiefel – _die Jacke_
2. _____ : der Schrank – das Sofa – der Stuhl – _____
3. _____ : der Lkw – der Motorroller – der Kinderwagen – _____
4. elektronisches _____ : die Kamera – der Fernseher – der Laptop – _____
5. anderer _____ : der Fotokalender – das Parfüm – das Musikinstrument – _____

13a KOMMUNIKATION Lesen Sie den Chat und ordnen Sie zu: Wichtigkeit ausdrücken (a), Gefallen ausdrücken (b), über Erinnerungen berichten (c). → KB 8

Ich habe gerade ein altes Foto gefunden. Ich und meine erste Jeans! Diese Hose mochte ich am liebsten (1 _b_) von allen meinen Sachen! Sie war etwas ganz Besonderes für mich (2 ......), weil sie das erste neue Kleidungsstück war. Vorher musste ich immer die alten Sachen von meinen Geschwistern anziehen. Erinnert ihr euch an Gegenstände aus eurer Kindheit?

Ich erinnere mich an (3 ......) mein erstes Fahrrad. Ich bin jeden Tag damit gefahren. Ich habe es zum 6. Geburtstag von meinen Großeltern bekommen und es hat mir gleich gefallen (4 ......). Es war hellblau. Die Farbe fand ich toll (5 ......). Niemand aus meiner Schulklasse hatte so ein Rad.

Klar, mein erstes Handy war für mich sehr wichtig (6 ......). Ich habe lange dafür gespart. Als ich endlich genug Geld zusammenhatte, habe ich es mir dann selbst gekauft. Ich werde nie vergessen, wie (7 ......) froh ich an diesem Tag war. Ich habe mich frei gefühlt – und groß.

b Ergänzen Sie die Redemittel. Vergleichen Sie dann mit **a**.

Wichtigkeit ausdrücken
… ist / war für mich sehr w............... . (1)
… ist / war etwas ganz B............... für mich. (2)

Gefallen ausdrücken
… fa............... ich toll / super / praktisch / schön. (3)
… hat mir gl............... / gut gef............... . (4)
… mochte ich sehr / a....... l............... . (5)

über Erinnerungen berichten
Ich e............... mich an … (6)
Ich werde nie v..............., wie … (7)

c SCHREIBEN Verfassen Sie eine eigene Nachricht für den Chat in **a** (ca. 50 Wörter). Die Redemittel aus **b** helfen Ihnen.

Aussprache: Der Konsonant *h*

1a Welches Wort hören Sie? Markieren Sie.

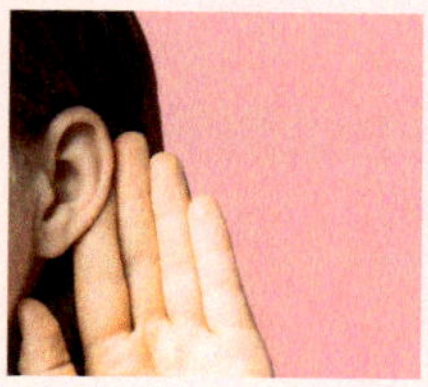

1. ○ Hände   ○ Ende
2. ○ aus   ○ Haus
3. ○ (ich) hänge ○ enge
4. ○ alt   ○ halt

b Hören Sie noch einmal und sprechen Sie nach.

2 In welchen Wörtern hören Sie ein *h*? Markieren Sie.

	ja	nein
1. Herz	⊗	○
2. behalten	○	○
3. aufheben	○	○
4. ungewöhnlich	○	○
5. Fahrzeug	○	○
6. obwohl	○	○
7. Beziehung	○	○
8. bestehen	○	○
9. anziehen	○	○

Am Wortanfang wird der Konsonant *h* gesprochen. Er wird auch gesprochen, wenn das Wort verändert wird (*halten* → *behalten*). Der Konsonant *h* hat auch andere Funktionen:
1. Ein *h* zeigt an, dass der Vokal vor dem *h* lang ist (*Fahrzeug*). In diesem Fall wird *h* nicht gesprochen.
2. Außerdem trennt *h* zwei Silben, bei denen sonst Vokal auf Vokal stoßen würde (*beste-h-en*).

3 Markieren Sie alle *h* im Text. Hören Sie und lesen Sie mit. Sprechen Sie den Text dann selbst und konzentrieren Sie sich auf *h*.

Eine langjährige Beziehung

Fast täglich ziehe ich meine alte Hose an, obwohl sie Löcher und Flecken hat. Zusammen haben wir so viel erlebt. Waren in Hamburg, Helsinki und Hongkong. Haben am Hafen gearbeitet und in der Natur die Ruhe genossen. Kann ich sie behalten? Zur Erinnerung aufheben? Nein, am Ende hilft alles nichts. Mit zitternden Händen werfe ich die Hose weg und mein Herz blutet.

Selbstkontrolle

1 WÖRTER Welches Nomen passt? Markieren Sie.

KATIS BLOG

Ich weiß ja nicht, was ihr für eine Beziehung / Marke (1) zu eurer Kleidung habt. Aber ich habe für mich gerade eine wichtige Entscheidung getroffen. Ich habe mich heute von allen unbequemen und unpraktischen Kleidungsstücken / Möbelstücken (2) getrennt. Warum soll ich einen Rock anziehen, in dem ich schlecht laufen und nur kleine Kontrollen / Schritte (3) machen kann? Warum soll ich Schuhe tragen, auf die ich sehr aufpassen muss und mit denen ich nicht am Strand durch den Gegenstand / Sand (4) laufen kann? Ich will mir keine Sorgen / Wärme (5) um meine Kleidung machen, wenn es regnet oder schneit. Ich behalte nur Kleidung, die perfekt zu mir passt. Sie soll mitmachen, was ich machen will – in meinem Schaufenster / Zuhause (6), aber auch unterwegs oder bei der Arbeit. Findet ihr das ungewöhnlich?

.... / 6 Punkte 😊 4 – 6 Punkte 😐 0 – 3 Punkte

2 GRAMMATIK Was passt? Ergänzen Sie.

da da deswegen obwohl trotzdem

„Kleider machen Leute" von Gottfried Keller (1819–1890)

Inhalt: Der junge Handwerker Wenzel Strapinski trägt immer schöne Kleidung aus gutem Material, ... (1) er arm ist. Eines Tages kommt er in eine fremde Stadt. Die Einwohner der Stadt glauben, er ist ein reicher Mann aus Polen, ... (2) er in seiner Kleidung so gut aussieht. Strapinski verpasst den richtigen Moment, um die Wahrheit zu sagen. Er möchte nicht mit einer Lüge leben, ... (3) will er die Stadt verlassen. Doch dann bleibt er, ... (4) er sich in eine junge Frau verliebt. Er spielt weiter die Rolle des reichen Mannes. Erst kurz vor der Hochzeit entdeckt jemand, dass Strapinski gelogen hat. Die junge Frau stimmt .... (5) zu, ihn zu heiraten. Sie glaubt nämlich, dass seine Liebe echt ist.

.... / 5 Punkte 😊 3 – 5 Punkte 😐 0 – 2 Punkte

3 KOMMUNIKATION Wie kann man das anders sagen? Ordnen Sie zu.

(a) am Ende (b) anfangs (c) später (d) ich erinnere mich an (e) seitdem (f) ... war für mich sehr wichtig

Ich werde nie mein erstes Bewerbungsgespräch *vergessen* (1 .....). Wie aufgeregt ich war! Ich hatte mir extra einen neuen Anzug gekauft. Das *war etwas ganz Besonderes für mich* (2 .....). Ich wollte ja gut aussehen! Das Gespräch war dann ganz gut. *Am Anfang* (3 .....) war ich sehr nervös. Doch *nach einiger Zeit* (4 .....) ging es besser und wir haben uns gut unterhalten. *Zum Schluss* (5 .....) hat mich mein neuer Chef gefragt, ob ich immer im Anzug zur Arbeit komme. Erst dann habe ich gemerkt, dass niemand außer mir einen Anzug trug. Ich habe lachend den Kopf geschüttelt. *Seit diesem Tag* (6 .....) habe ich in der Firma nie wieder einen Anzug getragen.

.... / 6 Punkte 😊 4 – 6 Punkte 😐 0 – 3 Punkte

BEZIEHUNGEN

Getrennt und doch zusammen

6

1 WÖRTER Lesen Sie den Auszug aus einem Ratgeber und ergänzen Sie die Nomen. → KB 1

Freiheit   Hausarbeit   Kosten   Zusammenleben

In einer Wohngemeinschaft (WG) zu leben, kann schön und befriedigend sein, es kann aber auch Stress bedeuten. Damit dies nicht passiert, muss man zuerst einmal wissen, was die einzelnen Mitglieder vom _____ (1) erwarten. Viele junge Menschen, die bisher noch bei den Eltern gelebt haben, wünschen sich vor allem _____ (2). Wichtig ist es daher auch, rechtzeitig gemeinsame Regeln aufzustellen, an die sich alle halten müssen. Dies betrifft vor allem folgende Themen:
- Wie wird die _____ (3) aufgeteilt? Hier sollte genau festgelegt werden, was wann und von wem gemacht werden muss.
- Wie lassen sich die _____ (4) aufteilen, damit es für alle gerecht ist? Wer ein größeres Zimmer hat, sollte zum Beispiel auch mehr Miete bezahlen.
- Wie viel Besuch darf man bekommen? Hier muss geregelt werden, wer wie lange kommen darf. Sonst wird aus einer Dreier- schnell eine Sechser-WG.

2a KOMMUNIKATION Lesen Sie die Beiträge. Ordnen Sie dann zu: etwas bewerten (a), zustimmen (b), widersprechen (c). → KB 1

CaSa: Hallo zusammen, ich habe zum Sommersemester einen Studienplatz in Bielefeld bekommen. Jetzt muss ich mir dort eine Wohnung suchen. Ich überlege, ob ich in eine Wohngemeinschaft ziehen soll. Was haltet ihr denn von WGs?

KOMMENTIEREN

Enno: Ich verbinde mit einer WG vor allem Spaß (1 _a_). Man kann viel zusammen machen, gemeinsam kochen, zusammen lernen oder auch mal eine Party machen. In einer Wohngemeinschaft zu leben, heißt für mich auch (2 ___), dass man immer jemanden hat, mit dem man reden kann, auch wenn es einem mal nicht so gut geht.

JamilaH: Ja, das sehe ich genauso. Ich finde es auch wichtig, dass (3 ___) man – gerade am Anfang des Studiums – schnell Kontakt bekommt und nicht allein ist. Für mich bedeutet eine Wohngemeinschaft außerdem, dass (4 ___) man mehr Platz hat. Schließlich hat man außer dem eigenen Zimmer ja meistens auch ein gemeinsames Wohnzimmer.

MatGo: Das sehe ich ein bisschen anders. Ich weiß nicht, ich finde es wichtiger, dass (5 ___) man lernt, allein zu leben und selbstständig zu sein. Wohngemeinschaften sind da nicht so geeignet, denke ich.

b SCHREIBEN Verfassen Sie einen eigenen Beitrag (50 – 80 Wörter). Die Redemittel aus **a** helfen Ihnen.

3 WÖRTER Was passt? Lesen Sie den Artikel und markieren Sie. → KB 2

BEZIEHUNGEN *früher und heute*

Paare trennen sich heute viel schneller als dies noch bei älteren Generationen der Fall war. Der Trend ist besonders in (Großstädten) / Gemeinschaften (1) zu beobachten. Heißt das, dass wir weniger lieben? Keineswegs. Unsere Bedingungen / Beziehungsmodelle (2) haben sich nur verändert. Während früher der Mann das Geld verdiente und die Frau sich um den Haushalt und die Kinder kümmerte und das Paar auf diese Weise / Frage (3) voneinander abhängig war, wollen heute beide Partner selbstständig und gleichberechtigt sein. Das bedeutet: Alltagsprobleme / Umweltprobleme (4) werden gemeinsam gelöst, es müssen aber auch mehr Fortschritte / Kompromisse (5) gefunden werden. Was am Ende zählt, ist die Zufriedenheit in der Beziehung.

4 WÖRTER Lesen Sie die Kontaktanzeige und schreiben Sie die Wörter richtig. → KB 2

Hi, alleine sein ist mal ganz schön, aber ich fühle mich in einer _festen_ (tenfes) (1) Beziehung wohler!
Ich, Viviane, bin 39 Jahre jung, sportlich, naturliebend und lebe mit meiner dreijährigen Tochter Marieke und zwei Hunden in Dresden.
Seit einem guten Jahr sind Mariekes Vater und ich geschieden und gehen _____ (getetrenn) (2) Wege.
Ich bin auf der Suche nach einem neuen Partner, der _____ (sammeinge) (3) mit Marieke und mir glücklich werden und mit uns zusammenziehen will.

5 WÖRTER Was passt zusammen? Markieren Sie. → KB 4

	Geschirr	Spülmaschine	Wäsche	Boden
1. abräumen	X			
2. ausräumen				
3. aufhängen				
4. bügeln				
5. einräumen				
6. spülen				
7. staubsaugen				
8. wischen				
9. zusammenlegen				

6a WÖRTER Die markierten Verben stehen an der falschen Stelle. Korrigieren Sie. → KB 4

Welche Aufgaben mussten Sie als Kind im Haushalt erledigen?

Machen Sie mit bei unserer Umfrage und schicken Sie eine E-Mail an userkommentare@familie.de.

VON PATRICK
Meine Eltern haben immer sehr auf Sauberkeit geachtet: Bei uns zu Hause wurde jeden Tag entschieden (1) (die ganze Wohnung, nicht nur die Teppiche) und das Bad geputzt. Mein Bruder und ich mussten dabei helfen. Wir haben uns dann immer gestritten, wer gerade dran war.

gestaubsaugt

VON JANINE
Ich musste oft die Sachen aufräumen, die meine kleine Schwester spülen (2) ließ. Das fand ich sehr ungerecht. Ansonsten musste ich nur die Spülmaschine abräumen (3) und ab und zu mal den Müll wegbringen. Um alles andere kümmerten sich meine Eltern.

VON LUKAS
Mein Bruder und ich mussten zu Hause den Tisch decken und ausräumen (4) und das Geschirr herumliegen (5). Eine Spülmaschine hatten wir nicht. Ich war damals sieben und mein Bruder war zwölf Jahre alt. Er ließ mich meistens aussuchen, was ich nicht machen wollte. Ich habe mich fast immer gegen das Spülen gestaubsaugt (6). Das mochte ich gar nicht.

b SCHREIBEN Lesen Sie noch einmal die Frage und die Antworten in a. Verfassen Sie dann selbst eine Antwort (40–60 Wörter).

Ich musste zu Hause immer ...

7 GRAMMATIK Lesen Sie das Interview. Was ist richtig, ⓐ oder ⓑ? Markieren Sie. → KB 6

www.w-magazin.de

UNTERNEHMEN ▼   FINANZEN ▼   LEBEN ▼

Liebe am Arbeitsplatz – Interview mit der Anwältin Eva de Bruyn

W-Magazin: Sind in Deutschland Beziehungen am Arbeitsplatz erlaubt?
Eva de Bruyn: Ja, man kann am Arbeitsplatz eine Beziehung mit einer Kollegin / einem Kollegen haben,
1. ⓐ ohne dies zu verbieten.
   ⓑ ohne dass die Firma dies verbietet.

W-Magazin: Muss man die Arbeitgeberin / den Arbeitgeber darüber informieren? Nicht jede/r wird gleich reagieren.
Eva de Bruyn: Nein, das muss man nicht. Man kann eine Beziehung miteinander haben,
2. ⓐ ohne jemanden davon zu informieren.
   ⓑ indem Sie jemanden davon informieren.

W-Magazin: Wie sollte man sich verhalten, wenn die anderen von der Beziehung erfahren?
Eva de Bruyn: Man kann Probleme vermeiden,
3. ⓐ ohne die Arbeit genauso wie immer zu erledigen.
   ⓑ indem man die Arbeit genauso wie immer erledigt.

8 GRAMMATIK Beantworten Sie die Fragen 1 – 5. Verwenden Sie die Angaben in Klammern und den Konnektor *indem*. → KB 6

http://www.teams-tiptop.ch/

FAQ – Teambuilding

1. Wie entsteht ein gutes Team? *(die richtigen Mitglieder zusammenbringen)*
2. Wie kann man Vertrauen im Team herstellen? *(die Teammitglieder viel miteinander sprechen und sich gut kennenlernen)*
3. Wie kann man das Wir-Gefühl in der Gruppe stärken? *(zusammen etwas unternehmen)*
4. Wie werden Probleme gelöst? *(gemeinsam eine Lösung suchen)*
5. Wie kann man die Motivation im Team erhöhen? *(Erfolge zusammen feiern)*

1. Ein gutes Team entsteht, indem man ...

9a GRAMMATIK Ergänzen Sie *ohne* oder *ohne dass*. → KB 6

An meine Eltern
Ich konnte euch alles fragen, _ohne dass_ (1) ihr die Geduld verloren habt.
Ihr habt mir immer geholfen, _____ (2) etwas dafür zu verlangen.
Ihr habt mich verstanden, _____ (3) ich viel erklären musste.
Ihr lasst mich meinen Weg gehen, _____ (4) ich darum kämpfen muss.
Manchmal habe ich euch wehgetan, _____ (5) es zu wissen.
Das tut mir leid.

b Schreiben Sie je eine weitere Zeile mit *ohne* und *ohne dass*.

10 GRAMMATIK
Lesen Sie die E-Mail und formulieren Sie die *kursiven Sätze* um. Verwenden Sie die Konnektoren in Klammern. → KB 6

Ihr Lieben,
es ist gar nicht so einfach, nach so vielen Jahren wieder in den Beruf einzusteigen. *Jetzt verbringe ich viele Stunden: Ich sehe meine Familie nicht. (ohne)* (1) Das ist manchmal ein kleines Problem. *Ich habe es gelöst: Ich habe mir ein schönes Foto von allen auf den Schreibtisch gestellt. (indem)* (2)
Die Kolleginnen und Kollegen sind alle sehr nett. *Sie helfen mir: Ich muss sie nicht lange darum bitten. (ohne dass)* (3)
Da wir ziemlich viele sind, ist es manchmal ein bisschen laut um mich herum. *Der Kollege neben mir stellt den Lärm ab: Er setzt sich Kopfhörer auf. (indem)* (4) Bei mir geht das aber leider nicht. *Ich kann meine Arbeit nicht machen: Ich muss das Telefon einsetzen. (ohne)* (5)
Na, ich werde schon eine Lösung finden.
Wollt ihr uns nicht auch mal wieder besuchen? Ich würde mich freuen!
Herzliche Grüße
Lucía

1. Jetzt verbringe ich viele Stunden, ohne …

11 WÖRTER
Lesen Sie die Buchempfehlungen und ergänzen Sie die Adjektive in der richtigen Form. → KB 8

bewusst eingespielt entfernt gewohnt momentan

JAMES SPENCER: Ein Fest mit Überraschungen ★★★★☆
Amalia und Dylan sind seit 45 Jahren zusammen. Sie kennen sich seit ihrer Kindheit und sind ein _eingespieltes_ (1) Paar, das sich ohne viele Worte versteht. Zwei Kinder haben sie zusammen großgezogen, die inzwischen beide weit _____ (2) wohnen und ihre eigenen Familien haben. Zu Dylans 70. Geburtstag plant Amalia ein Fest, bei dem die ganze Familie zusammenkommen soll. Es wird ein Fest mit Überraschungen …

SYBILLE HERRWEG: Die Freundinnen ★★★★★
Lilian und Corinne könnten unterschiedlicher nicht sein: Die eine ist ehrgeizig, plant ihr Leben _____ (3) und ist es _____ (4), Erfolg zu haben. Die andere lässt sich von _____ (5) Gefühlen leiten, verlässt sich auf den Zufall und nimmt das Leben, wie es kommt. Als sie sich in einem Café kennenlernen, ist es der Beginn einer großen Freundschaft.

12 WÖRTER
Lesen Sie den Text und ergänzen Sie die fehlenden Buchstaben. → KB 8

Aktuelles aus Neuberg

In der Kl_e_ _i_ nst_a_ _d_t (1) Neuberg wächst die Einwohnerzahl (aktuell ca. 10.000) und damit auch das Freizeitangebot. Was wann und wo stattfindet, darüber soll jetzt eine digitale Nachbarschaftsplattform informieren, die v__r K__rz____ (2) ins Leben gerufen wurde. Mit dem Projekt *Mehr Nähe* soll auch in Neuberg ein Besuchsdienst für ältere Menschen eingerichtet werden, die unter besonderen U_____tä____den (3) leben (z. B. krank oder allein sind): Wir suchen noch Freiwillige, die ein paar Stunden wöchentlich für einen Besuch bei Seniorinnen oder Senioren in ihren Ta____sab__a__f (4) einbauen können.

13a WÖRTER Welches Verb passt? Markieren Sie. → KB 8

TIERISCH MENSCHLICH? von Till Lauterbach

Schon früh entdeckte der Mensch, dass Tiere nicht nur eine Gefahr bedeuteten, der man besser aus dem Weg lief / ging (1), sondern dass sie ihm auch nützlich waren: Von Tieren konnte er sich ernähren und sie konnten ihn bei der Arbeit unterstützen / unternehmen (2). Auch als soziale Partner wurden Tiere immer wichtiger. Mittlerweile behandeln wir unseren Hund oder unsere Katze fast wie ein Familienmitglied. Wir wohnen / gehen (3) mit ihnen zusammen, sorgen uns um sie und vermissen / verlieren (4) sie, wenn sie nicht da sind. Wir geben / halten (5) für sie unseren Lieblingssessel auf und lassen sie in unserem Bett schlafen. Und manchmal verbinden / verstehen (6) wir uns mit ihnen sogar besser als mit unserer Partnerin / unserem Partner. Geht die Liebe zum Tier da vielleicht auch manchmal zu weit? „Das läuft / kommt (7) darauf an", sagt Tierarzt Gabriel Wallner. „Wenn wir dem Tier damit schaden, sicher."

LESERMEINUNGEN:

SYBILLE ORTH; vor 55 Minuten
Ich habe selbst eine Katze und liebe sie sehr, aber dass sie in meinem Bett schläft, ist für mich undenkbar. Ich finde schon, dass unsere Tierliebe manchmal übertrieben ist: Ein Freund von mir hat für seinen Hund neulich eine Geburtstagsparty gegeben. Ich durfte die Kerzen auf dem Geburtstagskuchen anzünden. 🙂

b SCHREIBEN Welche Erfahrung haben Sie mit Haustieren gemacht? Verfassen Sie einen eigenen Kommentar zum Artikel in **a** (50 – 80 Wörter).

14a WÖRTER Lesen Sie den Tipp unten. Lesen Sie dann die Webseite einer Paarberatung und ergänzen Sie *für-, mit-, von-* oder *zu-*. → KB 8

www.beziehungen-coachen.at
ÜBER MICH ∨   ANGEBOTE ∨   KONTAKT ∨

- Sie und Ihre Partnerin / Ihr Partner haben schon lange nicht mehr richtig <u>mit</u>einander (1) geredet?
- Sie denken, Sie wissen alles _____einander (2) und es gibt keine Überraschungen mehr?
- Sie haben den Eindruck, dass Sie sich mittlerweile kaum noch _____einander (3) interessieren?
Da muss sich etwas ändern! Mein Coaching hilft Ihnen, wieder _____einander (4) zu finden.

> Das Pronomen *einander* drückt aus, dass etwas gegenseitig ist. Man kann es mit Präpositionen verbinden: *Ich spreche mit dir, du sprichst mit mir. = Wir sprechen miteinander.*

b Bilden Sie drei weitere zusammengesetzte Adverbien wie in **a**. Überprüfen Sie, wenn nötig, mit einem Online-Wörterbuch. Schreiben Sie zu jedem Wort einen Satz.

Meine Eltern haben sich ihr Leben lang umeinander gekümmert.

15 WÖRTER Ergänzen Sie die fehlenden Buchstaben. → KB 9

Familie und Fernbeziehung

Das Problem kennen immer mehr Paare: Sie haben eine Familie ge g r ü n d et (1), es läuft alles gut und dann muss plötzlich einer der Partner aus beruflichen Gründen in eine andere Stadt ziehen. Oft entscheidet sich das Paar dann, eine Fernbeziehung zu f___r_n (2), weil es Rücksicht auf die Kinder ___h__n (3) und Probleme ___r__i__en (4) will. Schließlich ist es für Kinder nicht einfach, wenn sie die Schule wechseln müssen.

Bei einer Fernbeziehung entstehen aber dann häufig Konflikte, die nicht leicht zu l____en (5) sind. Es besteht zum Beispiel die Gefahr, dass die Kinder den fehlenden Elternteil nur noch als Besuch ansehen, wenn er nicht mehr am Alltag der Familie teilnehmen kann. Hier könnte ein Kompromiss __e__h__s__en (6) werden, indem alle Familienmitglieder regelmäßig virtuell zusammenkommen.

6

16a KOMMUNIKATION **Lesen Sie den Chat. Wie kann man das anders sagen? Markieren Sie.** → KB 10

> Paul und ich hatten gestern wieder eine ganz blöde Diskussion. Seitdem sprechen wir nicht mehr miteinander. Ich mache mir langsam wirklich Sorgen. Vielleicht sollten wir mal ein Streitseminar mitmachen ...

> Ich finde es eigentlich ganz normal (5), dass man sich in einer Beziehung streitet. Und es gibt eben Zeiten, da passiert das öfter mal, weil man vielleicht Stress bei der Arbeit hat oder sonst irgendein Problem.

> Also, ich finde schon (1), dass so ein Seminar etwas bringen kann. Da bekommt man sicher gute Tipps, wie man mit Konflikten besser umgehen kann. Ich könnte mir gut vorstellen (2), dass Paul da auch mitgeht.

> Ja, das stimmt. Man muss aber auch sehen (6), dass es unfair ist, wenn man so etwas dann in die Beziehung trägt. Ich würde wahrscheinlich (7) da mal anfangen und überlegen, warum mein Partner und ich eigentlich streiten.

> Es tut mir echt leid, aber für mich ist es nicht normal (3), dass man sich als Paar so streitet. Ich bin mir nicht sicher, ob ein Streitseminar da hilft. Mein Freund wäre sicherlich (4) nicht bereit, da hinzugehen.

> Ich kann nicht verstehen (8), wie es so weit kommen kann, dass man nicht mehr miteinander spricht. Es ist klar (9), dass man sich in so einer Situation Sorgen macht. Probier es doch mal mit einem Streitseminar!

1. (a) ich meine wohl
   (b) ich weiß schon

2. (a) Ich bin mir sicher
   (b) Es ist sehr wahrscheinlich

3. (a) ich finde es ungewöhnlich
   (b) es wundert mich nicht

4. (a) wäre bestimmt
   (b) wäre vielleicht

5. (a) Ich finde es ganz richtig
   (b) Es ist nichts Besonderes

6. (a) Man muss aber auch erkennen
   (b) Man könnte aber auch denken

7. (a) Ich müsste
   (b) Ich denke, ich würde

8. (a) Ich kann nicht erkennen
   (b) Ich frage mich

9. (a) Es ist verständlich
   (b) Es wundert mich

b SCHREIBEN **Was denken Sie über Streit in Beziehungen? Würden Sie ein Streitseminar mitmachen? Verfassen Sie eine eigene Chatnachricht (30 – 50 Wörter). Die Redemittel aus a helfen Ihnen.**

Aussprache: Der Vokal *ü*

2🔊14 **1a Was hören Sie? Schreiben Sie die Wörter.**

1. schließlich – der _____
2. _____ – _____
3. vor _____ – _____
4. der _____ – _____
5. _____ – _____

b Hören Sie noch einmal und sprechen Sie nach.

2🔊15 **2 Welches Wort passt? Ergänzen Sie. Hören Sie dann und vergleichen Sie. Lesen Sie dann den Text und achten Sie besonders auf die korrekte Aussprache von *ü*.**

bügelt · frühstücken · gemütlich · Müll · Spülmaschine · zünden

Wir machen den Haushalt zusammen!

Morgens frühstücken (1) sie Müsli mit Joghurt. Dann räumt er die _____ (2) ein und spült die Töpfe von Hand. Sie bringt den _____ (3) weg. Sie putzt das Bad, er _____ (4) Blusen und Hemden. Sie wischt die Böden, er räumt die Spülmaschine wieder aus. So geht es den ganzen Tag. Abends kochen sie zusammen, _____ (5) eine Kerze an und machen es sich _____ (6).

Selbstkontrolle

1 WÖRTER Was passt? Lesen Sie den Artikel und ergänzen Sie die Verben in der richtigen Form.

ankommen · aufgeben · lösen · schließen · unterstützen · vermeiden · sich verstehen

Mit Konflikten richtig umgehen

Wo Menschen zusammenkommen, können Konflikte entstehen, denn sie haben unterschiedliche Meinungen und Interessen und _____ (1) nicht immer gut. Ob es darum geht, sich zu Hause die Hausarbeit aufzuteilen, mehr Zeit für die Kinder zu haben, oder von Kolleginnen und Kollegen bei einem Projekt besser _____ (2) zu werden – Konflikte gehören zum Alltag. Man kann sie nicht _____ (3). In diesen Situationen ist es gut, wenn man gelernt hat, ihnen nicht aus dem Weg zu gehen, sondern sie zu _____ (4). Hier erfahren Sie, worauf es dabei _____ (5): Wichtig ist vor allem, dass man dem anderen zuhört, damit man seinen Standpunkt wirklich versteht. Unter Umständen kann man dann sogar schnell einen Kompromiss _____ (6). Das heißt aber nicht, dass man den eigenen Standpunkt vorschnell _____ (7) muss.

_____ / 7 Punkte 😊 4 – 7 Punkte ☹ 0 – 3 Punkte

2 GRAMMATIK Lesen Sie die Zitate aus einem Vortrag zum Thema „Zusammenleben in Vielfalt" und formulieren Sie Sätze mit *ohne dass, ohne zu* oder *indem*.

Wir leben in unserer Stadt gemeinsam mit Menschen aus vielen Nationen, _____
_____ *(ohne – viel voneinander wissen)* (1)
Wir können für ein gutes Zusammenleben sorgen, _____
_____ *(indem – einander besser kennenlernen)* (2)
Es ist schwierig, sich in einem fremden Land wohlzufühlen, _____
_____ *(ohne – die Sprache lernen)* (3)
Ein gutes Zusammenleben ist nicht möglich, _____
_____ *(ohne – sich alle darum bemühen)* (4)

_____ / 4 Punkte 😊 3 – 4 Punkte ☹ 0 – 2 Punkte

3 KOMMUNIKATION Lesen Sie und ordnen Sie die Redemittel zu. Nicht alles passt.

Sollte ein Elternteil besser zu Hause bleiben, wenn man eine Familie gegründet hat und Kinder kommen?

(1 ___) es besser für die Kinder ist, wenn der Vater oder die Mutter zu Hause bleiben, jedenfalls in den ersten Jahren.

Meine Eltern (2 ___) auch dafür. Aber (3 ___), dass man Familie und Arbeit verbindet.

Ja, ich denke auch, dass es nicht nötig ist, dass einer von beiden seinen Beruf aufgibt. (4 ___), dass es oft nicht leicht ist, einen Platz in der Kita zu bekommen.

a. Es ist klar, dass man in so einer Situation …
b. … ich finde es ganz normal …
c. … wären sicherlich …
d. Ich finde schon, dass …
e. Ich kann nicht verstehen …
f. Man muss aber auch sehen …

_____ / 4 Punkte 😊 3 – 4 Punkte ☹ 0 – 2 Punkte

EXTRA PRÜFUNG

1 LESEN Lesen Sie den Text und die Aufgaben 1 bis 4 dazu. Wählen Sie: Sind die Aussagen richtig oder falsch?

Kochen mit Mila

Montag, 16. Februar

Heute gibt es wie jeden Montag einen neuen Blogbeitrag von mir – mit einem neuen Rezept, das ich mit Freunden ausprobiert habe. Am Samstagabend waren Joshua, Charles und Milene bei mir zu Gast und haben eine neue Kreation von mir getestet. Ich hatte Lust auf Nudeln – aber nicht aus der Tüte wie normalerweise! Ich habe die Nudeln selbst gemacht, mit meiner Nudelmaschine. Das geht ziemlich leicht und die Nudeln schmecken wirklich gut! Das Rezept für den Teig findet ihr **hier**! Probiert es doch mal aus.

Zu den Nudeln brauchten wir natürlich auch eine leckere Soße. Ihr wisst ja, dass ich ein Fan von frischem Gemüse bin. Deshalb habe ich eine Soße mit Zwiebeln und vielen Tomaten gemacht. Die war richtig gut! Dazu gab es zwei Sorten Käse, Gouda und Parmesan. Nicht alle meine Freunde mögen Käse, deshalb habe ich ihn nicht gleich auf die Teller gemacht. Wenn ihr meine leckere Soße kochen wollt – das Rezept gibt es **hier**! 🙂

Und weil das Essen irgendwie an Italien erinnert, habe ich noch ein Dessert vorbereitet – mein besonderes Tiramisu à la Mila, das ich schon **in einem anderen Blogbeitrag** vorgestellt habe. Statt Espresso habe ich aber dieses Mal Kakao genommen, so war es schön schokoladig. Hmm!

Danach waren wir dann wirklich satt.

Nun fragt ihr euch vielleicht, wie es meinen Gästen geschmeckt hat? Charles sagte: „Mila, du kochst besser als eine italienische Sterneköchin." Na ja, das ist vielleicht ein bisschen übertrieben. Aber ich habe mich über diesen Satz trotzdem sehr gefreut.

Beispiel
0. Am Montag kocht Mila immer für Freunde. richtig (falsch)

1. Mila kocht meistens fertige Nudeln aus der Tüte. richtig falsch
2. Mila hat die Soße aus Zwiebeln, Käse und Tomaten zubereitet. richtig falsch
3. Mila hat Kaffee an das Dessert gemacht. richtig falsch
4. Charles war von Milas Essen begeistert. richtig falsch

> Die Informationen zu den Aufgaben stehen in der richtigen Reihenfolge im Text. Die Lösung von Aufgabe 1 steht also vor der Lösung von Aufgabe 2. Das kann Ihnen helfen, die richtige Textstelle zu finden. Achten Sie auf Synonyme und ähnliche Wörter im Text und in den Aufgaben.
> In der Prüfung ist der Text etwas länger und es gibt mehr Aufgaben.

EXTRA PRÜFUNG

2 LESEN **Lesen Sie den folgenden Text und entscheiden Sie, welches Wort a – o in die Lücken 1 – 10 passt. Sie können jedes Wort nur einmal verwenden. Nicht alle Wörter passen in den Text.**

Spielehalle in Großfelden

▶ 600 m² großer Spielplatz innen, viele Spielmöglichkeiten für Kinder
Feiern Sie hier den Geburtstag Ihres Kindes!
Miete der Halle: 200 Euro für vier Stunden
Verpflegung und Kinderprogramm möglich
Anfrage an: info@spielehalle-grossfelden.de ◀

Sehr geehrte Damen und Herren,
wir haben Ihre Anzeige gelesen und haben großes Interesse (1 ......) Ihrem Angebot. Meine Tochter hat am 14. März Geburtstag. Sie (2 ......) 6 Jahre alt und will mit zehn Freundinnen aus dem Kindergarten feiern. Wir haben (3 ......) nur eine kleine Wohnung und im März kann man auch nicht so gut draußen feiern. (4 ......) möchten wir gern die Spielehalle mieten.
Ich habe aber noch ein paar Fragen. Ist die Halle am 14. März (Samstag) noch frei? Wir möchten von 15 (5 ......) 19 Uhr feiern. Den Kuchen würden wir gern mitbringen. Aber es wäre toll, (6 ......) wir das Abendessen bei Ihnen bestellen könnten. Was für Gerichte bieten Sie an? In der Anzeige steht, (7 ......) man ein Kinderprogramm buchen kann. Dazu brauchen wir (8 ......) jeden Fall noch ein paar Informationen. Was für Aktivitäten bieten Sie an?
Bitte melden Sie sich schnell, damit wir die Feier planen und die Kinder einladen können. Vielleicht ist es ja auch (9 ......), die Halle vorher anzuschauen? Das (10 ......) uns sehr freuen.
Viele Grüße
Peter Grabow

---

a. aber	**d.** möglich	**g.** ob	**j.** wird	**m.** nötig
b. bis	**e.** zu	**h.** deshalb	**k.** wenn	**n.** auf
c. dass	**f.** an	**i.** gern	**l.** warum	**o.** würde

> Achten Sie beim Lesen auf die Bedeutung der Sätze, aber auch auf den Satzbau. Eine Lücke nach einem Komma ist oft ein Zeichen, dass nun zum Beispiel ein Nebensatz kommt und ein Nebensatz-Konnektor eingesetzt werden muss. Es hilft auch zu schauen, ob es schon ein konjugiertes Verb im Satz gibt oder nicht. Wenn nicht, dann braucht der Satz noch ein konjugiertes Verb.

3 SPRECHEN **Sie haben in einer Zeitschrift etwas zum Thema „Putzpläne im Haushalt" gelesen. Berichten Sie Ihrer Gesprächspartnerin / Ihrem Gesprächspartner darüber.** Ihre Gesprächspartnerin / Ihr Gesprächspartner hat eine andere Meinung dazu gelesen und berichtet Ihnen auch darüber. Unterhalten Sie sich dann mit Ihrer Gesprächspartnerin / Ihrem Gesprächspartner über das Thema. Sagen Sie Ihre Meinung und erzählen Sie von eigenen Erfahrungen.

Teilnehmer/in A

Sören Robinson, 38 Jahre, Tischler

PUTZPLÄNE IM HAUSHALT

„Ich finde Putzpläne im Haushalt sinnvoll. Seit wir einen Putzplan haben, ist die Arbeit viel besser auf alle Familienmitglieder verteilt. Alle müssen auch mal Arbeiten erledigen, die keinen Spaß machen. Unser Sohn putzt nicht gern das Bad, aber er muss es einmal im Monat machen. Das finde ich okay."

> Auf Seite 48 finden Sie in Aufgabe 5 eine zweite Meinung zum Thema. Ihre Gesprächspartnerin / Ihr Gesprächspartner soll darüber sprechen. Eine Person bearbeitet je eine Meinung. Die andere Person liest diese Meinung aber nicht. Unterhalten Sie sich dann gemeinsam: Geben Sie die Meinung wieder und diskutieren Sie dann zum Thema. Erzählen Sie dabei von Ihren Erfahrungen, nennen Sie Beispiele und sagen Sie Ihre Meinung.

EXTRA PRÜFUNG

4 **HÖREN** Sie hören nun eine Diskussion. Sie hören die Diskussion zweimal. Dazu lösen Sie acht Aufgaben. Ordnen Sie die Aussagen zu: Wer sagt was? Lesen Sie jetzt die Aufgaben 1 bis 8. Dazu haben Sie 60 Sekunden Zeit.

Der Moderator der Radiosendung „Zwei Personen – zwei Meinungen" diskutiert mit Vera Schrempel und Ron Christo zum Thema „Alte Kleidung – wegwerfen oder behalten?".

	Moderator	Vera Schrempel	Ron Christo
Beispiel			
0. Sie / Er kann sich nicht von Dingen trennen.	○	⊗	○
1. Kleidung hilft ihr / ihm, sich an schöne Augenblicke zu erinnern.	○	○	○
2. Die Mode wiederholt sich oft.	○	○	○
3. Es ist wichtig, wenig Müll zu produzieren.	○	○	○
4. Es tut gut, sich von Dingen zu trennen.	○	○	○
5. Wenn man eine Sache lange nicht benutzt, ist sie nicht notwendig.	○	○	○
6. Sie / Er schenkt Bekannten häufig Kinderkleidung.	○	○	○
7. Kinderkleidung ist für viele Familien sehr teuer.	○	○	○
8. Sie / Er leiht gern Kleidung aus.	○	○	○

> Sie hören diesen Dialog zweimal. Markieren Sie schon beim ersten Hören die Lösungen an, bei denen Sie sicher sind. Markieren Sie die Aufgaben, die Sie schwer finden. Passen Sie beim zweiten Hören ganz genau auf, wer das sagt.
> Die Informationen zu den Aufgaben kommen in der richtigen Reihenfolge im Text vor. Schauen Sie sich also immer schon die nächste Aufgabe an, während Sie hören.

5 **SPRECHEN** Sie haben in einer Zeitschrift etwas zum Thema „Putzpläne im Haushalt" gelesen. **Berichten Sie Ihrer Gesprächspartnerin / Ihrem Gesprächspartner darüber.** Ihre Gesprächspartnerin / Ihr Gesprächspartner hat eine andere Meinung dazu gelesen und berichtet Ihnen auch darüber. Unterhalten Sie sich dann mit Ihrer Gesprächspartnerin / Ihrem Gesprächspartner über das Thema. Sagen Sie Ihre Meinung und erzählen Sie von eigenen Erfahrungen.

Teilnehmer/in B

PUTZPLÄNE IM HAUSHALT

„Ich finde Putzpläne im Haushalt nicht nötig. Es haben nicht alle Familienmitglieder immer gleich viel Zeit. Wer mehr Zeit hat, kann mehr machen. Alle können sich aussuchen, was sie machen möchten. Das finde ich besser! Ich putze zum Beispiel gern Fenster, aber ich kaufe überhaupt nicht gern ein."

> Auf Seite 47 finden Sie in Aufgabe 3 eine erste Meinung zum Thema. Ihre Gesprächspartnerin / Ihr Gesprächspartner soll darüber sprechen. Eine Person bearbeitet je eine Meinung. Die andere Person liest diese Meinung aber nicht. Unterhalten Sie sich dann gemeinsam: Geben Sie die Meinung wieder und diskutieren Sie dann zum Thema. Erzählen Sie dabei von Ihren Erfahrungen, nennen Sie Beispiele und sagen Sie Ihre Meinung.

GESELLSCHAFT
Hilfsbereit

1 WÖRTER Was passt? Lesen Sie die Anzeigen und ergänzen Sie. → KB 1

~~Bewerbungsschreiben~~   Blut   Einkauf   Kopfhörer   Obdachlose

NACHBARSCHAFTSNETZWERK

Schülerin sucht Hilfe bei einem _Bewerbungsschreiben_ (1) für einen Ausbildungsplatz.
jetzt helfen

Wer kann mir nächsten Dienstag bei einem großen _____ (2) im Supermarkt am Ebertplatz helfen?
jetzt helfen

Wir sammeln Jacken und warme Decken für _____ (5). Gern auch bei Bekannten fragen!
jetzt helfen

Wer kann uns für zwei Wochen ein Tablet oder einen leichten Laptop und _____ (3) ausleihen?
jetzt helfen

Am Montag (13 bis 19 Uhr) kann man im Wald-Krankenhaus wieder _____ (4) spenden. Es sind noch Termine frei.
hier reservieren

2a KOMMUNIKATION Lesen Sie den Beitrag und die Kommentare. Wer würde so handeln wie Freddy (+), wer nicht (–)? Ordnen Sie zu. → KB 1

Freddy: Ein Paar aus meinem Freundeskreis hat wenig Geld, aber geht total gern ins Theater. Ich wollte die beiden schon oft ins Theater einladen, aber das möchten sie nicht. Ich könnte sagen, dass ich die Karten selbst geschenkt bekommen habe. Das wäre zwar eine Lüge, aber dann würden die beiden die Karten sicher nehmen. Würdet ihr das tun?

KOMMENTIEREN

ElMira: Es wäre für mich selbstverständlich, Freunde einzuladen, wenn sie weniger Geld haben als ich. Wenn eine Lüge dabei hilft, dass sie sich nicht schlecht fühlen – warum nicht! Ich finde die Idee gut!

Ketut95: Ich hätte kein Problem damit, in so einem Fall zu lügen. Du willst deinen Freunden ja eine Freude machen. Supernett von dir! Es wäre für mich nicht selbstverständlich, so viel Rücksicht auf ihre Gefühle zu nehmen. Vielleicht wäre ich sogar sauer, weil sie sich nicht einladen lassen.

Hannah: Also, ich weiß nicht. Ich hätte ein Problem damit, Freunden nicht die Wahrheit zu sagen. Vielleicht kannst du noch mal mit ihnen reden und ihr findet einen anderen Weg.

b Lesen Sie die Kommentare in **a** noch einmal und ergänzen Sie die fehlenden Buchstaben.

über Einstellungen und Werte sprechen
Es w_____ für mich (nicht) se___st_____lich, ...
Ich hä_____ ein / kein P___bl___ d___it, ...

c SCHREIBEN Verfassen Sie einen eigenen Kommentar zum Beitrag in **a** (ca. 30 Wörter). Die Redemittel aus **b** helfen Ihnen.

3 **WÖRTER** Was passt? Lesen Sie den Ratgebertext und markieren Sie. → KB 2

HOME   LEBEN   GLÜCK

AKTIV WERDEN UND SEIN GLÜCK FINDEN

Menschen erledigen / macht (1) es glücklich, wenn sie etwas Sinnvolles tun. Darum freuen wir uns, wenn uns andere um Hilfe bitten / beraten (2). Doch man kann auch selbst aktiv werden und sich eigene Aufgaben suchen, die man übernehmen / ausleihen (3) möchte – zum Beispiel im eigenen Stadtviertel oder in einem Verein. Man kann sich dazu auch beraten lassen. In vielen Städten gibt es ein Büro für freiwillige Helfer*innen. Gut zu wissen: Mit ein oder zwei Stunden pro Woche kann man schon viel erreichen. Die Aufgabe muss also gar nicht viel Zeit kosten / spenden (4).

Veröffentlicht am 18.8.

4a **KOMMUNIKATION** Lesen Sie die Kommentare zum Ratgebertext in 3 und schreiben Sie die Redemittel richtig. → KB 3

KOMMENTARE

Daniel ▶ Ich bin nicht sicher, ob so eine Aufgabe jeden glücklich macht. .... (darauf – Das – an, – kommt) (1) was man sich vom Leben wünscht. Es gibt viele Wege, glücklich zu werden.

Doris ▶ Glücklich sein, das wollen viele. Aber wie findet man das eigene Glück? Ich denke: .... (ist – ob – davon – Das – abhängig,) (2) man nett zu sich selbst ist. Das macht das Leben auf jeden Fall leichter.

Simba ▶ Braucht man unbedingt eine Aufgabe, um glücklich zu sein? .... (aber – sagen, – Schwierig – zu) (3) vielleicht kann eine sinnvolle Aufgabe helfen. Eventuell sind aber auch andere Sachen wichtiger – zum Beispiel gute Freunde.

b Ergänzen Sie den Kommentar mit Redemitteln aus a.

Nora_La ▶ Macht Helfen glücklich? .... (1) eine Aufgabe gibt mir ein gutes Gefühl. Es ist schön, gebraucht zu werden! Für mich ist wichtig, ob mir eine Aufgabe Spaß macht. Und: .... (2) ich dabei nette Leute kennenlerne.

5 **WÖRTER** Was passt noch? Ordnen Sie zu. Verbinden Sie dann. → KB 4

Ach so!   Na ja …   Ui!

1. Hm … / Ähm … / ....
2. Oh! / Wow! / ....
3. Aha! / Ah! / ....

a Jetzt verstehe ich endlich, was du meinst!
b Ich weiß nicht so genau.
c Das ist ja noch viel schöner, als ich gedacht habe.

6a WÖRTER
Lesen Sie den Tipp unten und die Schlagzeilen. Was ist mit den *kursiven Nomen* gemeint? Markieren Sie für Personen (~~~~) oder für Geräte (____). → KB 5

Kölner (1) spendet Schulen Tablets und *Kopfhörer* (2)

Bäcker (6) versorgen Obdachlose mit Brot

Schnell und günstig: Wohnhaus aus dem 3-D-*Drucker* (3)

Vermieter (7) gefragt: Stadt sucht freie Wohnungen für Familien

Österreicher (4) gründet Verein für *Schüler* (5), die Hilfe brauchen

> Nomen mit der Endung -er benennen oft männliche Personen oder Geräte. Sie sind immer maskulin. Die Formen von Singular und Plural sind gleich.
> -er kann angeben, wo eine Person herkommt oder lebt (der Schweizer, der Kölner) oder was eine Person (beruflich) macht (der Bäcker, der Sozialarbeiter).
> -er gibt auch an, was ein Gerät oder Gegenstand kann oder was mit ihm gemacht wird (der Kopfhörer).

b
Woher stammen die Wörter? Ergänzen Sie das passende Nomen oder das passende Verb in der richtigen Form.

1. der Kölner → Einwohner der Stadt Köln
2. der Kopfhörer → Gegenstand, mit dem man Musik _____
3. der 3-D-Drucker → Gerät, das Gegenstände _____ kann
4. der Bäcker → jemand, der beruflich Brot _____
5. der Vermieter → jemand, der eine Wohnung _____
6. der Österreicher → jemand, der aus _____ kommt
7. der Schüler → jemand, der eine _____ besucht

7 WÖRTER
Lesen Sie den Tipp unten und die Anzeigen. Welche Formen sind gendersensibel? Markieren Sie. → KB 5

❶
BABYSITTER*IN
(AB 18 JAHREN) GESUCHT

❷ Gutes Jobangebot für Rentner

❸ SÄNGERIN FÜR BAND GESUCHT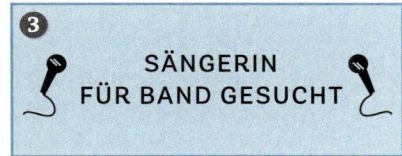

❹ Großer Ausstellungsraum für Künstlerinnen und Künstler frei

❺ NACHBARSCHAFTSHILFE sucht Mitarbeiter:innen

❻ Sozialarbeiter sucht neue Aufgabe

> Mit der Endung -in bezeichnet man weibliche Personen. Wenn man Menschen aller Geschlechter anspricht, benutzt man auch gendersensible Formen wie Schüler*in oder Schüler:in.

8 WÖRTER
Welches Verb passt nicht? Streichen Sie es durch. → KB 7

1. einen Antrag — ausfüllen – stellen – unterschreiben – ~~wirken~~
2. bei einer Beratungsstelle — anrufen – arbeiten – erlauben – nachfragen
3. Arbeit — finden – funktionieren – haben – machen
4. Hilfe — ablehnen – ausruhen – anbieten – annehmen
5. im Internet — entdecken – nachschauen – streichen – suchen
6. eine Wohnung — liefern – renovieren – streichen – putzen
7. mit Geld — bezahlen – einkaufen – kosten – umgehen
8. Schulden — machen – schließen – vermeiden – zurückzahlen

9 WÖRTER Finden Sie noch sechs Nomen und ergänzen Sie die Sätze. → KB 7

K W B E R A T U N G D Q R M G E S E L L S C H A F T X C B H G U N A B H Ä N G I G K E I T P
Z T J W Ä N D E Y B V S A N T R A G N D L (SCHULDEN) B X K S S M A R T P H O N E R P G S

Wenn man …
1. mehr Geld ausgegeben hat, als man hatte, hat man *Schulden*.
2. unsicher ist und einen Ratschlag braucht, hilft eine _____.
3. vieles allein schaffen möchte, liebt man seine _____.
4. mit anderen Menschen in einem Land zusammenlebt, gehört man zu einer _____.
5. ein Formular ausfüllt, um etwas zu bekommen, stellt man einen _____.
6. mit seinem Mobiltelefon ins Internet gehen kann, hat man ein _____.
7. seine Wohnung renoviert, streicht man oft die _____.

10 WÖRTER Lesen Sie den Blogtext. Welche Wörter und Ausdrücke haben eine ähnliche Bedeutung? Ordnen Sie zu. → KB 7

Ich habe große Angst, andere zu enttäuschen (1). Denn natürlich möchte ich, dass man mich mag. Ich denke, das ist total verständlich und sehr menschlich (2). Und das geht sicher vielen so. Ich möchte nicht unfreundlich wirken (3). Niemand soll glauben, dass ich nur an mich denke. Darum tue ich oft Dinge, die ich eigentlich gar nicht möchte.
Einige Beispiele: Meine Mutter legt immer großen Wert darauf (4), selbst Geld zu verdienen. Sie will finanziell (5) unabhängig sein. Sie hat mir sehr oft gesagt, wie wichtig ihr das ist. Darum habe ich nach der Schule sofort eine Ausbildung gemacht und schnell angefangen, Geld zu verdienen. Aber eigentlich wollte ich lieber studieren.
Meine Kolleg*innen können nicht so gut planen und vergessen immer mal wieder etwas. Sie finden es toll, dass ich gut organisiert bin (6) und sie an alle möglichen Termine erinnere. Wenn irgendein Gerät im Büro defekt (7) ist oder irgendetwas nicht gut funktioniert (8), rufen sie mich an. Sie hoffen, dass ich eine Lösung finde, obwohl das eigentlich gar nicht meine Aufgabe ist.
So geht das nicht weiter. 🙂 Ich möchte mir klarmachen (9), was MIR wichtig ist und was ICH will. Auch wenn das für mich schwierig ist.

_____ kaputt
_____ klappen
_____ was Geld betrifft
_____ sehr wichtig finden
_____ typisch für Menschen
_____ sich etwas bewusst machen
_____ dass andere denken, ich wäre nicht nett
_____ einen guten Plan haben / auf alles vorbereitet sein
_1_ andere traurig / wütend machen, weil ich nicht tue, was sie möchten

11a GRAMMATIK Lesen Sie die Aussagen und den Tipp. Ergänzen Sie dann die Verben im Konjunktiv II der Vergangenheit. → KB 8

Wenn ich doch bloß schon vor einer Woche mit dem Lernen **angefangen hätte**!

Wenn ich heute Morgen nur früher **aufgestanden wäre**!

> Der Konjunktiv II der Vergangenheit: *haben* oder *sein* im Konjunktiv II + Partizip Perfekt

1. Wenn ich nur vorher einen Plan _gemacht hätte_! *(machen)*
2. Wenn ich doch nur gestern Abend zu Hause _____! *(bleiben)*
3. Wenn ich bloß nicht so lange _____! *(feiern)*
4. Wenn ich nur früher ins Bett _____! *(gehen)*
5. Wenn ich nur in den letzten Wochen nicht so faul _____! *(sein)*
6. Wenn ich bloß Hilfe _____! *(annehmen)*

b Schreiben Sie die Sätze aus **a** ohne *wenn*.

Hätte ich doch bloß schon vor einer Woche mit dem Lernen angefangen!

Wäre ich heute Morgen nur früher aufgestanden!

1. Hätte ich nur vorher …

12 GRAMMATIK Verbinden Sie immer zwei Sätze mit *wenn*. → KB 8

meine Geldbörse nicht vergessen → nicht nach Hause fahren → nicht merken, dass die Waschmaschine defekt ist → keine Hilfe holen → Wasser in die Wohnung laufen → die Wände der Nachbarn nass werden → viel Ärger haben

Wenn ich meine Geldbörse nicht vergessen hätte, wäre ich nicht nach Hause gefahren.
Wenn ich nicht nach Hause gefahren wäre, …

13 KOMMUNIKATION Ordnen Sie das Gespräch. Ein Satz passt nicht. Schreiben Sie dort x. → KB 10

___ Gern geschehen!

___ Ja, klar, kein Problem.

___ Tut mir leid, ich habe leider keine Zeit.

_1_ Kann ich Ihnen irgendwie behilflich sein?

___ Ach, das ist wirklich nett von Ihnen. Könnten Sie mir vielleicht mit den Taschen helfen? Die sind ziemlich schwer.

___ Vielen Dank für Ihre Hilfe! Das ist nicht selbstverständlich.

14a KOMMUNIKATION Wie kann man das anders sagen? Verbinden Sie. → KB 10

1. Würden Sie mir vielleicht helfen?
2. Kann ich Ihnen irgendwie behilflich sein?
3. Ach, das ist sehr nett von Ihnen.
4. Ja, klar, kein Problem.
5. Tut mir leid, ich habe leider keine Zeit.
6. Danke, das ist sehr nett, aber ich komme schon klar.
7. Keine Ursache!

a Das geht leider gerade nicht.
b Ich komme zurecht. Aber danke für das Angebot!
c Nichts zu danken!
d Dürfte ich Sie bitten, mir zu helfen?
e Natürlich, gern!
f Darf ich Ihnen vielleicht helfen?
g Vielen Dank für Ihre Hilfe! Das ist nicht selbstverständlich.

b SCHREIBEN Hilfe beim Ticketkauf. Schreiben Sie zu dieser Situation zwei Gespräche mit den Redemitteln aus a. Einmal nimmt die Frau die Hilfe an, einmal lehnt sie ab.

Hallo! Kann ich dir …

Aussprache: Der Konsonant *ch*

1a Hören Sie die Wörter und achten Sie auf *ch*. Klingt *ch* gleich oder unterschiedlich? Markieren Sie.

	gleich	unterschiedlich
1. Na**ch**bar – mens**ch**li**ch**	○	⊗
2. spre**ch**en – strei**ch**en	○	○
3. do**ch** – na**ch**fragen	○	○
4. Mäd**ch**en – ma**ch**en	○	○
5. Tas**ch**entu**ch** – brau**ch**en	○	○
6. obda**ch**los – unsi**ch**er	○	○
7. unabhängi**g** – ziemli**ch**	○	○

b Hören Sie noch einmal und sprechen Sie nach.

> Nach *a, o, u* und *au* spricht man den sogenannten Ach-Laut (*Na**ch**bar*). Nach *e, i, ä, ö, ü, ai/ei, äu/eu* sowie nach Konsonanten (*Mä**dch**en*) und in *-ig* spricht man den sogenannten Ich-Laut (*mens**ch**li**ch***).

2 Markieren Sie die Ach-Laute und die Ich-Laute mit zwei verschiedenen Farben, zum Beispiel rot für den Ach-Laut und blau für den Ich-Laut. Hören Sie dann und kontrollieren Sie.

♦ Oje, was ist passiert? Kann i**ch** dir irgendwie behilflich sein?
▲ Danke, ich komme zurecht.
♦ Bist du sicher? Darf ich dir nicht wenigstens ein Taschentuch geben? Ich hätte auch ein bisschen Wasser, um die Wunde sauber zu machen.
▲ Ach ja, doch. Das ist nett. Danke für deine Hilfe.
♦ Keine Ursache!

Selbstkontrolle

1 WÖRTER Ergänzen Sie die Verben in der richtigen Form.

annehmen | ausleihen | enttäuschen | kosten | legen | spenden | umgehen | zurechtkommen

Welcher Hilfe-Typ sind Sie: a oder b?

1
- a) Ich bin gern unabhängig. Ich möchte gern allein _____ (1). Das finde ich ziemlich normal – sehr menschlich.
- b) Hilfe _____ (2) ist für mich kein Problem.

2
- a) Ich schenke lieber Zeit, als Geld zu _____ (3).
- b) Ich helfe gern, wenn es mir wenig Arbeit macht und wenig Zeit _____ (4).

3
- a) Wer aus meinem Bekanntenkreis ein Fahrrad braucht, kann es sich gern bei mir _____ (5).
- b) Mir gefällt es nicht, wenn andere weniger vorsichtig mit meinem Rad _____ (6) als ich.

4
- a) Ich möchte niemanden _____ (7). Darum helfe ich, wo ich kann.
- b) Ich _____ (8) großen Wert darauf, dass ich nicht mehr als andere tue.

_____ / 8 Punkte   😊 5 – 8 Punkte   ☹ 0 – 4 Punkte

2 GRAMMATIK Lesen Sie die Nachricht und ergänzen Sie die Verben im Konjunktiv II der Vergangenheit.

Danke, dass Sie sich um die Vorbereitung des Sommerfests gekümmert haben. Leider hat nicht alles gut funktioniert. Es wäre besser gewesen, wenn Sie vorher noch mal _____ (nachfragen) (1) oder um Hilfe _____ (bitten) (2). Dann _____ Sie weniger Probleme _____ (haben) (3) und Sie _____ auch schneller ans Ziel _____ (kommen) (4). Es wäre zum Beispiel sinnvoll gewesen, wenn Sie die Checkliste vom letzten Jahr _____ (benutzen) (5) und wenn Sie selbst in das Restaurant _____ (gefahren) (6), um dort mit den Leuten persönlich zu sprechen.

_____ / 6 Punkte   😊 4 – 6 Punkte   ☹ 0 – 3 Punkte

3 KOMMUNIKATION Welche Reaktion passt, a oder b? Markieren Sie.

1. Kann ich Ihnen irgendwie behilflich sein?
   - a) Ich komme zurecht. Aber danke für das Angebot!
   - b) Das kommt darauf an, was ich tun soll.

2. Dürfte ich Sie bitten, mir den Zucker zu geben?
   - a) Keine Ursache!
   - b) Ja, klar, kein Problem.

3. Vielen Dank für Ihre Hilfe! Das ist nicht selbstverständlich.
   - a) Bitte schön!
   - b) Tut mir leid, ich habe leider keine Zeit.

4. Ich hätte kein Problem damit, kurz zu helfen.
   - a) Ach, das ist wirklich nett von Ihnen.
   - b) Nichts zu danken!

_____ / 4 Punkte   😊 3 – 4 Punkte   ☹ 0 – 2 Punkte

UMWELT
Wer ist schuld am Klimawandel?

1 WÖRTER **Lösen Sie das Rätsel.** → KB 1

Warum ist so viel CO_2 in der Luft?
In Südamerika, Zentralafrika und Südostasien wird
viel … (1) zerstört, zum Beispiel für die Fleischindustrie.
Kohlekraftwerke produzieren … (2) – und CO_2.
Autos, die mit … (3) fahren, produzieren auch CO_2.
Wegen des CO_2 erwärmt sich unsere … (4),
und das … (5) verändert sich. Das können wir
nur stoppen, wenn wir weniger kaufen, also
unseren … (6) deutlich reduzieren. Wir müssen
endlich vorsichtiger mit den wertvollen … (7)
unserer Natur umgehen.

Kreuzworträtsel:
- 1: R...
- 2: ..R..M..
- 3: B...
- 4: R...
- 5: A...
- 6: U...
- 7: R...C...H
- senkrecht: VERBRAUCH

2 WÖRTER **Welche Wörter passen zu den Verben? Markieren Sie. Mehrere Lösungen können richtig sein.** → KB 1

1. seinen Plastikverbrauch / (Produkte) / (Getränke) konsumieren
2. den Energieverbrauch / die Umwelt / Kosten reduzieren
3. Energie / Strom / Benzin verbrauchen
4. Ressourcen / Lebensmittel / Müll verschwenden
5. auf die Erde / Konsum / Fleisch verzichten
6. CO_2 / Strom / die Erde zerstören
7. für sich selbst / die Zukunft / eine Situation verantwortlich sein

3a WÖRTER 🖉 **Lesen Sie den Tipp. Welche Nomen passen zu den Verben? Ergänzen Sie.** → KB 1

1. verzichten – der _Verzicht_
2. verbrauchen – der _____
3. arbeiten – die _____

> Aus einigen Verben kann man Nomen bilden, indem man die Endung
> -en wegstreicht. Die Nomen können maskulin, feminin oder neutral
> sein. Manchmal fällt ein Umlaut weg, z. B. *zählen* → *die Zahl*.

b **Bilden Sie weitere Nomen nach demselben Muster. Ergänzen Sie auch den Plural, wo möglich. Sie können ein Wörterbuch verwenden.**

1. raten – der _Rat_
2. befehlen – der _____, die _____
3. spielen – das _____, die _____
4. einkaufen – der _____, die _____
5. stoppen – der _____, die _____
6. antworten – die _____, die _____
7. bauen – der _____, die _____
8. wählen – die _____, die _____

4 KOMMUNIKATION Schreiben Sie die Redemittel richtig. Ist das ein Vorwurf (a) oder eine Forderung (b)? Ordnen Sie zu. → KB 1

VEREIN NATURSCHUTZ UND UMWELTBILDUNG

1 (seid / dass / dafür / Ihr / verantwortlich,)
Ihr seid dafür verantwortlich, dass
die Wälder immer kleiner werden. — a

3 (nicht endlich / hört / auf, / Warum / ihr)
_____
_____ Plastik zu produzieren?

2 (solltet / weniger / Ihr)
_____ Fleisch essen.

4 (zu viele / Ihr / habt)
_____ Straßen gebaut.

5a KOMMUNIKATION Lesen Sie die Beiträge und ergänzen Sie die fehlenden Buchstaben. Wer teilt Gretas Meinung (+) und wer lehnt sie ab (–)? Notieren Sie. → KB 2

Greta: Hey Leute! In der Politik wird ja immer wieder darüber diskutiert, ob es eine Steuer auf Fleisch geben soll. Dann würde Fleisch teurer werden und die Leute würden weniger Fleisch essen. Das wäre besser für die Umwelt. Ich finde die Idee eigentlich ganz gut. Was meint ihr?

Luca: B____ uns __n d__r F__m__l__ wäre __s n__cht n__rm__l, d__ss (1) wir uns alle vegetarisch ernähren. Jetzt essen wir fast jeden Tag Fleisch und das könnten wir uns dann nicht mehr leisten. Das wäre furchtbar.

Mara: __ch f__nd__ __s sehr w__cht__g, d__ss (2) die Leute weniger Fleisch essen. Fleischkonsum ist so schlecht für die Umwelt! Die Steuer würde helfen.

Sören: __ch f__nd__ __s n__cht r__cht__g, d__ss (3) dafür Steuern genommen werden. Die Bauern sollten die Lebensbedingungen der Tiere verbessern. Dann wird das Fleisch ganz von selbst teurer.

Bere: __ch f__nd__ __s r__cht__g, d__ss (4) wir alle unseren Fleischkonsum reduzieren. Aber kann man das Problem nicht anders lösen als durch eine Steuer? Die Leute, die genug Geld haben, essen dann einfach weiter Fleisch.

b SCHREIBEN Wie ist Ihre Meinung zu einer Steuer für Fleisch? Verfassen Sie einen Beitrag für das Forum in a (ca. 50 Wörter).

6 WÖRTER Was passt? Lesen Sie die Werbung und ergänzen Sie. → KB 3

Alternativen E-Autos Prozent ~~Vorwurf~~ Wasserstoff Wocheneinkauf

AUTO FAHREN – GANZ OHNE BENZIN UND SCHLECHTES GEWISSEN

Sie möchten sich nicht mehr den Vorwurf (1) anhören, mit Ihren Autofahrten unnötig CO_2 zu produzieren? Aber einen _____ (2) für die ganze Familie mit dem Fahrrad zu erledigen: das wäre Ihnen auch zu anstrengend? Wir bieten Ihnen klimafreundliche _____ (3) zu Benzin und Diesel. Damit Sie auf nichts verzichten müssen.

Für alle, die in Zukunft Strom tanken möchten, geht es **HIER** zu unseren _____ (4).

Statt CO_2 soll Ihr Auto 100 _____ (5) reines Wasser produzieren? **DIESE** Modelle fahren mit _____ (6).

7 WÖRTER Was passt? Lesen Sie den Aufruf und markieren Sie. → KB 3

BUS UND BAHN FÜR ALLE!

Warum sind Autofahrten immer noch günstiger als Bahnfahrten?
- Wer wenig Geld hat und sich kein Auto leisten kann, muss mehr zahlen. Das ist engagiert / (ungerecht) (1)!
- Bei einer Autofahrt entsteht weltweit / durchschnittlich (2) drei- bis fünfmal so viel CO_2 wie bei einer Bahnfahrt. Die Lösung soll der Kauf von E-Autos sein. Das bedeutet: Die Leute kaufen neue Autos und verschrotten / vermeiden (3) ihre alten. Dazu kommt: Die Batterie eines E-Autos hält etwa zehn Jahre. Dann wird sie weggeworfen und man braucht eine neue. Was für eine Verschwendung von Ressourcen!

Die Politik muss endlich etwas tun, damit Mobilität sozial und anstrengend / klimafreundlich (4) wird! Deshalb exportieren / demonstrieren (5) wir am Freitag um 10 Uhr vor dem Rathaus.
Wir fordern: Bus und Bahn müssen günstiger werden! Der individuelle Autoverkehr darf nicht die bequemere Alternative bleiben! Für ein Tempolimit / Engagement (6) von 120 km/h auf den Autobahnen! Für bessere Fahrradwege! Damit auch die nächste Jugend / Generation (7) noch auf einer grünen Erde leben kann!

8 GRAMMATIK Ergänzen Sie die Verben im Passiv in der angegebenen Zeitform. → KB 3

Der Erdüberlastungstag

Die Erde kann jedes Jahr nur eine bestimmte Menge Ressourcen produzieren.
Doch seit 1970 _____ jedes Jahr mehr Ressourcen _____ als diese Menge (verbrauchen, Präsens) (1). Um das deutlich zu machen, _____ die Idee des Erdüberlastungstags _____ (entwickeln, Präteritum) (2). Das ist das Datum, an dem die Ressourcen für ein bestimmtes Jahr _____ (verbrauchen, Perfekt) (3). 1970 _____ dieser Tag am 29. Dezember _____ (erreichen, Präteritum) (4). Seitdem _____ das Datum immer weiter nach vorn _____ (verschieben, Perfekt) (5). 2021 war es der 29. Juli.

9 GRAMMATIK Formulieren Sie die Sätze um. Schreiben Sie Passivsätze. Achten Sie auf die Zeit: Präsens oder Präteritum. → KB 3

1. Heute heizt man oft mit Öl. Früher heizte man mehr mit Holz.
   Heute wird oft mit Öl geheizt. Früher wurde mehr mit Holz geheizt.
2. Heute benutzt man Smartphones. Früher verwendete man Telefone und Schreibmaschinen.
3. Heute kauft man viele Dinge neu. Früher reparierte man mehr Sachen.
4. Heute macht man weite Reisen. Früher reiste man weniger.
5. Heute kauft man Kleidung nach der Mode. Früher trug man die Kleidung länger.

10 GRAMMATIK Lesen Sie die Sätze und ergänzen Sie die Verben in der richtigen Reihenfolge in den Hauptsätzen und Nebensätzen. → KB 3

Passiv mit Modalverben:

1. Die Produktion von CO_2 (reduziert – muss – werden) _____ _____ _____.
                                             Modalverb   Partizip   werden
2. Die ganze Welt weiß, **dass** sie nicht weiter (werden – darf – erhöht) _____ _____ _____.
                                               Partizip   werden   Modalverb
3. Natürliche Ressourcen (dürfen – werden – verschwendet)
   _____ nicht weiterhin so _____ _____.
4. Forscher sagen, **dass** Wirtschaft und Konsum dringend (werden – müssen – verändert)
   _____ _____ _____.

11 GRAMMATIK Lesen Sie den Tipp unten und die Stichworte und beantworten Sie die Fragen, ähnlich wie im Beispiel. → KB 3

Was muss gemacht werden, damit die Erde noch gerettet werden kann?

1. (den Energieverbrauch reduzieren) *Der Energieverbrauch muss reduziert werden.*
2. (Lebensmittel, Kleidung und technische Geräte umweltfreundlicher produzieren)
3. (kaputte Sachen reparieren)
4. (den Konsum verändern)

Was darf in Zukunft nicht mehr gemacht werden?

5. (Lebensmittel verschwenden) *Lebensmittel dürfen nicht mehr verschwendet werden.*
6. (Energie aus Öl gewinnen)
7. (den Regenwald weiter zerstören)
8. (die Meere verschmutzen)

> Die Akkusativergänzung des Aktivsatzes steht im Passivsatz im Nominativ:
> *Man muss **den Verbrauch** reduzieren.* → ***Der Verbrauch** muss reduziert werden.*

12 WÖRTER Was passt? Ordnen Sie zu. → KB 4

1. Atom _f_
2. Avo
3. Be
4. Ent
5. För
6. Klima
7. Kri
8. Pla
9. Umwelt

a) derung b) zerstörung c) wicklung d) tik e) net f) kraft g) dingung h) wandel i) cado

13 WÖRTER Was passt? Lesen Sie die Definitionen und ergänzen Sie. → KB 4

besitzen gehen einsetzen streamen surfen überlegen verteidigen vorwerfen widersprechen

1. demonstrieren = auf die Straße _gehen_
2. sich engagieren = sich _____
3. Videos oder Musik online sehen oder hören = _____
4. im Internet sein = im Internet _____
5. über etwas nachdenken = _____
6. jemandem die Schuld an etwas geben = jemandem etwas _____
7. sagen, dass man nicht einverstanden ist = _____
8. etwas haben, was einem gehört = etwas _____
9. jemanden schützen = jemanden _____

14 WÖRTER Was passt? Lesen Sie das Interview und markieren Sie. → KB 4

Die Politik und ihre ökologische Verantwortung
— ein Interview mit der Soziologin Harriet Walzer —

Es wird immer wärmer und unsere Erde geht kaputt: Frau Walzer, Sie sind Soziologin und geben vor allem der Politik die Schuld am Kompromiss / **Klimawandel** (1) **und an der** Umweltzerstörung / Alternative (2). **Können Sie das erklären?**

Natürlich hilft es unserem Mangel / Planeten (3), wenn wir alle mehr verzichten. Aber das Problem ist unser Wirtschaftssystem. Es funktioniert in dieser Form nur, wenn wir alle immer mehr konsumieren – also das völlige Gegenteil von Verzicht. Die Rücksicht / Entwicklung (4) einer wirtschaftlichen Alternative wäre eine wichtige politische Aufgabe.

Können Sie ein Beispiel nennen?

Die berühmten E-Autos zum Beispiel. Für die Produktion wird Strom aus Atomkraft / Schulden (5) verwendet, Ressourcen werden verbraucht. Das alte, gebrauchte / verbrauchte (6) Auto zu behalten, kann unter bestimmten Bedingungen / Ratschlägen (7) umweltfreundlicher sein. Ein kostenloses Ticket für Bus und Bahn wäre eine gute Idee. Aber darüber spricht niemand. Stattdessen widersprechen / überlegen (8) sich Politikerinnen und Politiker, wie sie uns dazu bringen, neue Autos zu kaufen. Ein anderes Beispiel: Warum gibt es kein Tempolimit auf der Autobahn? Ein Tempo von 120 km/h ist viel sparsamer als 180 km/h. Aber Politikerinnen und Politiker besitzen / verteidigen (9) das umweltschädliche Verhalten einiger Autofahrer.

Was können wir dann als Einzelne überhaupt tun?

Wir müssen politisch aktiv werden, auf / in (10) die Straße gehen und uns dafür einsetzen / vorwerfen (11), dass sich die Politik ändert. Die Förderung / Kritik (12) an unserem Wirtschaftssystem ist viel wichtiger, als zu Hause alles richtig zu machen und zum Beispiel keine Gebäude / Avocados (13) mehr zu essen.

15 KOMMUNIKATION Was passt? Lesen Sie den Text und ergänzen Sie die Redemittel. → KB 5

Aber bei Pflanzenmilch ist es so, dass   Das geht so: Die Milch wird aus … hergestellt.
Ich präsentiere euch   Normalerweise

1. .... eine Alternative zu eurer Milch im Kaffee.
2. .... trinken viele Leute ihren Kaffee mit Milch, obwohl Tierprodukte umweltschädlich sind.
3. .... sie den Kaffee süß und cremig macht, ohne dass man dafür Kuhmilch braucht.
4. .... Soja, Nüssen oder Getreide .... Das kann man auch selber machen.
5. .... Man legt die Nüsse einige Stunden in kaltes Wasser, damit sie weich werden. Dann nimmt

Aussprache: Der Vokal *o*

1a Wird der Vokal *o* hier kurz oder lang gesprochen? Hören Sie und markieren Sie.

		kurz	lang
1.	Avocado	⊗	○
2.	Atom	○	⊗
3.	verschrotten	○	○
4.	Klamotten	○	○
5.	Generation	○	○
6.	Kohle	○	○
7.	Konsum	○	○
8.	demonstrieren	○	○
9.	Strom	○	○
10.	Prozent	○	○

b Hören Sie noch einmal und sprechen Sie nach.

> Es gibt zwei unterschiedliche *o*-Laute:
> · das lange = geschlossene *o* (At**o**m), bei dem die Lippen stark gerundet sind und der Mund nach vorne geschoben wird
> · das kurze = offene *o* (Klam**o**tten), bei dem der Mund mehr geöffnet ist
> Ausnahme: In Wörtern aus anderen Sprachen kann es vorkommen, dass ein kurzes *o* geschlossen gesprochen wird (Av**o**cado).

2 Hören Sie und reagieren Sie mit *Stimmt. Wir sollten weniger …* Hören Sie zuerst ein Beispiel.

♦ Es wird immer noch zu viel konsumiert.
▲ Stimmt. Wir sollten weniger konsumieren.

8

Selbstkontrolle

1 WÖRTER Lesen Sie den Text und schreiben Sie die Wörter richtig.

MUSS ES IMMER NEU SEIN?
Kleidung, technische Geräte, Möbel: Viele Leute kaufen ständig etwas Neues. Doch es gibt auch _____ (terventiAlna) (1): In Second-Hand-Läden kann man alle möglichen _____ (tenbrauchge) (2) Sachen bekommen. Das ist günstiger, und man _____ (verdetschwen) (3) nicht so viele Ressourcen. Eine andere Möglichkeit, auf unnötigen Konsum zu _____ (zichverten) (4), ist das Reparieren. Viele Geräte werden _____ (tetverschrot) (5), wenn eine kleine Sache nicht mehr funktioniert. Reparaturen finden viele Leute _____ (gendstrenan) (6). Lieber kauft man etwas Neues. Dabei ist es viel _____ (cherfreundklilima) (7), die alten Geräte zu reparieren. Und Spaß kann es auch machen. In Repair-Cafés zum Beispiel treffen sich Menschen unterschiedlicher _____ (nentioraneGe) (8), um sich gegenseitig zu zeigen, wie man Geräte, Kleidung oder Möbel repariert.

   _____ / 8 Punkte   😊 5 – 8 Punkte   🙁 0 – 4 Punkte

2 GRAMMATIK Formulieren Sie die Sätze um. Ergänzen Sie die Formen im Passiv. Achten Sie auf die Zeitformen.

❶ Eine Freundin nahm mich mit hierher ins Repair-Café.
Ich _____ von einer Freundin mit hierher ins Repair-Café _____ .

❷ Die Hose habe ich schon zweimal genäht.
Die Hose _____ schon zweimal _____ .

❸ Das Handy kann man nicht mehr reparieren.
Das Handy _____ nicht mehr _____ _____ .

❹ Der Kollege probiert das Fahrrad gerade draußen im Hof aus.
Das Fahrrad _____ gerade draußen im Hof _____ .

   _____ / 10 Punkte   😊 6 – 10 Punkte   🙁 0 – 5 Punkte

3 KOMMUNIKATION Was passt, ⓐ oder ⓑ? Lesen Sie den Text und markieren Sie.

(1) heute das ÖkoPhone, ein besonders umweltfreundliches Handy.

- Ihr habt euch bestimmt auch schon öfter gedacht, (2) in armen Ländern unter schlechten Bedingungen Metalle für eure Handys aus dem Boden geholt werden. Das geht mir auch so. (3) so wenig Ressourcen wie möglich verbraucht werden. Und für Handys werden leider viele Ressourcen verschwendet.
- Warum ist das so? Normalerweise kann man Handys sehr schlecht reparieren. Wenn etwas kaputt ist, kann man sie nicht mehr verwenden. (4) man jedes Teil einzeln ersetzen kann. Wenn zum Beispiel das Display kaputt ist, muss man nicht das ganze Handy wegwerfen, sondern man kann einfach ein neues Display bestellen und das Handy selbst reparieren.
- (5): Man nimmt das Handy, und dann …

1. ⓐ Ich erzähle euch
   ⓑ Ich präsentiere euch
2. ⓐ ihr seid dafür verantwortlich, dass
   ⓑ bei uns in der Familie wäre es nicht normal, dass
3. ⓐ Ich finde es nicht richtig, dass
   ⓑ Ich finde es sehr wichtig, dass
4. ⓐ Aber beim ÖkoPhone ist es so, dass
   ⓑ Man benutzt das ÖkoPhone wie ein ganz normales Handy, denn
5. ⓐ Das ist ein spezielles Material
   ⓑ Das geht so

   _____ / 5 Punkte   😊 3 – 5 Punkte   🙁 0 – 2 Punkte

AB • MODUL 3 • SEITE 62

DIENSTLEISTUNG
Von A nach B

1 WÖRTER Was passt zusammen? Verbinden Sie. → KB 1

1. die Dienstleistung — d
2. das Callcenter
3. die Gastronomie
4. der Supermarkt
5. die Post

a. das Restaurant, das Café, der Klub, das Lokal
b. die Briefmarke, das Paket, die Zustellerin, der Empfänger
c. die Kasse, der Kassierer, die Lebensmittel, der Artikel
d. der Service, die Kunden, die Leistung, die Aufgabe
e. der Anruf, das Gespräch, das Telefon, der Kopfhörer

2 WÖRTER Bilden Sie fünf Nomen und ergänzen Sie die Anzeigen. → KB 1

duld ~~Fahr~~ Fit Ge kraft ~~kurier~~ Ner ness ~~rad~~ Service ven

Fahrradkurier (1) (M/W/D)
mit eigenem Rad
für 20 Stunden pro Woche.
Sie möchten sich draußen bewegen und
etwas für Ihre _____ (2) tun?
Kein Problem! Bei uns fahren Sie
zwischen 50 und 100 Kilometer pro Tag.

Für die Sommermonate _____ (3) (m/w/d)
auf einem Ausflugsschiff gesucht.

Sie lieben Kinder?
Sie haben viel _____ (4), wenn es mal
länger dauert, und starke _____ (5),
wenn es stressig wird?
Dann kommen Sie zu uns. Wir suchen
Erzieher*innen für unsere neue Kita.

3a KOMMUNIKATION Lesen Sie den Post in den sozialen Medien und ordnen Sie zu:
Wertschätzung ausdrücken (a), Vermutungen äußern (b). → KB 1

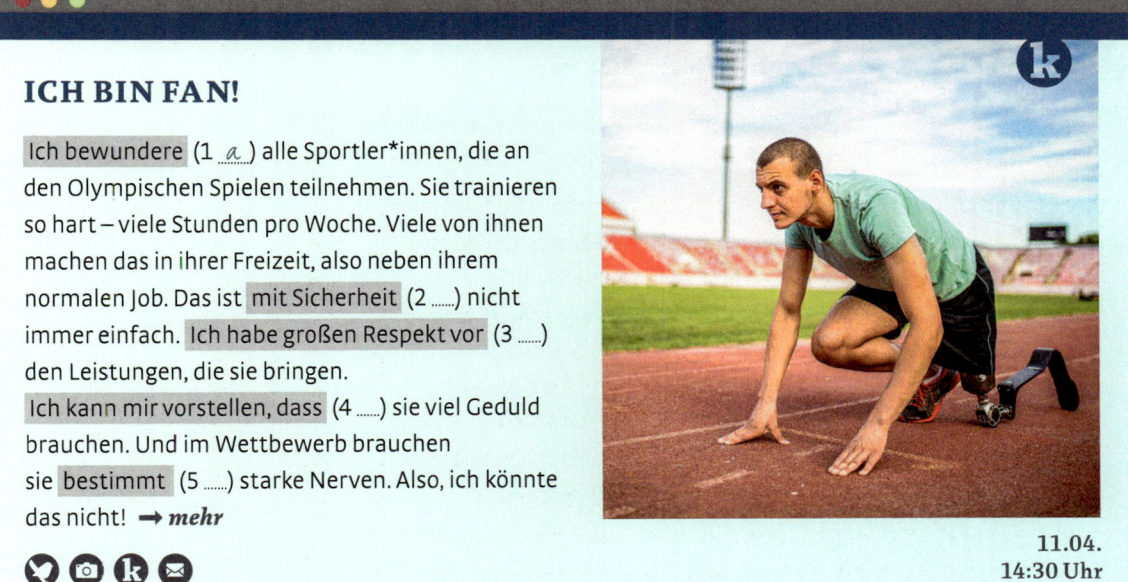

ICH BIN FAN!

Ich bewundere (1 _a_) alle Sportler*innen, die an den Olympischen Spielen teilnehmen. Sie trainieren so hart – viele Stunden pro Woche. Viele von ihnen machen das in ihrer Freizeit, also neben ihrem normalen Job. Das ist mit Sicherheit (2 ___) nicht immer einfach. Ich habe großen Respekt vor (3 ___) den Leistungen, die sie bringen.
Ich kann mir vorstellen, dass (4 ___) sie viel Geduld brauchen. Und im Wettbewerb brauchen sie bestimmt (5 ___) starke Nerven. Also, ich könnte das nicht! → mehr

11.04.
14:30 Uhr

b SCHREIBEN Wen bewundern Sie? Wählen Sie eine Berufsgruppe und machen Sie Notizen.
Verfassen Sie einen Post (ca. 60 Wörter) mit den Redemitteln aus a.

Polizist*innen   Krankenpfleger*innen   Ärzt*innen   Erzieher*innen   …

4 WÖRTER Lösen Sie das Rätsel. → KB 2

1. die Hilfe bei Gefahr = die ...
2. das Gegenteil von Anfang = das ...
3. das Anhalten = der ...
4. das Gegenteil von Ordnung = das ...
5. Teil der Treppe = die ...
6. Teil der Hand = der ...
7. ein sehr unangenehmer Ort = die ...
8. 1.000 kg = 1 ...

```
1: R _ _ _ _ _ _
2: _ E _ _
3: _ T _ _ _
4: _ _ O _ _ _ _
5: _ U _ _
6: _ _ R _
7: _ H _
8: _ _ _ N _ _
```

5 WÖRTER Welches Verb passt? Ergänzen Sie in der richtigen Form. → KB 2

ausladen   bedanken   entgegenkommen   hupen   klingeln   laden   räumen   scannen   ~~winken~~

www.stadtbeobachtungen.de

12:30 Uhr, in der Mühlbachstraße

1. Zwei Kinder verabschieden sich von ihren Großeltern und _winken_ mit beiden Händen aus dem Fenster.
2. Ein junges Paar parkt mit dem Auto auf der Straße und _____ große Einkaufstaschen _____ .
3. Auf dem Weg ins Haus _____ den beiden eine Frau mit Kinderwagen _____ . Sie macht keinen Platz.
4. Zwei Polizisten _____ ein paarmal an einer Tür, aber niemand öffnet.
5. Eine ältere Frau _____ sich mit Blumen bei ihrem Nachbarn, der ein Paket für sie angenommen hat.
6. Die Kellnerin vom Café Mozart _____ Sonnenschirme nach draußen.
7. Ein Gast _____ einen QR-Code, um die Speisekarte zu lesen.
8. Eine Autofahrerin _____ , weil ein Ball aus einem Garten auf die Straße geflogen ist.
9. Drei Umzugshelfer machen Pause, nachdem sie Möbel in einen großen Lkw _____ haben.

6 WÖRTER Lesen Sie die Bewertungen für Velokurier Nord-Süd im Internet. Die markierten Wörter stehen an der falschen Stelle. Korrigieren Sie. → KB 2

www.dienstleistungen-bewerten.net

★★★★☆ 24.8. 18:36
Alles wurde pünktlich `gerechnet`. Ich habe eine Nachricht bekommen, als der Empfänger die Briefe angenommen hat. Ich habe den Kurier außerdem per App `zugestellt`. So konnte ich sehen, wann er `findet` und welchen Weg er nimmt. Unglaublich, wie schnell er war! Damit habe ich nicht `bearbeitet`!

★★★★★ 19.6. 16:04
Wir brauchen im `Ärger` zweimal pro Woche einen Kurier. Per App ist alles mit einem `Bezirk` erledigt. Sehr praktisch!

★☆☆☆☆ 3.6. 11:06
Nie wieder! Ich hatte nichts als `Klick`. Ein Problem ist, dass die App meine Adresse nicht `losfährt`. Liegt die außerhalb von eurem `Durchschnitt`? Leider steht das nirgendwo!

☆☆☆☆☆ 26.5. 16:37
Ich habe 10x auf die Mailbox gesprochen. Aber Anrufe werden wohl nicht `verfolgt`. Niemand hat mich zurückgerufen.

1. zugestellt
2. _____
3. _____
4. _____
5. _____
6. _____
7. _____
8. _____
9. _____
10. _____

7a WÖRTER Lesen Sie den Tipp unten und ordnen Sie die Wörter mit Artikel in die Tabelle ein. → KB 2

Halbmarathon, Haustür, Spülmaschine, Sozialarbeiter, Busfahrer, Arbeitstag, Fitnesstraining, Wohnraum, Kleinstadt, Paketzentrum, Hobbybäckerin, Wohnungstür, Trinkgeld, Fahrzeug, ~~Schreibtisch~~, ~~Großeinkauf~~, Kurzgeschichte, Feierabend

Nomen + Nomen	Verb + Nomen	Adjektiv + Nomen
die Arbeit + s + der Tag = der Arbeitstag	schreiben + der Tisch = der Schreibtisch	groß + der Einkauf = der Großeinkauf

> Zusammengesetzte Nomen bildet man meistens aus zwei Nomen *(der Feierabend, der Arbeitstag)*. Der erste Teil kann aber auch ein Verb *(der Schreibtisch)* oder ein Adjektiv *(der Großeinkauf)* sein. Der zweite Teil des Wortes bestimmt den Artikel *(die Feier + der Abend = der Feierabend)*.

b Welches Wort passt? Ergänzen Sie und schreiben Sie dann beide Wörter mit Artikel.

Dienst Geld Haus Paket ~~Service~~ Stadt

1. LIEFER _SERVICE_ KRAFT — der Lieferservice, die Servicekraft
2. TRINK _____ AUTOMAT
3. SPÄT _____ LEISTUNG
4. TREPPEN _____ TÜR
5. BÜCHER _____ ZUSTELLERIN
6. GROSS _____ BEZIRK

8 WÖRTER Lesen Sie den Artikel. Ersetzen Sie die markierten Verben durch Verben in der Umgangssprache. Schreiben Sie die Sätze neu. → KB 3

jemandem auf die Finger schauen meckern quatschen schleppen schuften über die Runden kommen

MEIN ALLTAG ALS UMZUGSHELFER

Wir sind eine ziemlich kleine Firma mit wenigen Angestellten. Darum können wir nicht jeden Job annehmen. Aber ich will mich nicht beschweren (1). Wir haben genug Kunden, um zurechtzukommen (2). Bei jedem Umzug gibt es natürlich viel zu tragen (3). Waschmaschinen und alte Möbel sind leider sauschwer. Manchmal arbeiten (4) wir um die 10 Stunden ohne eine größere Pause – gehen nur kurz aufs Klo und essen was. Manche Kunden reden (5) superviel. Sie können nicht mal eine Minute ruhig sein. Klar, denn so ein Umzug ist aufregend und die Kunden sind meistens nervös. Mich macht aber etwas anderes nervös: wenn die Kunden uns bei der Arbeit immer genau kontrollieren (6). Wir machen das doch nicht zum ersten Mal!

1. Aber ich will nicht meckern.

9 KOMMUNIKATION Was passt? Lesen Sie die Gespräche und ergänzen Sie. → KB 4

~~Ich dachte, dass~~   Das steht auch   Das steht aber nicht   Wir haben das etwas anders verstanden
Daran habe ich gar nicht gedacht   Ich finde es interessant, dass   Ich habe notiert, dass

◆ _Ich dachte, dass_ (1) wir bis Ende des Jahres mit dem Projekt fertig sein sollen.
■ Ja, das stimmt. Hier, schau mal: _____ (2) im Vertrag.

◆ Ich habe noch mal in meine alten Notizen geschaut. _____ (3) wir auf jeden Fall einmal im Monat Ergebnisse liefern sollen. _____ (4) im Vertrag, oder?
▲ Nein, da steht nichts. _____ (5). Für uns war das eher ein Vorschlag.
■ Spannend! _____ (6) ihr das so unterschiedlich verstanden habt. Wie konnte das passieren?

◆ Das habe ich gestern Abend alles noch mal genau gelesen und geprüft. Im Vertrag steht noch, dass wir in zwei Wochen die erste Rechnung schicken können.
■ Oh, gut, dass du mich daran erinnerst. _____ (7).

10 GRAMMATIK Verneinen Sie jeweils den ganzen Satz. Schreiben Sie die Sätze neu mit *nicht*. → KB 6

 **Ärger mit Paketen**
1. die Adresse vom Empfänger – stimmen
2. das Paket – ankommen
3. man – verfolgen können – das Paket
4. die App vom Lieferdienst – funktionieren
5. der Zusteller – finden – die Adresse
6. der Zusteller – klingeln
7. die Nachbarn – annehmen wollen – meine Pakete

> 1. Die Adresse vom Empfänger stimmt nicht.

11a GRAMMATIK Lesen Sie die Sätze. Was wird hier verneint? Unterstreichen Sie. → KB 7

1. Nicht <u>ich</u> hatte heute die Pizza Hawaii ins Büro bestellt, sondern mein Kollege.
2. Ich hatte nicht heute die Pizza Hawaii ins Büro bestellt, sondern gestern.
3. Ich hatte heute nicht die Pizza Hawaii ins Büro bestellt, sondern die Pizza Margherita.
4. Ich hatte heute die Pizza Hawaii nicht ins Büro bestellt, sondern nach Hause.

b Verneinen Sie die unterstrichenen Satzteile und ergänzen Sie die passende Information mit *sondern*.

40 Prozent | ~~in der Schweiz~~ | in der Stadt | per Telefon | Pizza

Lebensmittel online bestellen:
In Deutschland ist das Interesse groß. (1)
Der Service wird meistens <u>auf dem Land</u> genutzt. (2)

Essen liefern lassen: <u>20 Prozent</u> der Deutschen haben das noch nie ausprobiert. (3)
Die meisten Kunden bestellen <u>online</u>. (4)
<u>Salat</u> ist das beliebteste Gericht. (5)

1. Nicht in Deutschland ist das Interesse groß, sondern in der Schweiz.

12 KOMMUNIKATION Lesen Sie den Chat und ergänzen Sie die Redemittel. → KB 8

> Ich war gestern im Café Minzblatt. Das ist neu und sieht ganz schön aus, finde ich.

> Ja, stimmt! Hast du vorher die Bewertungen zu dem Café gelesen? Ich mache das gerade. Jemand hat geschrieben: „So kann man nicht mit seinen Gästen umgehen!" Du bist also nicht allein mit deinem Ärger. 🙂

> Ich hätte besser mal gefragt, ob ich ihren Chef sprechen kann. Dann wäre sie bestimmt netter gewesen.

> Cool!

> Also, ich weiß nicht. Ich bin unsicher, ob das geholfen hätte. Vielleicht wirkt sie deshalb so unfreundlich, weil ihr Chef so viel Druck macht oder weil andere Kunden vorher doof zu ihr waren.

> Aber ich glaube, ich war zum letzten Mal dort. Das Essen ist zwar gut, aber die Kellnerin war total unfreundlich. Ich finde es nicht in Ordnung, wenn man sich nicht einmal bedankt. Dabei habe ich extraviel Trinkgeld gegeben. Es ist unverschämt, dann gar nichts zu sagen.

> Ja, vielleicht hast du recht. Das habe ich so noch nicht gesehen.

ein Verhalten bewerten
Ich finde es okay, wenn …
Ich finde es nicht in Ordnung, wenn
_____
_____

Unsicherheit ausdrücken
Ist das so?
Stimmt das wirklich?
_____
_____

Aussagen wiedergeben
Hier steht, dass …
_____
_____

Unwissen ausdrücken
Dieser Gedanke ist / war neu für mich.
_____
_____

13a KOMMUNIKATION Lesen Sie die Aussagen und ergänzen Sie die fehlenden Buchstaben. → KB 8

Unfreundlich im Callcenter? >> Eure Meinung!

NicoLetta
Ich denke, es gibt klare Regeln für alle Mitarbeiter*innen im Callcenter.
Wer unfreundlich ist, verliert seinen Job.

Arian98
S_____ das w_____l_____? (1) Das habe ich ja noch nie gehört.

Sinead
Ich f_____ e____ o_____y, w_____ (2) man seinen Ärger zeigt. Das ist doch menschlich, oder?

Vicente
A_____, ich w_____ n_____. (3) Ich f_____ es n_____ in O_____, (4) wenn man
im Beruf seine Gefühle zeigt. Man sollte nett zu den Kunden sein. Gefühle sind Privatsache.

EllaKali
E____ i_____ u_____sch_____, (5) so mit den Kunden umzugehen. Das geht gar nicht.

HolgerHa
J__m_____ hat g____sch_____: (6) „Gefühle sind Privatsache". Dieser G____d_____
war n_____ (7) für mich. I_____ d_____ so? (8) Das klingt schlimm!

b SCHREIBEN Verfassen Sie einen eigenen Kommentar (ca. 20 Wörter) mit den Redemitteln aus a.

Aussprache: Betonung von Negationswörtern

2◀)) 21 1 Welches Wort wird betont? Hören Sie und markieren Sie.

Joggen für die Gesundheit? Das brauche ich nicht. Ich laufe im Job genug.

1. (Das) brauche ich nicht.   5. Das brauche ich bestimmt nicht.
2. Das brauche ich nicht.   6. Ich brauche kein Fitnesstraining.
3. Das brauche ich nicht.   7. Ich brauche kein Fitnesstraining.
4. Das brauche ich nicht.   8. Ich jogge nie.

⌐ Wenn eine Aussage verneint wird, muss das Verneinungswort nicht betont werden.
Die Verneinung wird nur dann betont, wenn diese für den Sprecher / die Sprecherin
besonders wichtig ist: *Brauchst du kein Fitnesstraining? – Nein, ich brauche **kein** Fitnesstraining.*
Die Verneinung kann durch Wörter wie *bestimmt, gar, überhaupt, ...* verstärkt werden.
Im Allgemeinen sind es dann diese Wörter, die betont werden.
Ausnahme: Das Wort *nie* drückt Absolutheit aus und wird fast immer betont. ⌐

2◀)) 22 2 Lesen Sie die Aussage und markieren Sie die Wörter, die Ihrer Meinung nach betont
werden sollten. Hören Sie dann ein Beispiel und vergleichen Sie mit Ihrer Lösung.

Früher habe ich meinen Job sehr gern gemacht, heute nicht mehr.
Viele Menschen können sich nicht vorstellen, was unser Job bedeutet.
Sie haben keine Geduld und können nicht warten, bis wir ihre Müll-
tonnen leeren. Sie meckern nur und verlangen, dass wir mit dem
Müllauto „nicht im Weg" stehen. Ein Dankeschön gibt es fast nie.

Selbstkontrolle

1 WÖRTER Was passt? Lesen Sie den Blogtext und markieren Sie.

www.elizas-gedankenwelt.de

• EIN PAAR GEDANKEN ZU … GEDULD •

Geduld ist ein schwieriges Thema für mich. Ich kann mir entgegenkommen / vorstellen (1), dass es einigen von euch auch so geht. Nur so ein Gedanke … 🙂
Hupt ihr auch sofort, wenn jemand nicht bei einer grünen Ampel losfährt / winkt (2)?
Ladet / Verfolgt (3) ihr auch eure Pakete, damit ihr genau wisst, wann sie zugestellt werden?
Räumt / Scannt (4) ihr auch gern QR-Codes, weil das viel Zeit spart?
Meckert / Schleppt (5) ihr auch, wenn ihr auf euren Kaffee warten müsst?
Wartet ihr auch nur zwei Minuten, wenn ihr an einer Tür klingelt / schuftet (6)?
Fragt ihr auch nach, damit ihr wisst, wann euer Antrag bearbeitet / ausgeladen (7) wird?
Bedankt / Bewundert (8) ihr euch manchmal, auch wenn ihr die Blumen noch gar nicht angenommen habt?

  ..../ 8 Punkte   😊 5 – 8 Punkte   😐 0 – 4 Punkte

2 GRAMMATIK Der markierte Satzteil soll verneint werden. Wo steht dann *nicht*? Markieren Sie.

❶ Dieses Hemd ○ habe ich ○ bestellt.

❷ Das ist ○ die richtige Größe ○.

❸ Außerdem ○ gefällt mir die Farbe ○.

❹ Ich glaube, dieses Paket ist ○ für mich ○.

❺ Hier steht ja auch ○ meine Adresse ○.

❻ Und wo ist mein Paket? Hoffentlich ○ schickt der Zusteller es ○ zurück.

  ..../ 6 Punkte   😊 4 – 6 Punkte   😐 0 – 3 Punkte

3 KOMMUNIKATION Was passt? Lesen Sie das Gespräch und ergänzen Sie.

Das habe ich so noch nicht gesehen.   Es ist unverschämt, … zu   Hier steht, dass
Ich bewundere   Ich bin unsicher, ob   Ich finde es nicht in Ordnung, wenn

♦ Ich lese gerade einen interessanten Artikel über eine Zugbegleiterin. _____ (1) dieser Job ziemlich schwierig ist. Oft gibt es Ärger, weil Leute sauer sind und sich dann beschweren. _____ (2) man mit den Zugbegleiter*innen meckert. Das ist doch unfair. Es ist ja nicht ihre Schuld, wenn der Zug Verspätung hat.
▲ _____ (3) Aber da hast du natürlich recht.
♦ _____ (4) die Zugbegleiter*innen, die dann freundlich bleiben. _____ (5) ich das könnte. Die Leute haben oft so wenig Respekt. Sie sprechen kaum mit Menschen, die im Zug arbeiten. _____ den Zugbegleiter*innen nicht _____ (6) antworten, wenn sie einen schönen Tag wünschen. Ich verstehe das nicht!

......./ 6 Punkte   😊 4 – 6 Punkte   😐 0 – 3 Punkte

EXTRA PRÜFUNG

1 **LESEN** Lesen Sie die Aufgaben 1 – 4 und den Text dazu. Wählen Sie bei jeder Aufgabe die richtige Lösung a, b oder c.

1. Schäden an den E-Rollern
   a) werden später repariert.
   b) müssen vor der Fahrt gemeldet werden.
   c) soll man der Polizei mitteilen.

2. Bei kürzerer Verwendung
   a) kriegt man Geld zurück.
   b) soll man am Parkplatz warten.
   c) muss man Strafe bezahlen.

3. Die Hotline
   a) ist nur für Probleme bei der Buchung zuständig.
   b) ist teuer.
   c) kann man immer anrufen.

4. Die App
   a) muss man bezahlen.
   b) fragt nach den eigenen Daten.
   c) bucht nach dem Herunterladen automatisch einen Roller.

Aushang

Verleih und Nutzung unserer E-Roller

Wir freuen uns, dass Sie Interesse an unseren E-Rollern haben. Damit das Ausleihen und Nutzen gut klappt, lesen Sie bitte unsere Hinweise genau durch.

Buchung: Um einen E-Roller zu buchen, brauchen Sie die App *e-mobil*. Laden Sie die App gratis auf Ihr Smartphone. Sie müssen dann Ihre Daten eingeben und festlegen, wie Sie bezahlen wollen. Dann kann es schon losgehen. Gehen Sie einfach auf „Buchen", um einen E-Roller zu leihen.

Dauer: Bei der Buchung müssen Sie angeben, von wann bis wann Sie den E-Roller leihen wollen. Wenn Sie den Roller früher zurückgeben, bekommen Sie das restliche Geld wieder. Es ist jedoch nicht möglich, den Roller länger zu behalten, als Sie gebucht haben. Oft wartet schon die nächste Person auf das Fahrzeug. Deshalb kostet es 50 Euro Strafgebühr, wenn Sie den Roller zu spät zurückbringen.

Rückgabe: Die Rückgabe des E-Rollers erfolgt pünktlich am gleichen Parkplatz, an dem Sie ihn abgeholt haben.

Vor der Benutzung: Kontrollieren Sie den E-Roller immer auf Schäden, bevor Sie losfahren. Wenn Sie Schäden am Fahrzeug feststellen, rufen Sie uns an oder informieren Sie uns über die App.

Bei einem Unfall: Wenn Sie einen Unfall haben, dann bleiben Sie unbedingt am Unfallort und informieren Sie uns sofort. Wir schicken einen Mitarbeiter und informieren die Polizei, wenn das nötig ist.

Bei Problemen: Egal welche Probleme Sie bei der Buchung oder mit den Fahrzeugen selbst haben – Sie erreichen uns ständig über unsere kostenlose Hotline. Die Telefonnummer finden Sie in der App.

Die Informationen zu den Aufgaben stehen hier nicht in der richtigen Reihenfolge im Text. Die ersten Wörter der Aufgaben helfen Ihnen aber meistens, schnell die richtigen Textstellen zu finden. Manchmal steht das Schlüsselwort selbst im Text (zum Beispiel *Hotline* oder *App*), manchmal ein Wort mit ähnlicher Bedeutung (zum Beispiel *Bei kürzerer Verwendung* in der Aufgabe, *Dauer* im Text).

EXTRA PRÜFUNG

2 **HÖREN** Sie hören fünf kurze Texte. Dazu sollen Sie fünf Aufgaben lösen. Sie hören jeden Text zweimal. Entscheiden Sie beim Hören, ob die Aussagen 1–5 richtig (+) oder falsch (–) sind.

1. Frau Lukas soll Lebensmittel besorgen. ....
2. Für die Aktion werden noch Müllbeutel gebraucht. ....
3. Der Kunde soll seine Rechnung am Schalter 3 bezahlen. ....
4. Der Kundenservice ist an zwei Tagen pro Woche bis 20 Uhr erreichbar. ....
5. Die Zuhörerinnen und Zuhörer können zu den präsentierten Sachbüchern Fragen stellen. ....

> Lesen Sie die Aufgaben vor dem Hören. Konzentrieren Sie sich dann beim ersten Hören auf den Inhalt im Allgemeinen. Beim zweiten Hören konzentrieren Sie sich dann genau auf das Detail der Aufgabe.

3 **SCHREIBEN** Schreiben Sie eine E-Mail.

Sie haben von einer Freundin folgende E-Mail erhalten:

Liebe/r .... ,

vielen Dank für die Einladung – ich komme total gern zu dir! Deine Stadt kenne ich noch gar nicht – und du weißt ja, wie gern ich neue Städte entdecke! Wann passt dir denn ein Besuch von mir?
Ich habe aber kein Auto und mir ist es wichtig, umweltfreundlich zu reisen. Hast du dafür Tipps für mich? Wie komme ich am besten ohne Auto in deine Stadt?
Ich freue mich schon sehr! Was wollen wir denn alles unternehmen? Und noch eine Frage: Welche Möglichkeiten gibt es, innerhalb deiner Stadt umweltfreundlich unterwegs zu sein? Geht das gut?
Melde dich bald, damit ich alles planen kann!

Liebe Grüße
Paula

Antworten Sie auf die E-Mail. Schreiben Sie etwas zu allen vier Punkten:
- was man alles unternehmen kann
- wie Paula umweltfreundlich reisen kann
- wie man in der Stadt umweltfreundlich unterwegs sein kann
- wann ihr Besuch gut passen würde

> Sie müssen vor dem Schreiben der E-Mail die vier Punkte in eine passende Reihenfolge bringen. Es handelt sich hier um eine informelle (das heißt: private) E-Mail an eine Freundin. Wählen Sie für diese Form der E-Mail einen passenden Betreff, eine passende Anrede, Einleitung und einen passenden Schluss aus.

4 **SCHREIBEN** Schreiben Sie eine E-Mail (ca. 40 Wörter).

Ihre Chefin, Frau Soyez, hat Sie zu einem Mitarbeitergespräch eingeladen. Zu dem Termin können Sie aber nicht kommen.

Schreiben Sie an Frau Soyez, entschuldigen Sie sich *höflich* und berichten Sie, warum Sie nicht kommen können. Vergessen Sie die Anrede und den Gruß nicht.

> In dieser Aufgabe sollen Sie eine formelle E-Mail höflich formulieren. Wiederholen Sie als Vorbereitung Redemittel (zum Beispiel: *Es tut mir sehr leid. Leider kann ich nicht kommen.*) und grammatische Strukturen (zum Beispiel den Konjunktiv) dafür. Überlegen Sie sich auch eine höfliche Anrede und einen freundlichen Gruß.

EXTRA PRÜFUNG

5a SPRECHEN Sie sollen Ihren Zuhörerinnen und Zuhörern ein aktuelles Thema präsentieren. Dazu finden Sie hier fünf Folien. Folgen Sie den Anweisungen links und schreiben Sie Ihre Notizen und Ideen rechts daneben.

FOLIE 1 Stellen Sie Ihr Thema vor. Erklären Sie den Inhalt und die Struktur Ihrer Präsentation.	„ICH BRAUCHE KEIN AUTO!" Kann man ohne Auto gut leben?	Das Thema meiner Präsentation ist: … Zuerst spreche ich über … Dann werde ich von … berichten. Anschließend … Zum Schluss …
FOLIE 2 Berichten Sie von Ihrer Situation oder einem Erlebnis im Zusammenhang mit dem Thema.	Kann man ohne Auto gut leben? MEINE PERSÖNLICHEN ERFAHRUNGEN	Ich möchte Ihnen berichten, was … Ich hatte folgendes Erlebnis: …
FOLIE 3 Berichten Sie von der Situation in Ihrem Heimatland und geben Sie Beispiele.	Kann man ohne Auto gut leben? DIE SITUATION IN MEINEM HEIMATLAND	In meinem Heimatland … Ich gebe Ihnen ein Beispiel: …
FOLIE 4 Nennen Sie die Vor- und Nachteile und sagen Sie dazu Ihre Meinung. Geben Sie auch Beispiele.	Kann man ohne Auto gut leben? VOR- UND NACHTEILE & MEINE MEINUNG	Es hat Vorteile und Nachteile, … zu … Positiv / Negativ ist, dass … Ich bin der Meinung, dass …
FOLIE 5 Beenden Sie Ihre Präsentation und bedanken Sie sich bei den Zuhörerinnen und Zuhörern.	Kann man ohne Auto gut leben? ABSCHLUSS & DANK	Ich bin nun am Schluss meiner Präsentation angekommen. Ich danke Ihnen für Ihre Aufmerksamkeit.

> In der Prüfung bekommen Sie zwei Themen. Von diesen Themen können Sie eins auswählen. Verwenden Sie passende Redemittel, um die Struktur Ihrer Präsentation deutlich zu machen und den Zuhörerinnen und Zuhörern Orientierung zu geben. Einige passende Redemittel finden Sie neben den Folien.

b Nach Ihrer Präsentation: Reagieren Sie auf die Rückmeldung und auf Fragen der Gesprächspartnerin / des Gesprächspartners und der Prüferin / des Prüfers.

c Nach der Präsentation Ihrer Partnerin / Ihres Partners: Geben Sie eine Rückmeldung zur Präsentation. Stellen Sie auch eine Frage zur Präsentation.

> In Ihrer Rückmeldung können Sie zum Beispiel sagen, was Ihnen gut gefallen hat oder was neu, interessant oder überraschend für Sie war.

MEDIEN
Einfach Kult!

1a WÖRTER Lesen Sie die Infotexte und schreiben Sie die Wörter richtig. → KB 1

HERBERT GRÖNEMEYER ist der erfolgreichste deutsche Sänger. Sein Album „Mensch" liegt mit 3,15 Millionen .... (plaExrenem) (1) auf Platz 2 der meistverkauften .... (platspieltenLang) (2) bzw. CDs in Deutschland.

VINYL: Aus diesem .... (stoffKunst) (3) werden nicht nur .... (platSchallten) (4), sondern auch Fußböden hergestellt. Vinyl ist die .... (kürAbzung) (5) für Polyvinylchlorid.

b Welche Wörter aus **a** haben eine ähnliche Bedeutung? Ergänzen Sie.

1. ein kurzes Wort = die ....
2. das Stück = das ....
3. ein Material wie Plastik = der ....

2 WÖRTER Welcher Satz hat eine ähnliche Bedeutung, ⓐ oder ⓑ? Markieren Sie. → KB 1

1. Ich habe gleich noch einen Termin, aber ich komme auf einen Sprung vorbei.
   ⓐ Ich bin sofort bei dir.
   ⓑ Ich komme kurz vorbei.

2. Weißt du wirklich nicht mehr, woher wir uns kennen? Soll ich dir auf die Sprünge helfen?
   ⓐ Soll ich dir einen Tipp geben?
   ⓑ Soll ich mit dir Springen üben?

3. Wie oft willst du das noch sagen? Hast du einen Sprung in der Platte?
   ⓐ Ist deine Platte kaputt?
   ⓑ Warum redest du immer dasselbe?

4. Wovon sprichst du jetzt eigentlich? Ich verstehe deine Gedankensprünge nicht.
   ⓐ Ich verstehe nicht, warum du dir Sorgen machst.
   ⓑ Ich verstehe dich nicht gut, weil du von einem Thema zum anderen springst.

5. Können wir das morgen machen? Ich bin auf dem Sprung.
   ⓐ Ich habe es eilig.
   ⓑ Ich fliege bald weg.

6. Das könnt ihr doch nicht machen! Ihr habt wohl einen Sprung in der Schüssel.
   ⓐ Euer Geschirr ist kaputt.
   ⓑ Ihr seid ja nicht ganz normal.

3a WÖRTER Wofür stehen die Abkürzungen? Markieren Sie. → KB 2

1. die LP = der Laptop / die Langspielplatte / die Lernpause
2. der DJ = der Disko-Jazz / der Dienstleistungsjob / der Discjockey
3. die CD = die Chaos-Durchsage / die Café-Dekoration / die Compact Disc
4. der Lkw = der Langzeitklimawandel / der Lastkraftwagen / der Live-Konzertwettbewerb

b Welche anderen Abkürzungen kennen Sie? Notieren Sie.   z. B. = zum Beispiel, usw. =

10

4a WÖRTER Lesen Sie die Schlagzeilen und den Tipp. Markieren Sie dann die Adjektive mit *-reich*. → KB 2

❶ Gebraucht kaufen oder teilen: Hilfreiche Tipps, die bares Geld sparen

❷ Nach 50 Jahren: Traditionsreiches Musikgeschäft schließt zum 1. Juli

❸ Beatles, ABBA, U2, ...: Wählen Sie die erfolgreichste Band aller Zeiten!

❹ KOSTENLOSER MUSIKUNTERRICHT: Angebot für kinderreiche Familien

❺ Musik- und Theaterfestival: Ideenreiches Programm mit zahlreichen Aktionen für Groß und Klein

❻ Tränenreicher Abschied von der Bühne: Letztes Live-Konzert von DJ Marlow begeistert die Fans

❼ Tanzgruppe sorgt für Stau auf verkehrsreicher Straße

Aus Nomen kann man mit der Endung *-reich* Adjektive bilden. Das geht mit Nomen im Singular *(hilfreich)* oder Plural *(ideenreich)*. Manchmal steht zwischen dem Nomen und *-reich* ein *-s-* *(tradition**s**reich)*.

b Ergänzen Sie die Adjektive.

1. die Hilfe – *hilfreich*
2. die Tradition – _____
3. der Erfolg – _____
4. das Kind – _____
5. die Idee – _____
6. die Zahl – _____
7. die Träne – _____
8. der Verkehr – _____

c Wie kann man das anders sagen? Ergänzen Sie Adjektive mit *-reich* in der richtigen Form.

Die Bregenzer Festspiele, die eine lange Tradition haben, finden jedes Jahr im Juli und August statt. Die Bühne steht auf dem Bodensee und sieht jedes Jahr anders aus. Eine große Zahl an Musiker*innen, die international große Erfolge gefeiert haben, sind hier zu Gast. Pro Jahr werden mehr als 200.000 Tickets verkauft.

Die _____ (1) Bregenzer Festspiele finden jedes Jahr im Juli und August statt. ... _____ (2) international _____ (3) Musiker*innen sind hier zu Gast. ...

5a WÖRTER Was passt? Lesen Sie den Post und ergänzen Sie. Nicht alles passt. → KB 3

Atmosphäre   Auftritt   Bühne   Kult   Sammlung   Zuschauer*innen

www.blog-tobi.net

Ich bewundere Menschen, die sich einfach auf eine _____ (1) stellen und dann vor hundert oder mehr Leuten Musik machen. Ich denke, es ist normal, dass man vor einem _____ (2) ein bisschen aufgeregt ist. Aber ich habe richtig Angst, wenn ich etwas präsentieren soll. Und diese Angst verschwindet leider nicht. Das ist auch so, wenn die _____ (3) eigentlich angenehm oder sogar familiär ist. Ich finde es sogar besonders stressig, wenn ich die _____ (4) persönlich kenne. Komisch, oder? Na ja, deshalb habe ich in den letzten Jahren maximal zehnmal vor anderen Leuten gesungen. Aber immer wenn ich es geschafft hatte, war ich ziemlich stolz.

b Welche Wörter drücken Gegensätze aus (↔), welche haben eine ähnliche Bedeutung (=)? Lesen Sie den Post in **a** noch einmal und ergänzen Sie.

1. nervös _____ aufgeregt
2. fremd _____ familiär
3. mindestens _____ maximal
4. zufrieden mit der eigenen Leistung _____ stolz

AB • MODUL 4 • SEITE 74

6 WÖRTER Lesen Sie den Infotext. Schreiben Sie die Adjektive richtig. → KB 3

DAS WAREN DIE 1980ER-JAHRE

WISST IHR NOCH?

Die Vokuhila (eine Abkürzung für: vorne kurz, hinten lang): .... (benslietewer) (1) Mode oder schrecklicher Style für die Haare?

.... (siMukascherli) (2) Trend: Die Neue Deutsche Welle mit Bands wie Trio, Extrabreit, Hubert Kah, Falco und Nena.

Am Dienstagabend die amerikanische Fernsehserie „Dallas" zu gucken, war für viele Familien ein fast schon .... (erfeichesli) (3) Ritual.

Dieses .... (nitechsche) (4) Gerät hat die Jugend begeistert. Endlich: Musik zum Mitnehmen – und zwar in jeder Jackentasche! Kennt ihr den Namen?

7 WÖRTER Welches Verb passt? Verbinden Sie. → KB 3

1. eine CD – eine Schallplatte – eine DVD
2. ein Geschäft – ein Fahrzeug – ein Gespräch
3. die Fans – die Zuschauer – die Gäste
4. Ergebnisse – ein neues Produkt – ein Programm
5. sich an Regeln – sich an eine Reihenfolge – sich an einen Termin

a führen
b präsentieren
c halten
d begeistern
e abspielen

8 WÖRTER Finden Sie noch fünf Nomen und ergänzen Sie in der richtigen Form. → KB 3

B G A T **R I T U A L** Q O A J S A M M L U N G M X R Z S T Ü C K W D C Y Z F O R M A T
P F J K F H T K U N S T W E R K V T N A J U Y S A M M L E R I N N E N S F B X C

Welche Rolle spielt Musik in eurem Leben?

Ich habe eine große .... (1) von Jazz-Musik, vor allem von berühmten Live-Auftritten. Ich sammle alle .... (2): Platten, CDs und Musikdateien. Ich habe auch Kontakt zu .... (3) und Sammlern auf der ganzen Welt.

Ich bin Fan von alten Musikvideos. Das sind für mich echte .... (4), die eine Geschichte erzählen. Mein Lieblingsvideo ist „Firework" von Katy Perry.

Nach Feierabend tanze ich immer erst mal. Das ist ein _Ritual_ (5), bei dem ich mich super erholen kann. Nach zwei, drei .... (6) habe ich die Arbeit vergessen und fühle mich gut.

9 WÖRTER Lösen Sie das Rätsel. → KB 4

1. Wenn man etwas kauft, wird an der Kasse der QR-... gescannt.
2. Wenn man eine Schallplatte hören will, holt man sie aus dem ...
3. Wenn man keine Verbindung zum Internet hat, ist man ...
4. Wenn man bei einem Konzert ist, kann man Musiker*innen ... erleben.
5. Wenn in einem Musikstück gesungen wird, spricht man von einem Lied oder einem ...
6. Wenn jemand nach einer Pause seine Karriere neu beginnt, nennt man das ein ...
7. Wenn etwas angenehm für die Ohren ist, hat es einen guten ...
8. Wenn man etwas aus dem Internet herunterlädt, ist das ein ...

1 C
2 C
3 O
4 L
5 S
6 C
7 S
8

10

10a WÖRTER Welches Verb passt? Ergänzen Sie. → KB 4

downloaden   mailen   sharen   streamen

1. _____   2. _____   3. _____   4. _____

b Lesen Sie den Tipp rechts und ergänzen Sie die Tabelle.

Englisch	Infinitiv	1. Person Singular	Partizip Perfekt
1. to download		ich downloade	ich habe gedownloadet
2. to mail	mailen	ich maile	ich habe _____
3. to share	sharen	ich share	ich habe _____
4. to stream	streamen	ich _____	ich habe _____

> Das Partizip Perfekt von Verben, die aus der englischen Sprache kommen, bildet man meistens mit *haben* und *ge- + -t* (streamen → gestreamt).

11 WÖRTER Die markierten Nomen stehen an der falschen Stelle. Korrigieren Sie. → KB 5

www.gute-frage.net

Früher waren Lieder häufig deutlich länger als heute. Warum ist das so?

Ich hab gelesen, dass die ideale **Konkurrenz** für Popsongs heute zwei Minuten ist. **Gelegenheiten** haben Daten dazu gesammelt. Beim Zuhören wechseln viele wohl nach zwei Minuten das Lied.

Vielleicht, weil es früher weniger **Länge** zum Musikhören gab – keine Handys, keine sozialen Netzwerke, … Außerdem hört man digital wohl deutlich anders.

Ich muss ja sagen, es gibt viele **Streamingdienste**, wo mich Musik stört – auch wenn die Songs kurz sind.

1. _____
2. _____
3. _____
4. _____

12a GRAMMATIK Wo wird über die Zukunft gesprochen? Markieren Sie. → KB 6

Ich habe ○ **vor zehn Jahren** (1) angefangen, Klavier zu spielen. ○ **Momentan** (2) habe ich keinen Unterricht mehr. Aber ich will ⊗ **in den nächsten Tagen** (3) versuchen, einen neuen Lehrer oder eine neue Lehrerin zu finden. Ich vermisse es nämlich, einmal in der Woche zum Unterricht zu gehen. Als ich ○ **damals** (4) noch Unterricht hatte, habe ich viel mehr geübt. ○ **Im Moment** (5) übe ich eher selten. Aber das ändert sich sicher ○ **bald** (6)! Könnt ihr jemanden empfehlen?

○ **Gestern** (7) habe ich zum ersten Mal in einer Band gespielt. Das hat so viel Spaß gemacht! Ich hoffe, dass wir ○ **in Zukunft** (8) öfter auf der Bühne stehen. ○ **Nächsten Monat** (9) haben wir schon mal zwei Auftritte. 🙂

b Lesen Sie die Sätze 3, 6, 8 und 9 in **a** noch einmal und markieren Sie.

> Wenn man über die Zukunft spricht, verwendet man in der Regel **das Präsens / das Futur** mit einer Zeitangabe *(in den nächsten Tagen, bald, …)*.

13a GRAMMATIK Ergänzen Sie in den Vermutungen, Vorhersagen und im Versprechen die Verben im Futur I. → KB 6

1. Wahrscheinlich _____ ich mein Leben lang Fan von Billie Eilish _____ . (bleiben)
2. Vermutlich _____ sie auch noch mal für Auftritte nach Deutschland _____ . (kommen)
3. Ich _____ mit Sicherheit _____ , zu einem ihrer Konzerte zu gehen. (versuchen)
4. Die Tickets _____ bestimmt schnell weg _____ . (sein)
5. Aber ich verspreche dir: Ich _____ alles _____ , um zwei Karten für uns zu bekommen. (tun)

b Markieren Sie in a Wörter, mit denen man eine Vermutung ausdrücken kann. Ergänzen Sie dann.

vielleicht   eventuell   _____   wohl   wahrscheinlich   _____   sicher   _____

c Was werden diese Fans tun? Schreiben Sie Vermutungen mit den Wörtern aus b.

bei allen Songs laut mitsingen | immer mal wieder leise husten | lange tanzen
nah an der Bühne stehen | oft zu Konzerten gehen | ruhig sitzen
still zuhören | viel Spaß haben | von der Musik begeistert sein | ...

Die Frau wird bestimmt oft zu Konzerten gehen. Sie wird ...
Die anderen Musikfans werden ...

14a KOMMUNIKATION Lesen Sie den Testbericht und ordnen Sie zu: Vorteile nennen (a), Nachteile nennen (b), ein Fazit ziehen (c). → KB 8

> Hi, ich habe zwei Karaoke-Apps getestet: SingFreak und KJSun. Beide sind kostenlos und funktionieren gut. Ein Vorteil von SingFreak ist, dass (1 ___) es Lieder in zahlreichen Sprachen gibt. Gut finde ich auch, dass (2 ___) man mit der App mit Leuten auf der ganzen Welt zusammen singen kann. Nicht sehr nützlich finde ich die Playlisten, weil (3 ___) ich viele dieser Lieder gar nicht kenne. Ein weiterer Nachteil ist, dass (4 ___) es ziemlich viel Werbung gibt. Praktisch finde ich bei KJSun, dass (5 ___) man jeden Song höher oder tiefer singen kann. Leider kann man das nicht speichern, aber das ist okay. Nützlich finde ich auch, dass (6 ___) die App den Sound verbessert. Man muss also gar nicht sooo gut singen können. Also, ich finde, es spricht viel für KJSun (7 ___). Insgesamt sehe ich mehr Vorteile bei (8 ___) dieser App. Aber probiert es einfach mal selbst aus.

b SCHREIBEN Verfassen Sie eine Bewertung der Apps mit den Redemitteln aus a. Nennen Sie Vor- und Nachteile und ziehen Sie ein Fazit.

Diese beiden Apps verraten euch, welches Lied gerade läuft.   **APPS FOR YOU!**

AskmeforSong
- ⊕ kennt 60 Millionen Lieder
- ⊕ leicht, die Ergebnisse zu teilen
- ⊖ kostet 2,99 Euro

Quirily
- ⊕ kennt 100 Millionen Lieder
- ⊕ zeigt Liedtexte an
- ⊕ kostenlos
- ⊖ scannt maximal 10 Lieder pro Tag

10

15 KOMMUNIKATION Lesen Sie die Beiträge und schreiben Sie die Redemittel richtig. → KB 8

> Ich weiß nicht, warum überall Musik laufen muss: im Supermarkt, im Aufzug, im Café. Den Strom könnte man sparen und alle hätten ihre Ruhe! 🙂   KOMMENTIEREN

▸ .... *(genau – Ja, – ganz)* (1).

▸ .... *(nur zustimmen – ich dir – Da – kann)* (2). Ich habe auch gern meine Ruhe.

▸ .... *(das – anders – Tut mir leid, – sehe ich)* (3). Ich höre gern Musik im Supermarkt – gerade wenn ich Stress habe.

▸ .... *(wir – uns – sind – In diesem Punkt – nicht einig)* (4). Ohne Musik wäre es im Café ziemlich traurig, oder?

▸ Klar, ohne Musik wäre es ruhiger. .... *(schon recht, – du – Da hast – aber)* (5) ist das so ein großes Problem? Man kann ja auch einfach Kopfhörer aufsetzen und hat dann seine Ruhe.

▸ .... *(Ich – ganz – deiner Meinung – bin)* (6). Das ist einfach nur sinnloser Energieverbrauch!

▸ Hm, ich weiß nicht, das .... *(nicht – stimmt – meiner Meinung nach)* (7). Natürlich würde man ohne Musik Strom sparen, aber Musik macht eine gute Atmosphäre. Das ist doch auch wichtig, oder?

Aussprache: Betonung bei Gradpartikeln

2◀)24 1a Hören Sie das Gespräch und markieren Sie in jedem Satz das am meisten betonte Wort.

● <u>Besonders</u> gern höre ich Techno. Ich liebe Techno-Partys. Und wie ist das bei dir?
◆ Das ist bei mir völlig anders. Techno gefällt mir überhaupt nicht. Die Musik ist noch schlimmer als Hardrock. Was meinst du, Ella?
▲ Ich bin ganz deiner Meinung. Aber über Geschmack lässt sich nicht streiten.
◆ Da hast du schon recht. Ich höre jedenfalls lieber klassische Musik.
● Klassik finde ich einfach furchtbar.

⌈ Sogenannte Gradpartikeln verstärken das nachfolgende Wort *(Das ist bei mir **völlig** anders.)* oder machen eine Aussage schwächer *(Du hast **schon** recht.)*. *Ganz, überhaupt, noch, nur, völlig* werden meist betont. *Schon* und *einfach* dagegen werden meistens nicht betont. ⌋

b Sprechen Sie das Gespräch selbst und achten Sie auf die betonten Wörter.

2◀)25 2 Sprechen Sie die Antworten und achten Sie auf die Betonung der Gradpartikeln. Hören Sie dann und vergleichen Sie.

Ohne Musik wäre das Leben traurig.

> Das sehe ich ganz genauso.
>
> Völlig richtig.
>
> Dem kann ich nur zustimmen.

Selbstkontrolle

1 WÖRTER Lesen Sie den Beitrag. Bilden Sie dann Nomen und ergänzen Sie.

Ab | Atmo | Büh | ge | Ge | heit | Kunst | kür | Län | legen | ne | schauer | sphäre | werk | Zu | zung

Elphi ist die _____ (1) für Elbphilharmonie. Das Konzerthaus wurde im Januar 2017 in Hamburg feierlich eröffnet. Und alle sind sich einig: Das 110 Meter hohe Gebäude am Hafen ist Kult – viele sagen sogar: Es ist ein _____ (2). Die Besucher*innen kommen über eine Treppe von 80 Metern _____ (3) in das Gebäude hinein. Das ganze Gebäude hat innen eine besonders angenehme _____ (4) – alles ist weit und hell. Im großen Konzertsaal ist Platz für 2.100 _____ *innen (5). Trotzdem sitzt niemand weiter als 30 Meter von der _____ (6) entfernt, denn sie ist ungefähr in der Mitte des Raums. Der unglaublich gute Sound begeistert alle Musikfans. Wer in Hamburg ist, sollte unbedingt an einer Führung teilnehmen. Das ist eine gute _____ (7), das Konzerthaus kennenzulernen.

 ____ / 7 Punkte 😊 4 – 7 Punkte 😕 1 – 3 Punkte

2 GRAMMATIK Lesen Sie die Gespräche und schreiben Sie die markierten Sätze als Vermutungen neu.

1. ◆ Haben sich Nora und Frank schon bei dir gemeldet? Sie wollten doch Konzerttickets für uns organisieren.
   ▲ Keine Sorge. Sie melden sich! *(mit Sicherheit)*

2. ◆ Weißt du, ob Ahmed gern Hip-Hop hört?
   ▲ Nein, aber frag doch seine Schwestern. Die wissen das. *(bestimmt)*

3. ◆ Was ist das für eine coole Playlist?
   ▲ Sie ist von Jonas. *(wahrscheinlich)* Der hat ja immer gute Musik.

4. ◆ Wo findet noch mal euer Auftritt statt?
   ▲ Das hängt ein bisschen vom Wetter ab. Bei Regen spielen wir nicht im Stadtpark. *(vermutlich)*

1. Sie werden sich ...

 ____ / 4 Punkte 😊 3 – 4 Punkte 😕 0 – 2 Punkte

3 KOMMUNIKATION Lesen Sie die Bewertungen. Was passt? Ergänzen Sie.

(a) Also, ich finde, es spricht viel für (b) Da hast du schon recht, aber (c) Da kann ich dir nur zustimmen.
(d) Ein Vorteil ist natürlich, dass (e) Tut mir leid, das sehe ich anders.

Ich habe lange überlegt, ob ich mir ein Digitalklavier kaufen soll, und mich dann für das Modell TA26 entschieden. Und ich muss sagen, dass ich sehr zufrieden bin. (1 ____) es viel günstiger ist als ein traditionelles Klavier. Und der Sound ist wirklich gut. Praktisch finde ich auch, dass es so wenig Platz braucht und ich mit Kopfhörern spielen kann. So störe ich die Nachbarn nicht, wenn ich übe. (2 ____) ein digitales Klavier.

KOMMENTIEREN

Ja, ganz genau. (3 ____) Dieses Klavier ist für seinen Preis wirklich gut.

(4 ____) Ein Klavier aus Kunststoff ist für mich kein Klavier!

So ein Digitalklavier hat sicher Vorteile. (5 ____) den Sound kann man nicht mit einem „richtigen" Klavier vergleichen ...

 ____ / 5 Punkte 😊 3 – 5 Punkte 😕 0 – 2 Punkte

AB • MODUL 4 • SEITE 79

11 — LERNEN
Bildungs(um)wege

1 WÖRTER Was passt? Ergänzen Sie. → KB 1

das Abitur   der Bachelor   die Grundschule   die Klassenfahrt   der Master   die Promotion
der Schüler   die Schulpflicht   die Studentin   der Studienbeginn   die Universität

Schule: das Abitur,

Studium:

2 WÖRTER Wie kann man das anders sagen? Ordnen Sie zu. → KB 1

Schon mal daran gedacht, in Deutschland zu studieren?
Hier hast du viele Möglichkeiten!

- Du kannst nach der Schule hier anfangen zu studieren (1) und deinen Bachelor machen (2).
- Oder du kommst nach Deutschland, wenn du schon ein Studium erfolgreich beendet (3) hast. Dann kannst du hier weiterstudieren und einen Master machen.
- Oder du kommst nach deinem Master an eine deutsche Universität, um zu promovieren (4).

Egal, wie: Wir freuen uns auf dich!

KONTAKT

...... ein Studium beginnen   ...... ein Promotionsstudium machen
...... ein Studium abschließen   ...... das Studium mit einem Bachelor abschließen

3a KOMMUNIKATION Sehen Sie sich die Grafiken A und B auf Seite 81 oben an. Lesen Sie dann die Beschreibung und ergänzen Sie. → KB 1

Die Grafiken zeigen   Ein Teil davon, nämlich 81 %   Es fällt auf, dass   In Grafik B ... als in Grafik A
Man sieht in den Grafiken, dass alle   Während in Grafik A   Wenn man die beiden Grafiken vergleicht

_____ (1) die Bildungschancen von Kindern in Österreich.
_____ (2) Kinder die Volksschule besuchen. _____ (3) der Kinder, deren Eltern Akademiker*innen sind, und 37 % der Kinder, deren Eltern Nichtakademiker*innen sind, machen die Matura.

_____ (4), kann man sagen, dass nur wenige Kinder von Nichtakademiker*innen studieren. Nur noch 22 % der Kinder von Nichtakademiker*innen beginnen ein Bachelorstudium. _____ (5) deutlich mehr Kinder von Akademiker*innen anfangen zu studieren – nämlich 67 %.

Interessant ist, dass nur sehr wenige Kinder von Nichtakademiker*innen ein Masterstudium oder eine Promotion beginnen. _____ (6) 25 % ein Masterstudium beginnen, sind es in Grafik B nur 7 %. _____ beginnen auch weniger Kinder ein Promotionsstudium _____ (7).

Ⓐ die Volksschule   CH die Primarschule   Ⓓ die Grundschule
Ⓐ die Matura   CH die Matura   Ⓓ das Abitur

AB • MODUL 4 • SEITE 80

11

BILDUNGSCHANCEN IN ÖSTERREICH

A Kinder von Akademiker*innen		B Kinder von Nichtakademiker*innen
100 %	Volksschule	100 %
81 %	Matura	37 %
67 %	Beginn Bachelorstudium	22 %
25 %	Beginn Masterstudium	7 %
3 %	Beginn Promotion	< 1 %

b Wie kann man das anders sagen? Verbinden Sie.

1. Die Grafik zeigt ...
2. Man sieht in der Grafik, dass alle Kinder ...
3. Es fällt auf, dass ...

a Auffällig ist, dass ...
b Die Grafik informiert über ...
c Man sieht, dass 100 % der Kinder ...

4 SCHREIBEN Beschreiben Sie die Grafik unten. Verwenden Sie dabei mindestens drei Redemittel aus **3a** und **b**. → KB 1

ZAHLEN ZUM ABITUR IN DEUTSCHLAND

Wie viele Menschen haben Abitur?		Nach Alter (2019)	
2005	22,2 %	20 bis 24 Jahre	54,5 %
2014	28,8 %	65 Jahre und älter	19,0 %
2019	33,5 %		

5 WÖRTER Lesen Sie den Infotext und schreiben Sie die Wörter richtig. → KB 3

Das deutsche _Schulsystem_ (temsysSchul) (1)
Zuerst besuchen alle Kinder mindestens vier Jahre lang eine Grundschule. Danach müssen die Eltern entscheiden, wie der _____ (dungsBilweg) (2) weitergeht. Man kann zwischen vier _____ (pentySchul) (3) wählen: _____ (Hauptleschu) (4) / Mittelschule (bis 9. Klasse), Realschule (bis 10. Klasse), Gymnasium und _____ (samtleGeschu) (5). Nach der 9. / 10. Klasse kann man eine Berufsausbildung machen. Das Abitur kann man auf einem _____ (naumGymsi) (6) oder einer Gesamtschule machen und danach an einer _____ (schuHochle) (7) studieren.

6 WÖRTER Lesen Sie die Buchvorstellung und ordnen Sie zu. → KB 3

Arbeiterkind   Ausnahme   Herkunft   Erfolg   Schulabschluss   Schulzeit

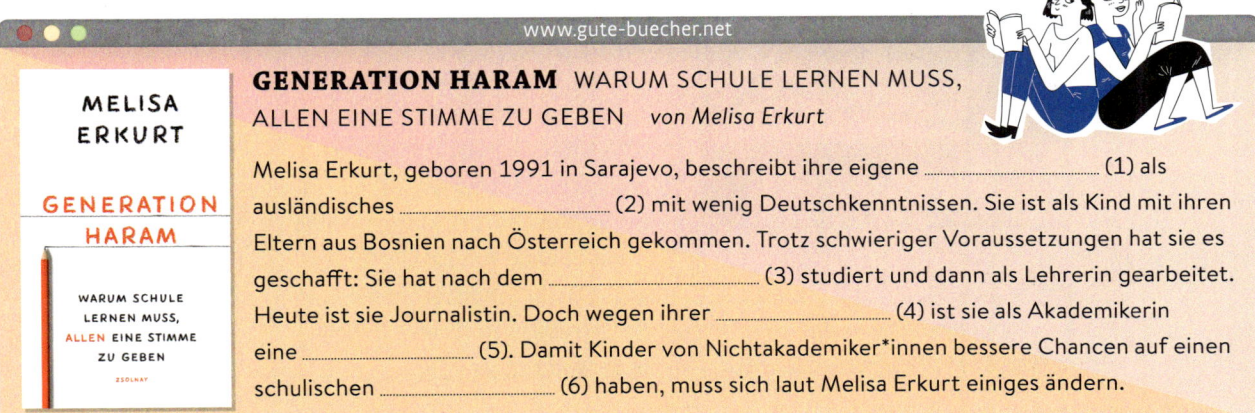

www.gute-buecher.net

GENERATION HARAM WARUM SCHULE LERNEN MUSS, ALLEN EINE STIMME ZU GEBEN   *von Melisa Erkurt*

Melisa Erkurt, geboren 1991 in Sarajevo, beschreibt ihre eigene _____ (1) als ausländisches _____ (2) mit wenig Deutschkenntnissen. Sie ist als Kind mit ihren Eltern aus Bosnien nach Österreich gekommen. Trotz schwieriger Voraussetzungen hat sie es geschafft: Sie hat nach dem _____ (3) studiert und dann als Lehrerin gearbeitet. Heute ist sie Journalistin. Doch wegen ihrer _____ (4) ist sie als Akademikerin eine _____ (5). Damit Kinder von Nichtakademiker*innen bessere Chancen auf einen schulischen _____ (6) haben, muss sich laut Melisa Erkurt einiges ändern.

7a WÖRTER Was passt? Lesen Sie den Kommentar und markieren Sie. → KB 3

// WENN ELTERN ZU VIEL WOLLEN //

Meine Eltern waren ziemlich ängstlich und haben sich viele Sorgen um meinen Bildungsweg / Mut (1) gemacht. Sie wollten alles richtig machen. Beide sind Akademiker und sehr gebildet, darum wollten sie mich am liebsten selbst unterrichten. Aber das ist in Deutschland ja nicht so einfach möglich, weil es eine allgemeine Motivation / Schulpflicht (2) gibt. Für sie war es sehr wichtig, dass ich einen guten Umweg / Start (3) in der Schule hatte. Sie haben mir seit dem ersten Schultag jede mögliche Ausnahme / Unterstützung (4) angeboten, weil sie mich besonders gut fördern wollten. Auf dem Gymnasium hatte ich zum Beispiel Erfahrung / Nachhilfe (5), obwohl meine Noten gar nicht schlecht waren. Manchmal denke ich: Es gab keine Herausforderungen / Herkunft (6) für mich. Ich hatte immer Hilfe. Ich habe nicht erfahren, wie es ist, wenn man etwas allein schaffen muss. Ich glaube, das sind keine guten Voraussetzungen / Vorwürfe (7) für den Job und das zukünftige Berufsleben. Wenn ich heute mit meinen Eltern darüber spreche, haben sie leider wenig Abschluss / Verständnis (8) für meine Kritik.

b Lesen Sie noch einmal den Text in **a**. Welche Wörter passen? Ergänzen Sie.

1. ängstlich – die Angst
2. .... – die Bildung
3. .... – der Unterricht
4. unterstützen – ....
5. .... – die Förderung
6. .... – die Erfahrung
7. vorwerfen – ....
8. jobben – ....
9. .... – die Zukunft
10. verstehen – ....

8 WÖRTER Lesen Sie den Artikel. Die markierten Wörter stehen an der falschen Stelle. Korrigieren Sie. → KB 3

Wie sinnvoll ist der Schulstart um 8 Uhr?

Für viele Kinder und besonders für Jugendliche ist das frühe Aufstehen in der Schulzeit schwierig. „In der ersten Stunde bin ich oft gerecht fertig und kann kaum zuhören", erzählt Thilo. Der 13-Jährige ist einer von vielen zukünftigen „Spätstartern": Sie schlafen nachts zu wenig und sind dann allgemein müde. „Ich finde es nicht komplett, dass ich Nachteile habe, weil ich nicht schon am frühen Morgen fit bin." Wäre also für die sogenannten Generationen von Schüler*innen ein späterer Schulstart besser? So tagsüber kann man das wohl leider nicht sagen. *[mehr]*

1. komplett
2. ....
3. ....
4. ....
5. ....
6. ....

AB · MODUL 4 · SEITE 82

9a WÖRTER — Was passt? Verbinden Sie. → KB 3

1. So kann ich nicht lernen. Die Musik ist viel zu laut.
2. Ich kann nichts lesen, es ist total dunkel hier.
3. Es hat geklingelt.
4. Ich habe keine Lust, allein an dem Projekt zu arbeiten.
5. Der Deutschkurs ist fast zu Ende.
6. Mir wird langsam wirklich kalt.

a. Könnte ich vielleicht bei euch mitmachen?
b. Würdest du bitte das Fenster zumachen?
c. Möchtet ihr mit einem B2-Kurs weitermachen?
d. Könntest du bitte das Radio ausmachen?
e. Würdest du bitte die Tür aufmachen?
f. Kannst du bitte mal das Licht anmachen?

b Unterstreichen Sie die Vorsilben in den markierten Verben in a.

c Lesen Sie den Post und die Kommentare. Ergänzen Sie dann die Vorsilben aus a.

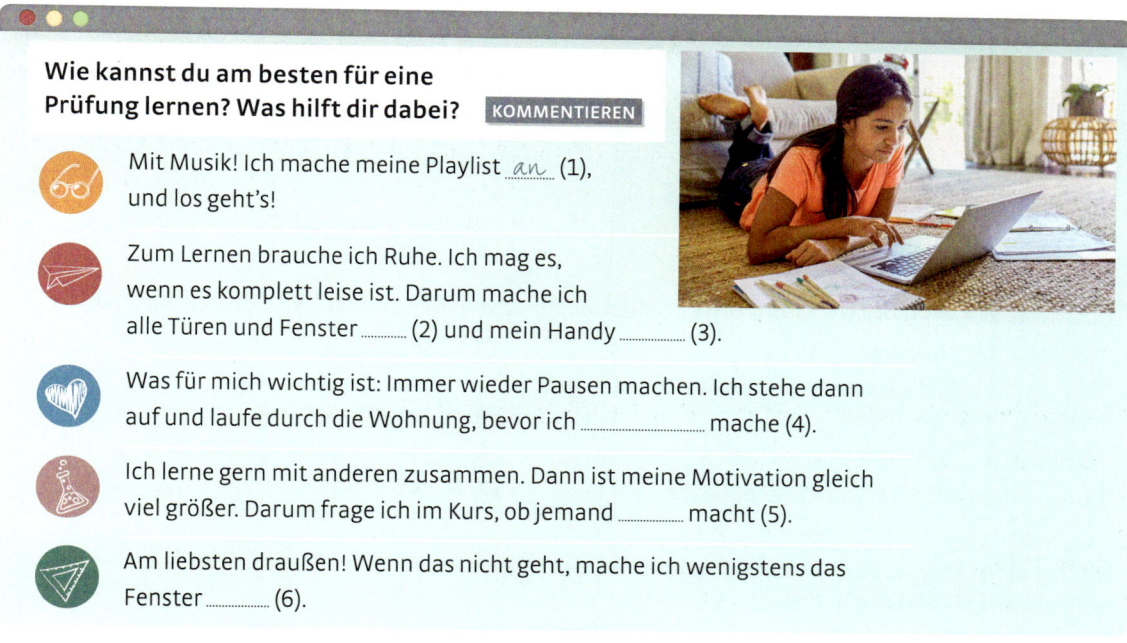

Wie kannst du am besten für eine Prüfung lernen? Was hilft dir dabei? KOMMENTIEREN

- Mit Musik! Ich mache meine Playlist _an_ (1), und los geht's!
- Zum Lernen brauche ich Ruhe. Ich mag es, wenn es komplett leise ist. Darum mache ich alle Türen und Fenster .... (2) und mein Handy .... (3).
- Was für mich wichtig ist: Immer wieder Pausen machen. Ich stehe dann auf und laufe durch die Wohnung, bevor ich .... mache (4).
- Ich lerne gern mit anderen zusammen. Dann ist meine Motivation gleich viel größer. Darum frage ich im Kurs, ob jemand .... macht (5).
- Am liebsten draußen! Wenn das nicht geht, mache ich wenigstens das Fenster .... (6).

10 KOMMUNIKATION
Lesen Sie die Informationen über das Schulsystem in der Schweiz. Ergänzen Sie die fehlenden Buchstaben. → KB 4

SCHULSYSTEM IN DER SCHWEIZ
Schulpflicht: 11 Jahre
→ ab Kindergarten

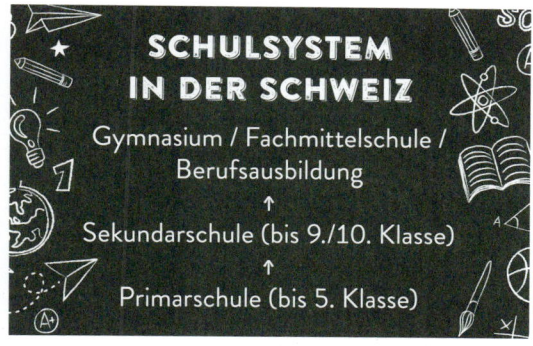

SCHULSYSTEM IN DER SCHWEIZ
Gymnasium / Fachmittelschule / Berufsausbildung
↑
Sekundarschule (bis 9./10. Klasse)
↑
Primarschule (bis 5. Klasse)

Bei uns in der Schweiz dauert die Schulpflicht elf Jahre. Sie fängt mit dem Kindergarten an, wenn die Kinder vier Jahre alt sind. E.... g..bt b......ns auch verschiedene Sch...t......en (1). S...... h......ßen (2) Primarschule und Sekundarschule. Es gibt unterschiedliche Arten von Schulen, aber die Namen sind nicht überall in der Schweiz gleich. B......... uns g......en (3) alle Kinder in die Primarschule. D....... K......der sind meistens b......... zur fünften Kla......e in der Primarschule z...sa......en (4). N...ch d......... 9. oder 10. Klasse v......la......en (5) viele Kinder die Sekundarschule, um ein Gymnasium oder eine Fachmittelschule zu besuchen oder eine Berufsausbildung zu machen. W....nn m......... st......ieren mö........., m....ss (6) man nicht unbedingt die Matura machen. Auch eine Ausbildung kann auf ein Studium an einer Hochschule vorbereiten.

11 GRAMMATIK Lesen Sie den Artikel. Was passt? Markieren Sie. → KB 5

Trotz Abitur mit Note 1: Traumberuf Dachdeckerin

Die Schüler*innen des Albert-Einstein-Gymnasiums in Weilersried bereiten ihre Abiturfeier vor. Auch Lisa Kaminski hat das Abitur seit ein paar Tagen in der Tasche – und zwar mit der Note 1,0. Wie geht es nun weiter? Seit / Während (1) viele andere aus ihrer Klasse noch über ihren zukünftigen Beruf nachdenken, ist für Lisa Kaminski schon alles klar. Bis / Nachdem (2) sie die letzte Abiturprüfung gemacht hatte, hat Lisa sich sofort um einen Ausbildungsplatz beworben – mit Erfolg! „Ich wollte nie studieren", sagt die 19-Jährige. „Darum habe ich mich im letzten Jahr über verschiedene Berufe informiert. Bevor / Seit (3) ich ein Praktikum bei einem Dachdecker gemacht habe, bin ich begeistert von diesem Beruf. Hoch oben fühle ich mich einfach besonders wohl." Im Herbst wird sie mit ihrer Ausbildung beginnen. Doch bevor / nachdem (4) es losgeht, fährt Lisa mit ein paar Freundinnen zum Wandern in die Berge. Danach dauert es nicht mehr lange, bis / während (5) Lisa täglich auf dem Dach stehen wird.

12a GRAMMATIK Lesen Sie den Tipp unten und die Aussagen. Was passt? Verbinden Sie. → KB 5

1. Nachdem ich lange gesucht habe,
2. Nachdem ich das Bachelorstudium abgeschlossen hatte,
3. Nachdem ich zwei Bewerbungen geschrieben hatte,
4. Nachdem ich das Praktikum beendet habe,

a habe ich eine Einladung zu einem Gespräch bekommen.
b gehe ich für drei Monate nach Japan.
c habe ich jetzt ein klares Berufsziel.
d habe ich mich um einen Praktikumsplatz beworben.

> Im Nebensatz mit *nachdem* steht eine andere Zeit als im Hauptsatz:
> Nebensatz im Perfekt → Hauptsatz im Präsens
> Nebensatz im Plusquamperfekt → Hauptsatz im Perfekt / Präteritum

b Schreiben Sie die Sätze. Achten Sie auf die Zeiten.

1. Nachdem ich einen Englischkurs gemacht habe, … *(jetzt viel besser sprechen)*
2. Nachdem ich schon mit dem Rad zur Arbeit gefahren bin, … *(abends keinen Sport mehr machen)*
3. Nachdem ich mich für einen Schwimmkurs angemeldet hatte, … *(mir erst mal eine Schwimmbrille kaufen)*
4. Nachdem ich lange nicht mehr geschwommen war, … *(die ersten Trainingsstunden sehr anstrengend sein)*
5. Nachdem ich im Sommer oft gewandert bin, … *(jetzt ohne Probleme 20 Kilometer laufen können)*

> 1. Nachdem ich einen Englischkurs gemacht habe, spreche ich jetzt viel besser.

13a GRAMMATIK Lesen Sie die beiden Aussagen über Sportunterricht. Welches Ereignis hat nur einmal stattgefunden? Markieren Sie. → KB 5

1. Wenn wir im Sportunterricht Gruppen gewählt haben, hat man mich immer erst ganz am Ende gewählt. ○
2. Als wir in der Schule Volleyball gespielt haben, habe ich einmal einen Ball an den Kopf bekommen. ○

b Was passt? Ergänzen Sie *als* oder *wenn*. Die markierten Wörter helfen bei der Entscheidung.

1. _____ ich an meine Schulzeit gedacht habe, habe ich mich schon oft geärgert.
2. _____ ich mich letzte Woche an meinen Sportunterricht erinnert habe, war ich plötzlich traurig.
3. _____ ich zwölf Jahre alt war, hatte ich große Angst vor dem Sportunterricht.
4. Unser Lehrer hat uns damals nie Mut gemacht, _____ wir Angst hatten.
5. _____ ich einmal gegen den Kasten gelaufen bin, hat die ganze Klasse gelacht.

14a KOMMUNIKATION Wie kann man das anders sagen? Ordnen Sie zu. → KB 7

(a) Ich würde gern wissen, was   (b) sind ... besonders wichtig   (c) Soviel ich weiß,   (d) Was meinst du damit

◆ Ich frage mich, was (1 ......) der Unterschied zwischen einer Fachhochschule und einer Universität ist.
▲ Meines Wissens (2 ......) ist das Studium an einer Fachhochschule praktischer, das heißt: Es bereitet auf den beruflichen Alltag vor.
◆ Ah! Und sind private Hochschulen besser als staatliche?
▲ Nein, die Qualität der Ausbildung ist gleich gut. In Deutschland haben staatliche Hochschulen traditionell eine große Bedeutung (3 ......).
◆ Entschuldigung, was bedeutet das (4 ......) genau?
▲ Na ja, nur ca. 10 % der Studierenden besuchen eine private Hochschule.

b SCHREIBEN Welche Bedeutung haben private und staatliche Hochschulen in anderen Ländern? Schreiben Sie einen kurzen Kommentar (ca. 30 Wörter). Verwenden Sie dabei mindestens zwei Redemittel aus a.

Aussprache: Die Reduktionsvokale -e und -er

1 -e oder -er? Hören Sie und ergänzen Sie. Hören Sie dann noch einmal und sprechen Sie nach.

1. die Schule   der Schüler
2. der Lehr......   die Lehr......
3. ein Jugendlich...... der Jugendlich......
4. ich arbeit......   der Arbeit......
5. wenig...... Kind...... wenig...... Kind......
6. ich studier......   ein Studierend......
7. ein gebildet...... Mann gebildet...... Männ......
8. aus eigen...... Erfahrung meine eigen...... Erfahrung

> Am Wortende werden -e und -er nicht betont. Der Reduktionsvokal -e klingt dabei – je nach Region – ein bisschen wie ö oder offenes e, -er tendiert zu a.

2 Markieren Sie alle reduzierten -e und -er. Hören Sie dann und lesen Sie die Antworten laut. Achten Sie besonders auf eine klare Unterscheidung bei der Aussprache von -e und -er.

◆ ...
▲ Sogenannte Akademikerinnen und Akademiker sind vielleicht gebildeter als andere. Aber das bedeutet nicht, dass sie weniger Fehler im Leben machen oder glücklicher sind.

◆ ...
▲ Alle denken, dass nur ein Studium gute Voraussetzungen für eine erfolgreiche berufliche Zukunft bringt. Ich verstehe das nicht. Gut ausgebildete Handwerkerinnen und Handwerker, Krankenpflegerinnen und Krankenpfleger haben eine große Bedeutung für unser Land.

◆ ...
▲ Das stimmt leider nicht. Ich kenne viele mit Hochschulabschluss, die weniger verdienen als eine Facharbeiterin oder ein Büroangestellter.

◆ ...
▲ Zu schade. Dabei leisten diese Menschen so viel wertvolle und nützliche Arbeit.

> Beachten Sie den Unterschied von Akademik**er** (-er am Wortende und vokalisch gesprochen) und Akademik**erin** (-r- am Silbenanfang und deshalb konsonantisch gesprochen).

11 Selbstkontrolle

1 WÖRTER Finden Sie noch sieben Nomen und ergänzen Sie dann in der richtigen Form.

VT**UNTERSTÜTZUNG**WQCHANCEZFGKGGRUNDSCHULEJVNQMOTIVATIONPZQATN
YARBEITERKINDERÜWTHERAUSFORDERUNGZQPERFOLGKLCLFXMYAFÖRDERUNG

Zwei Fragen zum Thema Bildung

Frau Dr. Hirtz, Sie untersuchen an der Hochschule Osnabrück die Bildungswege von _____ (1). *Was ist für den schulischen* _____ (2) *von Kindern aus Nichtakademiker-Familien besonders wichtig?*

Die meisten dieser Kinder bekommen ja nicht viel *Unterstützung* (3) von ihren Eltern. Darum spielt die eigene _____ (4) für ihren Erfolg eine sehr große Rolle. Nur wenn die Kinder selbst viel tun und Lust haben zu lernen, haben sie gute _____ (5).

Was muss sich Ihrer Meinung nach zukünftig ändern?

Wir brauchen eine bessere individuelle _____ (6) – und zwar am besten schon ganz früh, also im Kindergarten und in der _____ (7). Das ist natürlich bei dem aktuellen Mangel an Erzieher*innen und Lehrer*innen eine große _____ (8).

____ / 7 Punkte   😊 4 – 7 Punkte   😐 0 – 3 Punkte

2 GRAMMATIK Lesen Sie den Beitrag und ergänzen Sie.

als bevor nachdem seit während wenn

Schule früher und heute: Was hat sich verändert?

Immer _____ (1) ich an meine Schulzeit denke, wundere ich mich. _____ (2) ich in den 1950er-Jahren zur Schule gegangen bin, war vieles anders als heute. Wir mussten still sein und zuhören, _____ (3) unser Lehrer fast die ganze Zeit gesprochen hat. Wir durften erst etwas tun, _____ (4) er uns alles ganz genau erklärt hatte. _____ (5) ich Enkel habe, weiß ich, wie gerne Kinder etwas selbst entdecken. Die Schüler*innen heute können sehr viel aktiver sein. Sie können viel selbst ausprobieren, _____ (6) man ihnen die richtige Lösung zeigt.

____ / 6 Punkte   😊 4 – 6 Punkte   😐 0 – 3 Punkte

3 KOMMUNIKATION Lesen Sie die Beschreibung der Grafik und die Kommentare dazu. Schreiben Sie die Redemittel richtig.

Deutsche Studierende im Ausland: 137.900

Die beliebtesten Gastländer
• Österreich (21,9 %) • Niederlande (16,3 %)
• Großbritannien (10,3 %) • Schweiz (8,4 %)

_____ *(informiert – Die – über – Grafik)* (1) die beliebtesten Gastländer für deutsche Studierende. _____ *(dass – Man – in der Grafik, – sieht)* (2) ca. 138.000 Deutsche im Ausland studieren. *(von – Der größte Teil – ihnen, – nämlich)* (3) 90 % möchte dort einen Abschluss machen. Die beliebtesten Gastländer sind Österreich, die Niederlande, Großbritannien und die Schweiz. _____ *(ist, – Auffällig – dass)* (4) diese Länder alle in Westeuropa liegen.

_____ *(ich – weiß, – Soviel)* (5) studieren viele Deutsche auch in den USA ...

Ich verstehe das so: Die Nähe zur Familie _____ *(Bedeutung – große – für – hat – eine)* (6) die Wahl des Gastlandes.

_____ *(würde – Ich – wissen, – ob – gern)* (7) vielleicht auch die Unterrichtssprache für die Entscheidung wichtig ist.

____ / 7 Punkte   😊 4 – 7 Punkte   😐 0 – 3 Punkte

GESCHICHTEN
Erzähl doch mal!

12

1 WÖRTER Welche zwei Verben passen? Markieren Sie. → KB 1

1. eine spannende Geschichte begeistern / hören / ~~verstehen~~
2. etwas Interessantes erzählen / reden / sagen
3. schöne Momente erfüllen / erleben / genießen
4. dem neuen Nachbarn begegnen / kennenlernen / zuhören
5. ein Gefühl beschreiben / haben / treffen

2 WÖRTER Wie heißt das Adjektiv? Lösen Sie das Rätsel und finden Sie das Lösungswort. → KB 1

1. Für Menschen, die … sind, ist Engagement für andere wichtig.
2. Meine Freunde sagen, ich sehe gut aus. Sie finden mich …
3. Mein Onkel lacht selten und versteht keinen Spaß. Er ist immer sehr …
4. Eine …e Person überlegt klug, bevor sie etwas tut, damit sie alles richtig macht.
5. Wenn man … ist, nennt man nie positive Dinge, sondern sieht überall nur Fehler.
6. Ich akzeptiere alle, auch wenn sie anders sind als ich. Ich bin sehr …
7. …e Leute haben dieses Motto: Bloß keine Angst haben!
8. Einfache Lösungen zu finden mit Leuten, die … sind, ist schwer.
9. Höflich sein und Respekt haben? Nichts für jemanden, der … ist!

1	O			L				
	2		Ü		H			
		3		R	N			
4		N		F	I			
	5	K		I	C			
	6	O		R		T		
		7		T	G			
8	K		P	I				
		9	F		C			

Lösung: _____

3 WÖRTER Was passt? Lesen Sie das Gespräch und ergänzen Sie. → KB 1

cool ~~fröhlich~~ kreativ merkwürdig neugierig optimistisch zuverlässig

♦ Guck mal, Emilie! Die Fotos von Zoes Sommerparty letzte Woche!
▲ Na, das scheint ja eine lustige Runde gewesen zu sein. Alle sind total _fröhlich_ (1) und lachen.
♦ Ja, ich hatte so viel Spaß! Außerdem konnte ich endlich meine neue kurze Hose tragen.
▲ Stimmt! Die Hose! Die sieht echt _____ (2) aus. Aber sag mal: Wer ist denn der Mann da? Der sieht _____ (3) aus. Alle sind im T-Shirt, nur er trägt einen Wintermantel.
♦ Das ist Zoes Nachbar Isidor. Ich muss dir unbedingt von ihm erzählen. Er hat immer gute Laune.
▲ Wirklich? Solche Leute gibt es selten …
♦ Außerdem ist er total _____ (4): Wenn Zoe in Urlaub fährt, holt er ihre Post und kümmert sich um ihre Pflanzen. Man kann sicher sein, dass alles passt, wenn man ihn um etwas bittet.
▲ Interessant! Aber sag: Warum trägt er einen Wintermantel?
♦ Den hat er selbst genäht. Er wollte ihn uns zeigen. Isidor ist sehr _____ (5): Er malt auch und schreibt Songs.
▲ Echt? Jetzt hast du mich total _____ (6) gemacht. Denkst du, ich kann ihn mal kennenlernen?
♦ Ich bin _____ (7), dass sich das machen lässt. Am besten mache ich selbst eine Party und lade Isidor ein. Dann kommt er bestimmt!

12

4 KOMMUNIKATION Lesen Sie die Beiträge und ergänzen Sie die fehlenden Buchstaben. → KB 1

GUTE GESCHICHTEN LESEN & LIKEN

Rakete111
Hi, Leute! Wenn ihr wissen wollt, auf welche ungewöhnliche Weise sich Leo und Emma kennenlernen, müsst ihr unbedingt „Gut gegen Nordwind" lesen. I c h   h a b e   m i c h   f ü r dieses Buch e n tsc h i e d e n (1), weil meine Schwester immer so begeistert darüber gesprochen hat. Das ___t___i___ ug___r___g___m___t (2) – zum Glück! Denn wenn man mal angefangen hat, kann man gar nicht mehr aufhören!

Conny T.
Meine Empfehlung für euch ist dieses Mal „Die Wand" von Marlen Haushofer. Es h_____i___h ü_____ra_____ (3), dass eine Geschichte, in der eine Frau plötzlich allein hinter einer Wand in den Bergen leben muss, so spannend sein kann. Auch nach dem Lesen ___a___ m_____ das Buch b___s___ä___i___ (4). Vielleicht werde ich mir auch den Film ansehen.

Steff1999
„QualityLand" von Marc-Uwe Kling ist ein ganz heißer Tipp! Dieses Buch h_____u___ L___u___ g___a___ (5) – vom Anfang bis zum Ende! Endlich ein Buch über die Zukunft, über das man sich amüsieren kann, wenn man alles nicht so ernst nimmt. Besonders die „Werbung" zwischen den Kapiteln ___a___ m___h z___ L___c___ e___r___t (6).

5 WÖRTER Was passt? Lesen Sie den Artikel und markieren Sie. → KB 3

EIN MENSCH ALS BUCH

Wollten Sie immer schon einmal wissen, wie es einer blinden Person, einem Kriminalpolizisten oder einer zehnfachen Mutter geht? Was für sie (alltäglich) / stressig (1) ist, ist für die meisten anderen Menschen etwas Besonderes. In unserer Serie „Lebens-Geschichten" erzählt Ulla Rieders von Living-Library-Projekten.

„Das Projekt funktioniert so: Man leiht kein Buch aus, sondern vereinbart ein Gespräch mit einer Person aus der Living Library. Die Neugier / Stimmung (2) bei den Teilnehmer:innen ist oft sehr groß. Trotzdem spürt man, dass manche Gesprächspartner am Beginn noch extrem / spannend (3) nervös sind. Aber nach höchstens 2–3 Minuten ist die Unterhaltung ganz locker. Man ist also kein passiver Held / Zuhörer (4), sondern es ist ein Dialog – natürlich mit gegenseitigem Respekt. Die Treffen sind keine Therapien und es geht nicht um eine spannende Stimme / Story (5), die man erzählt bekommt. Aber man entwickelt ein Gehirn / Mitgefühl (6) für Leute in einer anderen Lebenssituation. Die eigenen Werte / Worte (7) verändern sich: Was man früher ungewöhnlich oder vielleicht ernst / verrückt (8) fand, wird plötzlich normal und selbstverständlich. Das Projekt *Living Library* macht es also möglich, über die eigenen Augen / Standpunkte (9) nachzudenken."

6 WÖRTER 🖥 Wie heißen die Titel? Bilden Sie aus den markierten Verben Nomen mit *-ung*. → KB 3

Eine spannende Beobachtung (1) im Zug
Gestern saß ich im ICE Richtung Köln. In Mannheim stieg eine Frau ein und setzte sich zu mir. Ich beobachtete, wie sie

(K)eine gute _____ (2)
Mit meiner Cousine aus Düdelingen habe ich mich nie gut verstanden. Wir haben ganz andere Interessen und obwohl wir verwandt sind, hat uns nur wenig verbunden. Bis gestern, denn da

Eine _____ (3) in der Hölle
Normalerweise denke ich an einen einzelnen Berg, wenn ich wandern gehe. Aber dieses Mal ging es im sogenannten Höllengebirge in Oberösterreich rauf und runter

Eine böse _____ (4)
So einen Sonntag möchte ich nicht mehr erleben! Normalerweise feiere ich oft Partys und lasse mich gern von meinen Freunden überraschen, aber die Ereignisse letztes Wochenende

> Nomen mit der Endung *-ung* sind immer feminin.

7 WÖRTER Die markierten Wörter stehen an der falschen Stelle. Korrigieren Sie. → KB 3

Wie geht gutes Storytelling?

Ein Berufserzähler erklärt uns, worauf es ankommt.

Wenn man vor vielen Leuten spricht, muss einem immer klar sein: Das Publikum `befindet` etwas Spannendes und Interessantes. Man kann eine bekannte Geschichte nehmen, bei der man an einigen Stellen etwas ändert und neu `gelingt`. Auf jeden Fall ist es nicht nur die Story, die eine gute Erzählung `erwartet`. Wahnsinnig wichtig ist die Art, wie man sich präsentiert: Das Publikum `erfindet` deine Körpersprache genau und gibt Feedback durch Schweigen oder Lachen. Mit deiner Stimme musst du es schaffen, dass es sich schnell in einer anderen Welt `analysiert` und mit dir und deinen Worten auf eine Reise geht. Wenn dir das `ausmacht`, kannst du stolz sein.

1. erwartet
2. ....
3. ....
4. ....
5. ....
6. ....

8a WÖRTER Was passt zusammen? Verbinden Sie. → KB 4

1. handeln —— **a** etwas als Thema / Inhalt haben
2. von etwas handeln **b** als Geschäftsfrau / Geschäftsmann etwas kaufen und wieder verkaufen
3. mit etwas handeln **c** etwas tun, aktiv werden

b Was passt? Lesen Sie den Buchtipp und markieren Sie.

Kennt ihr die Geschichte *Zwerg Nase* von Wilhelm Hauff? Sie handelt `von / –` (1) dem Jungen Jakob, der seiner Mutter auf dem Markt hilft. Diese handelt `mit / von` (2) Obst und Gemüse und hat eines Tages eine merkwürdige Kundin. Obwohl Jakob Angst vor ihr hat, soll er ihr helfen, die Einkäufe nach Hause zu tragen. Wie wird er `von / –` (3) handeln? Lest selbst!

Wilhelm Hauff
Zwerg Nase

9a KOMMUNIKATION Lesen Sie die Kommentare und ordnen Sie zu. → KB 4

(a) Besonders gut gefällt mir an der Geschichte, dass   (b) Die Geschichte spielt in   (c) ~~Ich kenne die Geschichte von~~
(d) In der Geschichte geht es um   (e) Sie handelt von   (f) Wenn ich die Geschichte höre, dann fühle ich mich

DeTekto1000: Hallo, alle zusammen! Welche Geschichten haben euch immer schon begeistert? Und warum? Bei mir ist es Sherlock Holmes, aber nicht alle lieben Kriminalgeschichten …

Shirin: Bei mir ist es eindeutig Aladdin und die Wunderlampe! (1 _c_) meiner Großmutter: Sie hatte ein Buch mit den Märchen aus Tausendundeiner Nacht und las mir oft daraus vor. (2 ......) auch heute noch wie in einer fantastischen Welt, in der man träumen kann.

JakobY: Über diese Frage habe ich ein wenig nachdenken müssen, doch dann war es klar! Ich verrate nur so viel: (3 ......) England, genauer gesagt in einem Wald vor langer Zeit. (4 ......) einen echten Helden, der Geld von den Reichen stiehlt und es den Armen gibt. Na, wen meine ich?

Esther: Ich mag eine Geschichte, die fast auf der ganzen Welt bekannt ist. (5 ......) einem Liebespaar, das sich aber wegen eines Familienstreits nicht lieben soll: Romeo und Julia. (6 ......) es dazu auch viele Filme gibt. Kennt ihr den mit Leonardo DiCaprio? 😎

b SCHREIBEN Welche Geschichte mögen Sie besonders? Verfassen Sie einen eigenen Kommentar (40–50 Wörter). Die Redemittel aus a helfen Ihnen.

10a GRAMMATIK Welches Bild passt? Ordnen Sie die Redewendungen den Bildern zu. → KB 5

1. das Blaue vom Himmel erzählen
2. wie ein Wasserfall reden
3. in Rätseln sprechen
4. an den Lippen von jemandem hängen

b Was bedeuten die Redewendungen in a? Ordnen Sie zu.

- ○ (Vieles), was man sagt, bleibt unklar.
- ○ Man spricht ohne Pause, was für die Zuhörenden anstrengend ist.
- ① Man erzählt etwas, was nicht wahr ist.
- ○ Man ist begeistert von allem, was eine Person erzählt.

c Worauf bezieht sich das Relativpronomen *was*? Markieren Sie in b.

11 GRAMMATIK Was passt zusammen? Verbinden Sie. → KB 5

1. Fast in jeder Geschichte gibt es etwas,
2. Gleichzeitig löst sie immer ein Gefühl aus,
3. Ich höre oder lese am liebsten dort Geschichten,
4. Das kann zum Beispiel das Café Mimi sein,
5. Ich brauche nur einen Kaffee, etwas Süßes und ein Buch,
6. Neben Romanen und alten Reiseberichten gibt es vieles,
7. Man kann sich zum Glück Podcasts runterladen,

a das mich beim Lesen in eine andere Welt mitnimmt.
b was mich interessiert, zum Beispiel Reportagen.
c was besonders für junge Leute heute schon selbstverständlich ist.
d was mich zum Nachdenken bringt.
e wo es keine laute Musik gibt.
f das mich stark bewegt: Freude, Sorge, Wut, Neugier oder einfach nur die Lust, über etwas zu lachen.
g wo ich meistens ein Stück Apfelkuchen bestelle und mich in eine ruhige Ecke setze.

12 GRAMMATIK Welches Relativpronomen passt? Markieren Sie. → KB 5

Ich liebe Geschichten aller Art und teile sie gern mit anderen Leuten, (was) / wo (1) ganz einfach funktioniert. Wollt ihr wissen, wie? Alles, was / wo (2) ihr braucht, ist eine Kiste und eine Ecke in eurem Wohnhaus. Am besten ist der Eingangsbereich, was / wo (3) man die Kiste gut sehen kann. In die Kiste kommen dann Bücher, Comics oder Hörbücher, die ihr nicht mehr braucht. Man muss natürlich vorher alle im Haus fragen, ob sie damit einverstanden sind, was / wo (4) in meinem Fall zum Glück kein Problem war: Alle fanden die Idee toll. Das Schönste, was / wo (5) mir ein Hausbewohner gesagt hat, war: „Die Kiste wird zukünftig der Platz sein, was / wo (6) wir uns treffen, auch wenn wir uns nicht sehen. Denn die Geschichten verbinden uns!" Er hat dann nicht nur ein Buch gebracht, sondern auch einen Zettel dazugeklebt – mit Tipps von Seiten im Internet, was / wo (7) es spannende Geschichten gibt.

13 GRAMMATIK Verbinden Sie die Sätze mit *was* oder *wo*. → KB 5

1. Gestern wanderten wir am Märchenlandweg. Das wollten wir immer schon mal machen.
   Gestern wanderten wir am Märchenlandweg, was wir immer schon mal machen wollten.

2. Es ist ein mehr als 400 Kilometer langer Wanderweg. Auf diesem Weg gibt es viele Stationen zu berühmten Geschichten.
   ....

3. Wir besuchten Schlösser und bekamen Märchen erzählt. Das hat mir vor allem bei der Sababurg gefallen.
   ....

4. Eine weitere schöne Station ist Trendelburg. Dort sehen wir uns nächste Woche einen berühmten Turm an.
   ....

14 GRAMMATIK Lesen Sie die Anfänge der Zeitungsartikel. Schreiben Sie die Sätze richtig und ergänzen Sie auch *was* oder *wo*. → KB 5

Geschichten bewegen Herzen –
EINE AKTION DER CITY-ZEITUNG

Vor Weihnachten denken viele nur ans Einkaufen, *was nicht zu diesem Fest passt* (zu diesem Fest – passt – nicht) (1). Unsere Zeitung wollte mit Geschichten von Menschen in Not darauf aufmerksam machen, dass man mit nur wenig Geld etwas tun kann, _____ (Leben – verändert – anderer Menschen – das) (2) – mit Erfolg!

Ein großes Geschenk wurde Frau Kolleritsch gemacht: Gemeinsam mit ihren drei Kindern lebte sie in einer kleinen, dunklen Wohnung, _____ (keinen – gab – Platz – es) (3). „Eine Wohnung mit einem eigenen Kinderzimmer war alles, _____ (mir – habe – ich – gewünscht) (4)." Familie Blumenau las ihre Geschichte und bot ihr ihre Zweitwohnung an.

Mit der Hilfe unserer Leser*innen hat man dem sehbehinderten Florian eine Operation finanziert. „Es gab vieles, _____ (konnte – machen – nicht – er) (5). Aber jetzt haben seine Augen wieder eine Sehkraft von 40 Prozent und er kann lesen und Fußball spielen. Für ihn ist es das Schönste, _____ (gibt – es) (6)", sagt seine glückliche Mutter und zeigt uns

Nach einem Unfall konnte die kleine Lara nicht mehr laufen. Wochenlang lag sie im Krankenhaus, _____
(wieder lernte – zu gehen – sie – allein) (7). Allerdings brauchte sie teure Spezialschuhe. Nach unserem Bericht über Lara spendeten viele, und jetzt freut sich das Mädchen über das Wichtigste, _____
(braucht – normales – für – Leben – man – ein) (8). „Ich liebe meine Schuhe!", sagt Lara

15 WÖRTER Welches Nomen kann man mit dem Adjektiv nicht kombinieren? Streichen Sie es durch. Ergänzen Sie dann die Endungen. → KB 7

1. unheimlich: eine unheimlich__e__ Atmosphäre – ~~eine unheimlich____ Erde~~ – eine unheimlich____ Geschichte
2. nächst-: nächst____ Jahr – die nächst____ Seite – die nächst____ Vergangenheit
3. unruhig: ein unruhig____ Kind – eine unruhig____ Wut – eine unruhig____ Nacht
4. erfolglos: ein erfolglos____ Problem – ein erfolglos____ Autor – ein erfolglos____ Versuch

16a WÖRTER Welches Verb passt? Ergänzen Sie in der richtigen Form. → KB 7

entstehen ~~geschehen~~ herausfinden herumlaufen nachdenken umdrehen zusammenfassen

WENN DINGE SPRECHEN

Hat euch schon einmal ein alter Topf erzählt, was mit ihm vor 100 Jahren _geschehen_ (1) ist? Ihr könnt es _____ (2), wenn ihr das Volkskundemuseum in Wien besucht. Dort gab es nämlich eine tolle Aktion, die man kurz so _____ (3) kann: Projektteilnehmer*innen haben Dingen im Museum eine Stimme gegeben. Sie haben die Ausstellungsstücke angeschaut, jeweils eines davon gewählt, kurz _____ (4) und sich gefragt: Wo und bei wem hat es eventuell früher gestanden? Welchen Zweck hatte es und warum ist es jetzt hier mitten im Museum? So sind tolle Geschichten _____ (5), die aufgenommen wurden. Wenn man jetzt im Museum _____ (6), sieht man bei manchen Dingen einen QR-Code. Man scannt ihn und hört die Geschichte am eigenen Smartphone. Seit meinem Besuch denke ich oft, was zum Beispiel meine Pfanne erzählen könnte: *Mir war nie kalt. Schon vor 100 Jahren wurden in mir Pfannkuchen _____ (7) ...* Was würden eure Gegenstände erzählen? Schreibt mir doch!

b SCHREIBEN Wählen Sie ein Foto und geben Sie dem Objekt eine Stimme. Schreiben Sie 50–60 Wörter.

Aussprache: Der Vokal ö

1a Was hören Sie, *e*, *ö* oder *o*? Hören Sie und markieren Sie.

	1.	2.	3.	4.	5.	6.	7.	8.	9.	10.
e	○	○	○	○	○	○	○	○	○	○
ö	⊗	○	○	○	○	○	○	○	○	○
o	○	○	○	○	○	○	○	○	○	○

b Hören Sie und ergänzen Sie. Hören Sie dann noch einmal und sprechen Sie nach.

1. froh – _fröhlich_
2. _____ – Wörter
3. hoch – _____
4. ihr _____ – ihr könnt
5. lesen – _____

2 Markieren Sie alle Wörter mit *ö*. Hören Sie den Text und lesen Sie ihn dann selbst. Achten Sie besonders auf die korrekte Aussprache von *ö*.

> Ich höre gern Hörbücher: fröhliche Geschichten, ungewöhnliche Geschichten, Geschichten, die Gefühle auslösen, Geschichten mit vielen oder wenigen Wörtern. Wenn möglich, höre ich in meinem Bett. Das ist der bequemste Ort, um entspannt zuzuhören. Am liebsten würde ich den ganzen Tag Geschichten hören. In Wirklichkeit schaffe ich es höchstens drei Stunden pro Tag.

Selbstkontrolle

1 WÖRTER Lesen Sie das Interview und schreiben Sie die Wörter richtig.

◆ Frau Professor Ohler, warum sind Geschichten für Kinder so wichtig?
▲ Geschichten können .... (tremex) (1) viel: Sie machen .... (riggieneu) (2) und zeigen uns eine andere Welt. Kinder, die oft Geschichten hören, sind weniger .... (ruunhig) (3). Außerdem ist es für sie leichter, Aufgaben .... (ativkre) (4) zu lösen.
◆ Bedeutet das, dass ein Kind durch Geschichten zu einem besseren .... (rerhöZu) (5) wird?
▲ Auf jeden Fall! Beim Zuhören entwickeln sie wichtige .... (leaziso) (6) Fähigkeiten. Besonders das .... (fühlMitge) (7) wird gefördert. Und nicht nur das: Durch Geschichten können Kinder ihre eigenen Erlebnisse besser beschreiben und mündlich .... (fasmenzusamsen) (8). Für den Bildungsweg und die späteren Berufschancen ist das sehr wichtig.
◆ Kann es .... (gegenlin) (9), dass Geschichtenerzählen in den Schulunterricht integriert wird?
▲ Lehrerinnen und Lehrer sollten gar nicht lange .... (dennachken) (10): Spannende Geschichten müssen ein .... (cherlitägall) (11) Teil des Unterrichts werden, egal um welches Fach es sich handelt. So werden .... (plitekomzier) (12) Themen für alle verständlich.
◆ Dann hoffen wir, dass es in unseren Klassenzimmern bald mehr Raum für Geschichten gibt. Vielen Dank für das Gespräch!

 ..../ 12 Punkte ☺ 6 – 12 Punkte ☹ 0 – 5 Punkte

2 GRAMMATIK Was passt? Ergänzen Sie *was* oder *wo*.

Die Idee zu meinem Blog hatte ich in einem Seniorenheim, ... (1) meine Großtante lebt. Dort merkte ich, dass die anderen Bewohnerinnen und Bewohner gern viel erzählen möchten, ... (2) aber nicht immer möglich ist. Denn ein Besuch von Verwandten ist zwar das Schönste, ... (3) es für sie gibt, aber wirklich Zeit, ihnen länger zuzuhören, hat niemand. Also dachte ich, dass ich einen Ort finden muss, ... (4) ihre Geschichten gesammelt werden und auch junge Leute sie lesen können – das Internet! Neulich habe ich über Frau Janowitz geschrieben: Alles, ... (5) sie mir bei unseren Treffen erzählt, ist wahnsinnig spannend. In Tschechien, ... (6) sie geboren ist, hat sie zum Beispiel jahrelang als Puppenspielerin gearbeitet und ebenfalls Geschichten erzählt. Obwohl sie sechzig Jahre älter ist als ich, haben wir also etwas gemeinsam, ... (7) uns verbindet. Schön, nicht wahr?

 ..../ 7 Punkte ☺ 4 – 7 Punkte ☹ 0 – 3 Punkte

3 KOMMUNIKATION Was hat eine ähnliche Bedeutung? Verbinden Sie.

1. Das hat mich neugierig gemacht.
2. In der Geschichte geht es um …
3. Die Geschichte spielt in …
4. Das hat mich überrascht.
5. Das hat mich beschäftigt.

a. Ich musste noch lange darüber nachdenken.
b. Es war anders, als ich erwartet hatte.
c. Das Thema ist …
d. Ich möchte mehr darüber wissen.
e. Der Handlungsort ist …

 ..../ 5 Punkte ☺ 3 – 5 Punkte ☹ 0 – 2 Punkte

EXTRA PRÜFUNG

1 **LESEN** **Lesen Sie die Texte 1–7.** Wählen Sie: Ist die Person für ein soziales Jahr als Pflicht? Ja oder nein? Markieren Sie.

In einer Zeitschrift lesen Sie Kommentare zur möglichen Einführung eines sozialen Jahres als Pflicht für junge Frauen und Männer.

Beispiel
0 Thomas ⊗ ja ○ nein

1. Teres ○ ja ○ nein
2. Zlata ○ ja ○ nein
3. Richard ○ ja ○ nein
4. Nastya ○ ja ○ nein
5. Lucien ○ ja ○ nein
6. Thealind ○ ja ○ nein
7. Nelly ○ ja ○ nein

LESERBRIEFE

Beispiel
Ich finde, alle jungen Menschen sollten ein soziales Jahr machen müssen, ob sie wollen oder nicht. Das ist gut für die Gesellschaft. Die jungen Menschen können zum Beispiel Leuten helfen, die nicht mehr jung sind. Dann tun sie etwas Sinnvolles mit ihrer Zeit.
Thomas, 56, Schwerin

1. Davon halte ich nicht sehr viel. Ich finde, junge Menschen können mit ihrer Zeit machen, was sie wollen. Ob sie arbeiten, studieren, reisen oder sich sozial engagieren wollen – es sollte ihre freie Entscheidung sein. Alles andere ist nicht gerecht.
Teres, 34, Köln

2. Diese Diskussion halte ich für schwierig. Ich finde es eigentlich gut, wenn sich junge Menschen sozial engagieren. Aber gleich als Pflicht für ein ganzes Jahr? Das finde ich zu lange. Ich denke, die jungen Leute haben viele Jahre Schulpflicht hinter sich, da brauchen sie nicht noch ein Pflichtjahr!
Zlata, 42, Potsdam

3. Meiner Meinung nach sollten alle jungen Leute nach der Schule erst einmal richtig arbeiten! Und ja, das geht auch in Form eines sozialen Jahres. Denn es ist ein Unterschied, ob man nur auf der Schulbank sitzt oder wirklich arbeitet, acht Stunden lang, jeden Tag. Das ist anstrengend und das sollten alle jungen Menschen mal erleben.
Richard, 66, Bremen

4. Ich habe selbst ein soziales Jahr nach dem Abitur gemacht. Diese Zeit war sehr wichtig für mich, denn ich habe viel gelernt. Ich finde aber, jeder Mensch sollte selbst wählen, ob er das möchte. So ein Jahr sollte eine freiwillige Entscheidung sein.
Nastya, 24, Stuttgart

5. Ein Pflichtjahr im sozialen Bereich? Im Kindergarten oder im Altenheim? Warum? Damit man nicht merkt, dass überall gespart wird und das Personal knapp ist? Junge Leute können die Rolle von gut ausgebildeten Fachkräften nicht übernehmen. Wir brauchen andere Lösungen!
Lucien, 32, Bad Arolsen

6. Viele junge Menschen wissen nicht, was sie nach der Schule machen sollen. Statt nichts zu tun, können sie ein soziales Jahr machen. Das ist doch gut, oder? Und in dieser Zeit können sie nachdenken, was für einen Beruf sie lernen wollen. Vielleicht passt ja sogar ein sozialer Beruf sehr gut!
Thealind, 78, Husum

7. Ich bin nicht sicher, ob ich eine Pflicht hier gut finde. Soziales Engagement ist doch nur etwas wert, wenn es freiwillig ist und gern gemacht wird, oder? Eine Pflicht ist nicht freiwillig. Viele junge Menschen haben dann vielleicht keine Lust auf diese Arbeit. Und wie kann man mit Kindern oder alten Menschen sozial tätig sein, wenn man keine Lust darauf hat?
Nelly, 26, Kempen

> Die Meinungen der Leserinnen und Leser sind in den Kommentaren manchmal offen, manchmal versteckt. Lösen Sie zuerst die Aufgaben zu den Kommentaren, die Sie gut verstehen. Lesen Sie dann die restlichen Kommentare noch einmal genau.

EXTRA PRÜFUNG

> Lesen Sie in den Aufgaben 2, 3 und 4 vor dem Hören die Aussagen. Lesen Sie genau und unterstreichen Sie Schlüsselwörter (Beispiel zu Aufgabe 2, Aussage 1: *Sendung* und *Montag*). Das hilft Ihnen, während des Hörens auf das Wichtige zu achten.

2 HÖREN **Sie hören nun ein Gespräch. Sie hören das Gespräch zweimal.** Dazu lösen Sie zehn Aufgaben. Entscheiden Sie beim Hören, ob die Aussagen 1–10 richtig (+) oder falsch (–) sind. Lesen Sie jetzt die Aufgaben 1–10. Sie haben dazu eine Minute Zeit.

1. Die Sendung findet am Montag statt. ....
2. Man kennt die Schreibkurse auch außerhalb der Stadt. ....
3. Die Zeitung publizierte einmal pro Woche Leserbriefe. ....
4. Das Lesen der Geschichten dauerte sehr lange. ....
5. Zum Geschichtenschreiben braucht man nur Talent. ....
6. Frau Sauerländer machte anfangs neben ihren Workshops noch einen anderen Job. ....
7. Das Interesse an den Schreibkursen war gleich sehr groß. ....
8. Es ist kompliziert, die Kunst des Schreibens zu lernen. ....
9. Zu den Workshops muss man eigene Geschichten mitbringen. ....
10. Ab Oktober gibt es wieder Plätze in den Kursen. ....

3 HÖREN **Sie hören nun ein Gespräch. Sie hören das Gespräch einmal.** Dazu lösen Sie sieben Aufgaben. Wählen Sie: Sind die Aussagen richtig oder falsch? Lesen Sie jetzt die Aufgaben 1–7. Sie haben dazu 60 Sekunden Zeit.

Sie sitzen im Zug und hören, wie sich eine Frau und ein Mann unterhalten.

1. Lara und Timo treffen sich zufällig im Zug.	○ richtig	○ falsch
2. Timo ist nach dem Abitur nach Hamburg gegangen.	○ richtig	○ falsch
3. Lara hat zuerst in einer Wohngemeinschaft gelebt.	○ richtig	○ falsch
4. Laras Wohnung liegt sehr zentral.	○ richtig	○ falsch
5. Lara hat die Zeit vor dem Studium sehr gefallen.	○ richtig	○ falsch
6. Lara findet ihr Studium zu schwer.	○ richtig	○ falsch
7. Lara will nach dem Studium wieder nach Hamburg ziehen.	○ richtig	○ falsch

4 HÖREN **Sie hören fünf kurze Texte. Sie hören diese Texte einmal.** Dazu lösen Sie fünf Aufgaben. Entscheiden Sie beim Hören, ob die Aussagen 1–5 richtig (+) oder falsch (–) sind. Lesen Sie jetzt die Aufgaben 1–5. Sie haben dazu 30 Sekunden Zeit.

1. Der Sprecher ist schon seit langer Zeit Zeitungsleser. ....
2. Die Sprecherin hört in der Straßenbahn Radio. ....
3. Die Sprecherin informiert sich nur digital. ....
4. Der Sprecher arbeitet in einem Nachrichtenbüro. ....
5. Die Sprecherin sieht im Fernsehen Nachrichten. ....

EXTRA PRÜFUNG

5 SPRECHEN **Eine Teilnehmerin aus dem Deutschkurs wird 30 Jahre alt.** Sie möchten im Kurs eine Überraschungsparty organisieren und ihr etwas schenken. Sprechen Sie über die Punkte unten, machen Sie Vorschläge und reagieren Sie auf die Vorschläge Ihrer Gesprächspartnerin / Ihres Gesprächspartners. Planen und entscheiden Sie gemeinsam, was Sie tun möchten.

Überraschungsparty
- Wann? (Tag, Uhrzeit?)
- Wo?
- Geschenk? (was, wie teuer, wer kauft es?)
- Essen
- Getränke
- …

Hier sollen Sie zeigen, dass Sie zu zweit ein Gespräch führen können. Dazu müssen Sie:
- Vorschläge machen
  Ich habe einen Vorschlag: …
  Wie wäre es, wenn …
- Vorschläge annehmen
  Das ist eine gute Idee.
  Damit bin ich einverstanden
- Vorschläge ablehnen und Gegenvorschläge machen
  Das halte ich für keine gute Idee.
  Aber wir könnten doch …

Achten Sie darauf, dass Sie sich am Ende einigen und festlegen, wer welche Aufgabe übernimmt.
… bedeutet, dass Sie noch mehr Themen besprechen können.

6 SCHREIBEN **Sie haben im Radio eine Diskussionssendung zum Thema „Ein neuer Beruf mit 50?" gehört.** Im Online-Gästebuch der Sendung finden Sie folgende Meinung. Schreiben Sie Ihre Meinung zum Thema (ca. 80 Wörter).

`www.radio.de/ein-neuer-beruf-mit-50`

GÄSTEBUCH

RADIO

▶ 19.2. | 13:22 Uhr

Emilio
Also ich finde, mit 50 ist man zu alt für einen neuen Beruf. Azubis sollten jung sein! Wenn man seinen Beruf nicht mag, kann man das doch früher ändern. Mit 50 ist es nicht mehr so lange bis zur Rente. Das kann man dann auch noch schaffen!

Hier sollen Sie Ihre eigene Meinung schreiben. Versuchen Sie, Ihre Meinung mit Beispielen zu erklären. Beschreiben Sie dazu auch eigene Erfahrungen.

INHALT

WÖRTER — 3
1	Unregelmäßige Verben	3
2	Verben mit fester Präposition	4
3	Wortbildung	5
3.1	Nomen	5
3.2	Adverbien	6
3.3	Adjektive	6
3.4	Verben	7

GRAMMATIK — 8
1	**Pronomen**	8
1.1	Fragewort *wo(r)-* / Pronomen *da(r)-* + Präposition	8
1.2	Pronomen *da(r)-* + Präposition bei Nebensätzen	8
2	**Adjektive**	8
2.1	Adjektivdeklination	8
3	**Verben**	9
3.1	Konjunktiv II	9
3.1.1	Konjunktiv II der Gegenwart	9
3.1.2	Konjunktiv II der Vergangenheit	10
3.2	Passiv	11
3.3	Futur I	11
4	**Satz**	12
4.1	Position von *nicht* im Satz	12
4.2	Satzverbindungen	12
4.2.1	Infinitivsatz mit *zu*	13
4.2.2	Kausale Zusammenhänge	13
4.2.3	Konzessive Zusammenhänge	13
4.2.4	Modale Zusammenhänge	14
4.2.5	Temporale Zusammenhänge	14
4.2.6	Relativsätze	15
4.2.6.1	Relativsätze mit *der, das, die*	15
4.2.6.2	Relativsätze mit *was* und *wo*	15

KOMMUNIKATION — 16

METHODEN — 20

LERNWORTSCHATZ — 23

WÖRTER

1 Unregelmäßige Verben

Hier werden die unregelmäßigen Verben aus dem Kursbuch von *Vielfalt B1+* aufgelistet.
Die meisten trennbaren Verben wurden nicht aufgenommen. In solchen Fällen sucht man nach der Infinitivform ohne die Vorsilbe (Präfix), z. B. an|kommen → kommen.

* Variante in Süddeutschland, Österreich und der Schweiz
** Dieses Verb kann mit *haben* oder *sein* gebildet werden. Es ändert dabei seine Bedeutung.
*** Dieses Verb gibt es auch mit regelmäßiger Präteritums- und Perfektform. Dann hat das Verb aber eine etwas andere Bedeutung.

Infinitiv	Präsens er/es/sie	Präteritum er/es/sie	Perfekt er/es/sie
(sich) befinden	befindet (sich)	befand (sich)	hat (sich) befunden
behalten	behält	behielt	hat behalten
besitzen	besitzt	besaß	hat besessen
besprechen	bespricht	besprach	hat besprochen
bestehen	besteht	bestand	hat bestanden
betreffen	betrifft	betraf	hat betroffen
bitten	bittet	bat	hat gebeten
denken	denkt	dachte	hat gedacht
entscheiden	entscheidet	entschied	hat entschieden
entstehen	entsteht	entstand	ist entstanden
erfahren	erfährt	erfuhr	hat erfahren
erfinden	erfindet	erfand	hat erfunden
erziehen	erzieht	erzog	hat erzogen
fahren	fährt	fuhr	hat / ist gefahren**
fallen	fällt	fiel	ist gefallen
finden	findet	fand	hat gefunden
geben	gibt	gab	hat gegeben
gehen	geht	ging	ist gegangen
gelingen	gelingt	gelang	ist gelungen
genießen	genießt	genoss	hat genossen
geschehen	geschieht	geschah	ist geschehen
halten	hält	hielt	hat gehalten
heben	hebt	hob	hat gehoben
kennen	kennt	kannte	hat gekannt
kommen	kommt	kam	ist gekommen
laden	lädt	lud	hat geladen
laufen	läuft	lief	ist gelaufen
leiden	leidet	litt	hat gelitten
leihen	leiht	lieh	hat geliehen

Infinitiv	Präsens er/es/sie	Präteritum er/es/sie	Perfekt er/es/sie
lesen	liest	las	hat gelesen
liegen	liegt	lag	hat / ist* gelegen
nehmen	nimmt	nahm	hat genommen
raten	rät	riet	hat geraten
schlagen	schlägt	schlug	hat geschlagen
schließen	schließt	schloss	hat / ist geschlossen**
springen	springt	sprang	ist gesprungen
streichen	streicht	strich	hat gestrichen
überdenken	überdenkt	überdachte	hat überdacht
übernehmen	übernimmt	übernahm	hat übernommen
verbinden	verbindet	verband	hat verbunden
verbringen	verbringt	verbrachte	hat verbracht
vergehen	vergeht	verging	ist vergangen
verlassen	verlässt	verließ	hat verlassen
vermeiden	vermeidet	vermied	hat vermieden
verraten	verrät	verriet	hat verraten
verschwinden	verschwindet	verschwand	ist verschwunden
verstehen	versteht	verstand	hat verstanden
werfen	wirft	warf	hat geworfen
widersprechen	widerspricht	widersprach	hat widersprochen
winken	winkt	winkte	hat gewinkt / gewunken
ziehen	zieht	zog	hat / ist gezogen**

2 Verben mit fester Präpositionen

Verb mit Präposition	+ Kasus
achten auf	+ Akkusativ
ankommen auf	+ Akkusativ
(sich) beschäftigen mit	+ Dativ
bestehen aus	+ Dativ
bitten um	+ Akkusativ
sich einigen auf	+ Akkusativ
sich einsetzen für	+ Akkusativ
(sich) entscheiden gegen	+ Akkusativ
sich gewöhnen an	+ Akkusativ
halten von	+ Dativ

Verb mit Präposition	+ Kasus
sich halten an	+ Akkusativ
klagen über	+ Akkusativ
sorgen für	+ Akkusativ
(sich) trennen von	+ Dativ
umgehen mit	+ Dativ
sich verabreden mit	+ Dativ
verbinden mit	+ Dativ
sich verstehen mit	+ Dativ
verzichten auf	+ Akkusativ
werben für	+ Akkusativ

3 Wortbildung

3.1 Nomen

3.1.1 Zusammengesetzte Nomen L9

Zusammengesetzte Nomen (*auch*: Nomenkomposita) bestehen aus mindestens zwei Teilen. Der letzte Teil (*auch*: Grundwort) ist immer ein Nomen, dieses Nomen bestimmt das Genus des Wortes (mask., neut., fem.). Der andere Teil (*auch*: Bestimmungswort) kann ein Nomen, ein Verb oder ein Adjektiv sein.

Nomen + Nomen	das Paket + das Zentrum	→ das Paketzentrum
Verb + Nomen	trinken + das Geld	→ das Trinkgeld
Adjektiv + Nomen	groß + der Einkauf	→ der Großeinkauf

Manche zusammengesetzten Nomen haben ein -s- oder -n- als Fugenelement (*der Arbeitstag, das Treppenhaus*).

3.1.2 Abgeleitete Nomen

3.1.2.1 Nomen aus Verben L8

Ein Verb im Infinitiv kann zu einem Nomen umgewandelt werden. Die Endung wird weggelassen.

Verbstamm → Nomen	verbrauchen	→ **der** Verbrauch
	spielen	→ **das** Spiel
	arbeiten	→ **die** Arbeit

3.1.2.2 Nomen aus Adjektiven L4

Ein Adjektiv kann zu einem Nomen umgewandelt werden. Das Nomen wird dann wie ein Adjektiv dekliniert.

Adjektiv → Nomen	berufstätig	→ **die** / **der** Berufstätige
	schön	→ **das** Schöne

3.1.2.3 Nomen mit Endungen (Suffixe) L3, L7, L12

Nomen werden aus Verben, Adjektiven und anderen Nomen durch Endungen (Suffixe) gebildet. Die Endung (Suffix) bestimmt das Genus des Nomens (mask., neut., fem.).

feminine Endungen (die)		
Nomen / Adjektiv + Endung -heit	das Kind vertraut	→ die Kindheit → die Vertrautheit
Adjektive + Endung -keit	möglich tätig	→ die Möglichkeit → die Tätigkeit
Nomen / Adjektiv / Verb + Endung -schaft	der Nachbar gemein wissen	→ die Nachbarschaft → die Gemeinschaft → die Wissenschaft
Adjektiv + Endung -ität	mobil	→ die Mobilität
Verbstamm + Endung -ung	beobachten	→ die Beobachtung

Mit der Endung (Suffix) -er kann man ausdrücken, wo eine Person herkommt oder lebt (*der Dessauer*) oder was eine Person (beruflich) macht (*der Sozialarbeiter*). -er gibt auch an, was ein Gerät oder Gegenstand kann oder was mit ihm gemacht wird.

Nomen mit der Endung (Suffix) -er sind oft maskulin. Die Formen von Singular und Plural sind gleich. Manche abgeleiteten Nomen mit Endung (Suffix) erhalten einen Umlaut.

Nomen / Verbstamm + Endung -er	Dessau	→	der Dessau**er**
	die Schule	→	der Sch**ü**l**er**
	drucken	→	der Druck**er**
	backen	→	der B**ä**ck**er**

Mit der Endung (Suffix) -in bezeichnet man eine weibliche Person.

Nomen mit der Endung (Suffix) -in sind immer feminin.

Nomen + Endung -in	der Schüler	→	die Schüler**in**
	der Experte	→	die Expert**in**
	der Koch	→	die K**ö**ch**in**

Wenn Menschen aller Geschlechter angesprochen werden, benutzt man auch gendersensible Formen (*die / der Schüler*in - die Schüler*innen* oder *die / der Schüler:in - die Schüler:innen*).

3.2 Adverbien

3.2.1 Zusammengesetzte Adverbien L6

Zusammengesetzte Adverbien mit -einander drücken aus, dass etwas gegenseitig ist (*Ich arbeite mit dir. Du arbeitest mit mir. → Wir arbeiten miteinander.*).

Präpositionen + Pronomen -einander	mit + -einander	→	miteinander
	für + -einander	→	füreinander
	von + -einander	→	voneinander
	zu + -einander	→	zueinander

3.3 Adjektive

3.3.1 Zusammengesetzte Adjektive L5, L10

Zusammengesetzte Adjektive (auch: Adjektivkomposita) bestehen aus mindestens zwei Teilen. Das Grundwort ist immer ein Adjektiv. Manche zusammengesetzten Adjektive haben ein -s- oder -n- als Fugenelement (*rücksichtsvoll, sorgenvoll*).

Nomen + Adjektiv	die Liebe + voll	→	liebevoll
	die Sorge + voll	→	sorgenvoll
	die Rücksicht + voll	→	rücksichtsvoll
	die Zahl + reich	→	zahlreich

Zusammengesetzte Adjektive mit *-voll* und *-reich* drücken aus, dass etwas in großer Menge vorhanden ist.

3.3.2 Abgeleitete Adjektive: Adjektive mit Endungen (Suffixe) L1, L5

Adjektive können aus Nomen durch Endungen (Suffixe) gebildet werden. Manche abgeleiteten Adjektive mit Endung (Suffix) erhalten einen Umlaut.

Endung (Suffix) -ig

Nomen + Endung -ig	die Langeweile	→	langweilig
	der Mut	→	mutig
	der Stress	→	stressig

Endung (Suffix) -isch

Nomen + Endung -isch	der Automat	→	automatisch

Endung (Suffix) -lich

Nomen + Endung -lich	das Glück	→	glücklich
	der Tag	→	täglich

Endung (Suffix) -los

Mit der Endung (Suffix) -los kann man ausdrücken, dass etwas nicht vorhanden ist (*ein fensterloser Raum = ein Raum ohne Fenster*).

Nomen + Endung -los	das Fenster	→	fensterlos
	die Pause	→	pausenlos

3.4 Verben

3.4.1 Verben mit trennbaren Vorsilben (Präfixe) L2

In Verbindung mit einem Verb werden *wohin*, *woher* und *dahin*, *dorthin* in der Umgangssprache oft getrennt. Hin- und her- werden dann Teil des Verbs.

	Bedeutung	Beispiel	Beispielsatz
hin-	... verwendet man bei einer Bewegung von der Sprecherin / vom Sprecher weg.	hinstellen	Wohin kann ich meinen Koffer stellen? *(Standardsprache)* Wo kann ich meinen Koffer hinstellen? *(Umgangssprache)*
her-	... verwendet man bei einer Bewegung auf die Sprecherin / den Sprecher zu.	herkommen	Woher kommen Sie? *(Standardsprache)* Wo kommen Sie her? *(Umgangssprache)*

3.4.2 Das Verb *machen* L11

Das Verb *machen* kann viele Bedeutungen annehmen, je nachdem mit welcher Vorsilbe (Präfix) es auftritt.

Die Vorsilben (Präfixe) an-, aus-, auf-, mit-, weiter- und zu- sind beim Verb *machen* trennbar und werden betont.

	Bedeutung	Beispielsatz
anmachen	einschalten	Kannst du bitte das Licht anmachen?
ausmachen	ausschalten	Könntest du bitte das Radio ausmachen?
aufmachen	öffnen	Würdest du bitte die Tür aufmachen?
mitmachen	teilnehmen	Könnte ich vielleicht bei euch mitmachen?
weitermachen	fortsetzen	Möchtest du mit einem B2-Kurs weitermachen?
zumachen	schließen	Würdest du bitte das Fenster zumachen?

GRAMMATIK

1 Pronomen

1.1 Fragewort *wo(r)-* / Pronomen *da(r)-* + Präposition L4

Manche Verben haben eine feste Präposition (→ **WÖRTER** 2 Verben mit fester Präposition).

Präposition + Akkusativ	achten auf, denken an, …
Präposition + Dativ	sich fürchten vor, träumen von, …

Bei **Sachen** oder **Themen** benutzt man *wo(r)-* bzw. *da(r)-* + Präposition.

Fragewort wo(r)- + Präposition	Worauf achtest du dabei? Ich achte auf die individuellen Wünsche meiner Gäste.
Pronomen da(r)- + Präposition	Mehrere Generationen an einem Tisch. Davon habe ich geträumt.

Wenn die Präposition mit einem Vokal anfängt, wird nach *wo-* und *da-* ein *-r-* eingefügt, z. B. *worum, darum*.

Bei **Personen** benutzt man die Präposition + Fragewort bzw. Pronomen.

Präposition + Fragewort	An wen hast du gedacht? An meine Gäste.
Präposition + Pronomen	An mich.

1.2 Pronomen *da(r)-* + Präposition bei Nebensätzen L4

da(r)- + Präposition kann auch stehen vor einem …		
… dass-Satz	Wir achten darauf, **dass** wir immer ein paar Einzeltische haben.	
… Infinitivsatz mit zu	Ich habe mich fast davor gefürchtet, allein auszugehen.	
… indirekten Fragesatz	Beim „Solo-Dinner" interessiert sich niemand dafür,	**wer** allein kommt.
		ob du allein bist.

Zwischen dem Hauptsatz und dem Nebensatz steht immer ein Komma.

2 Adjektive

2.1 Adjektivdeklination L2

Wenn ein Adjektiv vor einem Nomen steht, bekommt es eine Endung.

Die Endung hängt mit dem Artikel zusammen:
Nach dem bestimmten Artikel, der den Kasus (Nominativ, Akkusativ, Dativ, Genitiv) zeigt,
hat das Adjektiv die Endung -e oder -en, z. B. **der** persönlich**e** Kontakt, mit **dem** nächst**en** Zug.

Wenn man den Kasus (ohne Artikel oder am unbestimmten Artikel) nicht erkennen kann,
zeigt das Adjektiv den Kasus, z. B. **ein** schön**er** See, – gut**es** Wetter.
Die Endung ist dann wie beim bestimmten Artikel.

Ausnahme: Beim Genitiv maskulin und neutral ohne Artikel hat das Adjektiv die Endung -en,
z. B. – schön**en** Sees, – gut**en** Wetters.

2.1.1 Adjektivdeklination: bestimmter Artikel

	maskulin	neutral	feminin	Plural
Nominativ	der schöne See	das gute Wetter	die ruhige Lage	die schönen Zimmer
Akkusativ	den schönen See	das gute Wetter	die ruhige Lage	die schönen Zimmer
Dativ	dem schönen See	dem guten Wetter	der ruhigen Lage	den schönen Zimmern
Genitiv	des schönen Sees	des guten Wetters	der ruhigen Lage	der schönen Zimmer

Auch nach: dies..., jed..., welch..., ...

2.1.2 Adjektivdeklination: unbestimmter Artikel / Negativartikel

	maskulin	neutral	feminin	Plural
Nominativ	ein schöner See kein	ein gutes Wetter kein	eine ruhige Lage keine	---- keine schönen Zimmer
Akkusativ	einen schönen See keinen	ein gutes Wetter kein	eine ruhige Lage keine	---- keine schönen Zimmer
Dativ	einem schönen See keinem	einem guten Wetter keinem	einer ruhigen Lage keiner	---- keinen schönen Zimmern
Genitiv	eines schönen Sees keines	eines guten Wetters keines	einer ruhigen Lage keiner	---- keiner schönen Zimmer

Auch nach: Possessivartikeln mein, dein, sein, ihr, unser, euer, ihr, Ihr

2.1.3 Adjektivdeklination: ohne Artikel

	maskulin	neutral	feminin	Plural
Nominativ	– schöner See	– gutes Wetter	– ruhige Lage	– schöne Zimmer
Akkusativ	– schönen See	– gutes Wetter	– ruhige Lage	– schöne Zimmer
Dativ	– schönem See	– gutem Wetter	– ruhiger Lage	– schönen Zimmern
Genitiv	– schönen Sees	– guten Wetters	– ruhiger Lage	– schöner Zimmer

3 Verben

3.1 Konjunktiv II

3.1.1 Konjunktiv II der Gegenwart L1

Mit dem Konjunktiv II der Gegenwart kann man etwas beschreiben, was (noch) nicht real ist.

Wünsche	Am liebsten würde ich jetzt einfach das Thema wechseln.
irreale Bedingungen	Wenn ich so ein langweiliges Hobby hätte, dann würde ich das niemandem sagen.
Ratschläge / Vorschläge	Du solltest einfach tun, was dir Spaß macht.
	Du könntest dir ja ein Hobby suchen.
höfliche Bitten	Könntest du mir das bitte erklären?

3.1.1.1 Konjunktiv II mit *würde*

Die meisten Verben bilden den Konjunktiv II der Gegenwart mit *würd-* + Infinitiv, z. B. *Ich würde das niemandem sagen.*
würde hat die gleichen Endungen wie die regelmäßigen Verben im Präteritum: *-e, -est, -e, -en, -et, -en.*

ich	würde	
du	würdest	
er / es / sie	würde	+ *Infinitiv*
wir	würden	
ihr	würdet	
sie / Sie	würden	

3.1.1.2 Konjunktiv II ohne *würde* (einfache Form)

Bei den Verben *sein*, *haben* und den Modalverben verwendet man die einfache Form des Konjunktiv II, ohne *würde*.

Die einfache Form des Konjunktiv II wird vom Präteritum abgeleitet: *war → wäre, hatte → hätte, konnte → könnte, musste → müsste, durfte → dürfte.* Die Endungen sind wie im Präteritum.
Nicht alle Verben bekommen einen Umlaut: *sollen → sollte, wollen → wollte.*

	sein	haben	können	müssen	dürfen	sollen	wollen
ich	wäre	hätte	könnte	müsste	dürfte	sollte	wollte
du	wär(e)st	hättest	könntest	müsstest	dürftest	solltest	wolltest
er / es / sie	wäre	hätte	könnte	müsste	dürfte	sollte	wollte
wir	wären	hätten	könnten	müssten	dürften	sollten	wollten
ihr	wär(e)t	hättet	könntet	müsstet	dürftet	solltet	wolltet
sie / Sie	wären	hätten	könnten	müssten	dürften	sollten	wollten

3.1.2 Konjunktiv II der Vergangenheit L7

Mit dem Konjunktiv II der Vergangenheit kann man etwas beschreiben, was in der Vergangenheit nicht so passiert ist.

irreale Bedingungen	mit wenn	Es wäre besser gewesen, **wenn** sie nicht so lange gewartet hätten.
	ohne wenn	Hätten sie sofort einen Termin vereinbart, wären die Probleme nicht so groß geworden.

Bedingungssätze ohne *wenn* stehen immer vor dem Hauptsatz. Im Hauptsatz kann *dann* stehen,
z. B. *Hätten sie sofort einen Termin vereinbart, (dann) wären die Probleme nicht so groß geworden.*

In irrealen Wünschen verwendet man zusätzlich die Wörter *doch, (doch) bloß* oder *(doch) nur.*

irreale Wünsche + doch / (doch) bloß / nur	mit wenn	Wenn wir **(doch) nur** früher zu Ihnen gekommen wären!
	ohne wenn	Hätte ich das **(doch) bloß** früher gewusst!

Den Konjunktiv II der Vergangenheit bildet man mit den Konjunktiv-Formen von *sein* oder *haben* + Partizip Perfekt,
z. B. *ich hätte gewusst, wir wären gekommen.*

ich	wäre / hätte	
du	wär(e)st / hättest	
er / es / sie	wäre / hätte	+ *Partizip Perfekt*
wir	wären / hätten	
ihr	wär(e)t / hättet	
sie / Sie	wären / hätten	

3.2 Passiv L8

Das Passiv benutzt man, wenn die Handlung wichtig ist (und nicht, wer handelt).

Das Passiv bildet man mit den Formen von *werden* + Partizip Perfekt.

Präsens	*werden* im Präsens + Partizip Perfekt	Für die Produktion von Strom wird viel Kohle verwendet.
Präteritum	*werden* im Präteritum + Partizip Perfekt	Auch in unserer Jugend wurde für Umweltschutz demonstriert.
Perfekt	*sein* im Präsens + Partizip Perfekt + *worden*	Das E-Auto ist als klimafreundliche Alternative entwickelt worden.

Das Passiv kann man auch mit einem Modalverb benutzen.

| Präsens mit Modalverb | müssen / können / sollen / … im Präsens + Partizip Perfekt + *werden* | Der Verbrauch muss reduziert werden. |
| | | Die ganze Welt weiß, dass die Produktion von CO_2 nicht erhöht werden darf. |

3.3 Futur I L10

Wenn man über die Zukunft spricht, verwendet man meistens das Präsens mit einer Zeitangabe.

Präsens + Zeitangabe	**Morgen** präsentiert Irene in der „HörBar" ihre eigenen Lieblingsplatten.

Mit dem Futur I kann man zusätzlich ausdrücken, wie sicher etwas in der Zukunft passiert.

Vorhersagen / Vermutungen	Die Vinylplatte wird nicht verschwinden.
	Ich werde die Plattenecke in meinem Laden **wahrscheinlich** vergrößern.
Versprechen	Wir werden dir helfen, wenn du die Plattenecke vergrößern willst.

Bei Vorhersagen und Vermutungen verwendet man oft Wörter wie *wahrscheinlich, wohl, bestimmt, mit Sicherheit* usw.

Das Futur I wird auch bei auf die Gegenwart bezogenen Vermutungen verwendet, z. B. *Wo ist Irene? – Sie wird krank sein.*

Das Futur I bildet man mit den Formen von *werden* + Infinitiv, z. B. *Die Vinylplatte wird nicht verschwinden.*

ich	werde	
du	wirst	
er / es / sie	wird	+ *Infinitiv*
wir	werden	
ihr	werdet	
sie / Sie	werden	

Das Futur I kann man auch mit einem Modalverb kombinieren, z. B. *Vinylplatten wird man auch in 30 Jahren noch abspielen können.*

4 Satz

4.1 Position von *nicht* im Satz L9

Bei der **Satznegation** wird das Verb und damit der ganze Satz verneint.

nicht steht …	
… am Ende des Satzes.	Die Hobbybäckerin versteht das Problem nicht.
… vor dem zweiten Teil des Verbs.	Mirko **konnte** die Pakete nicht **zustellen**.
… vor Präpositionalergänzungen.	Viele Leute denken nicht **an andere**.
… vor Adverbialergänzungen (hier: lokal).*	Ich verbringe meinen Arbeitstag nicht **am Schreibtisch**.
… vor sein / werden / bleiben / nennen / heißen / dauern / … + *Adjektiven / Adverbien*	Das **dauert** heute nicht **lang**.

* auch vor: modal; nicht vor temporal und kausal (z. B. *Ich fahre morgen nicht.*)

Bei der **Satzteilnegation** wird nur ein Satzteil verneint.

nicht steht …	
… vor dem Satzteil, der verneint wird.	Ich muss dann nicht **die drei Stockwerke** hochlaufen (, sondern nur ein Stockwerk).

Die korrekte Information kann man mit *sondern* ergänzen.

4.2 Satzverbindungen

Wenn man inhaltliche Zusammenhänge (z. B. Grund, Gegengrund, Art und Weise, Zeit usw.) ausdrücken oder etwas genauer beschreiben möchte, kann man Sätze verbinden.

Hauptsatz und Nebensatz:

Nebensätze beginnen meistens mit einem Nebensatz-Konnektor (z. B. *weil, obwohl, indem* usw.) oder mit einem Pronomen (z. B. Relativpronomen *der, die, das, was, wo* usw.). Das konjugierte Verb steht immer am Ende. Es gibt auch Nebensätze ohne Einleitung (Infinitivsätze mit *zu*, Bedingungssätze ohne *wenn*).

Ein Nebensatz kann vor dem, nach dem oder im Hauptsatz stehen.
Zwischen Hauptsatz und Nebensatz steht in der Regel ein Komma.

Der Nebensatz steht …	
… vor dem Hauptsatz	Als ich mit meinen Eltern nach Dortmund gekommen bin, war ich 12 Jahre alt.
… nach dem Hauptsatz	Ich kann laut Musik hören, ohne dass es jemanden stört.
… im Hauptsatz	Olaf, der gern Geschichten liest, schreibt den Blog „Erzähl mir was!".

Zwei Hauptsätze:

Zwischen zwei Hauptsätzen kann ein Punkt oder ein Komma stehen.
Konnektoren, die Hauptsätze verbinden, sind *deswegen, trotzdem* usw.
Diese Wörter können ihre Position im Satz ändern: Sie können vor oder nach dem Verb stehen.

Hauptsatz 1	Hauptsatz 2		
	Position 1	Position 2	
Ich kannte dich erst wenige Minuten.	Trotzdem	warst	du mir ganz nah.
	Du	warst	mir trotzdem ganz nah.

4.2.1 Infinitivsatz mit *zu* L3

Der Infinitivsatz ist ein Nebensatz. Das Verb (*zu* + Infinitiv) steht am Ende.

Hauptsatz	Infinitivsatz	
		Ende
Natalia findet es schön (,)	auf dem Land	zu leben.

Ein Komma zwischen dem Hauptsatz und dem Infinitivsatz hilft beim Lesen.

Der Infinitivsatz mit zu *steht nach ...*		
bestimmten Verben	Natalia **hatte vorgehabt**, die Klinik bald zu verlassen. Sie **hatte sich gefreut**, endlich von dort wegziehen zu können.	*genauso*: anfangen, aufhören, versuchen, vergessen, ...
haben + abstrakte Nomen	Natalia **hat** auf dem Land **das Gefühl**, wirklich gebraucht zu werden. Sie **hat** manchmal keine **Zeit**, mit ihrer Familie Abendbrot zu essen.	*genauso*: Lust, Angst, die Erlaubnis, ... haben
es ist / war + Adjektiv	Für die Tochter **war es schwierig**, die vertraute Umgebung hinter sich zu lassen. **Es ist** nicht immer **möglich**, um 18 Uhr Feierabend zu machen.	
finden + es + Adjektiv	Natalias Mann **fand es spannend**, aufs Land zu ziehen. Natalia **findet es schön**, das alles mitzuerleben.	

Das *zu* steht direkt vor dem Infinitiv: *zu machen, aufs Land zu ziehen, gebraucht zu werden*.

Bei trennbaren Verben steht *zu* zwischen der Vorsilbe (Präfix) und dem Verb. Man schreibt die Form zusammen: *mitzuerleben*.

Ein Infinitivsatz kann einen Nebensatz mit *dass* ersetzen. Den Infinitivsatz kann man nur verwenden, wenn das Subjekt in Haupt- und Nebensatz dasselbe ist:

Infinitivsatz	Natalia findet es schön, auf dem Land zu leben.
Nebensatz mit *dass*	**Natalia** findet es schön, dass **sie** auf dem Land lebt.

Der Infinitivsatz ist sprachlich oft eleganter.

4.2.2 Kausale Zusammenhänge L5

Mit kausalen Sätzen kann man **Gründe** angeben.

Nebensatz-Konnektor	Dein Atem ging schnell, da du den ganzen Weg gelaufen warst.	*genauso*: weil
Hauptsatz-Konnektor	Du siehst mich nicht mehr. Deswegen mache ich mir Sorgen.	*genauso*: deshalb, darum, daher

Man verwendet den Nebensatz-Konnektor *weil*, wenn man einen Grund angeben möchte, der noch nicht bekannt ist. Deshalb antwortet man auf die Frage *Warum?* immer mit *weil*.

Den Nebensatz-Konnektor *da* verwendet man, wenn der Grund (allgemein) bekannt ist. Deshalb kann man mit *da* nicht auf die Frage *Warum?* antworten. *da* kommt in der Umgangssprache selten vor.

Die Hauptsatz-Konnektoren *deshalb, darum, daher* und *deswegen* können entweder **vor** oder **nach** dem Verb stehen. *daher* ist typisch für die Schriftsprache (z. B. Fachtexte oder Zeitungsartikel).

4.2.3 Konzessive Zusammenhänge L5

Mit konzessiven Sätzen kann man **Gegengründe** angeben und **Widersprüche** ausdrücken.

Nebensatz-Konnektor	Du gingst direkt auf mich zu, obwohl ich ganz hinten im Regal lag.
Hauptsatz-Konnektor	Ich kannte dich erst wenige Minuten, trotzdem warst du mir ganz nah.

Der Hauptsatz-Konnektor *trotzdem* kann entweder **vor** oder **nach** dem Verb stehen.

4.2.4 Modale Zusammenhänge L6

Mit modalen Sätzen kann man die **Art und Weise** beschreiben und **Einschränkungen** ausdrücken. Man antwortet auf die Fragen *Wie?*, *Auf welche Weise? usw.*

Nebensatz-Konnektor	Wir haben die Situation gelöst, indem wir viel miteinander geredet haben.

Nebensatz-Konnektor	Ich kann laut Musik hören, ohne dass es jemanden stört.
	Wir sind zusammengezogen, ohne lange darüber nachzudenken.

Wie beim Infinitivsatz (→ **4.2.1 Infinitivsatz mit *zu***) kann ein Satz mit *ohne ... zu* + Infinitiv einen Nebensatz mit *ohne dass* ersetzen. Den Infinitivsatz mit *ohne ... zu* kann man nur verwenden, wenn das Subjekt in Haupt- und Nebensatz gleich ist.

Der Infinitivsatz mit *ohne ... zu* ist sprachlich oft eleganter.

Zwischen dem Hauptsatz und dem Infinitivsatz mit *ohne ... zu* steht immer ein Komma.

4.2.5 Temporale Zusammenhänge L11

Mit temporalen Sätzen kann man **Zeitangaben** machen. Man antwortet auf die Fragen: *Wann?*, *Seit wann?*, *Wie lange?*, *Bis wann? usw.*

Nebensatz-Konnektor		
	einmal	Als ich mit meinen Eltern nach Dortmund gekommen bin, war ich 12 Jahre alt.
	wiederholt	Wenn ich im Unterricht sprechen sollte, wollte ich am liebsten weglaufen.

Den Nebensatz-Konnektor *als* verwendet man, wenn das Ereignis im Nebensatz nur einmal stattfindet. Wenn sich das Ereignis im Nebensatz wiederholt, verwendet man *wenn*.

Wenn man die Wiederholung betonen möchte, kann man zusätzlich *immer* verwenden, z. B. *Immer wenn ich im Unterricht sprechen sollte, ...*

Nebensatz-Konnektor		
		Bevor ich die Hauptschule verlassen habe, hat mein Lehrer mit mir über meine Berufspläne gesprochen.
		Nachdem ich den Hauptschulabschluss geschafft hatte, bin ich auf eine Realschule gegangen. Nachdem ich den Master abgeschlossen habe, fange ich an zu arbeiten.*
		Während ich mich dort aufs Abitur vorbereitet habe, habe ich auch noch in einem Supermarkt gejobbt.
		Ich habe sehr hart gearbeitet, bis ich endlich mein Abiturzeugnis hatte.
		Seit ich studiere, habe ich viele neue Erfahrungen gemacht.

* Ereignis in der Vergangenheit: *nachdem* + Plusquamperfekt, Hauptsatz: Präteritum oder Perfekt.
Ereignis in der Gegenwart: *nachdem* + Perfekt, Hauptsatz: Präsens.

4.2.6 Relativsätze

4.2.6.1 Relativsätze mit *der, das, die* WIEDERHOLUNG

Mit einem Relativsatz kann man **ein Nomen** näher beschreiben.

Der Relativsatz ist ein Nebensatz, das Verb steht am Ende. Der Relativsatz steht in der Regel direkt hinter dem Nomen, das er beschreibt.

	Relativsatz		
	(Präposition +) Relativpronomen	*Verb*	
Olaf,	**der** den Blog „Erzähl mir was!"	schreibt,	ist begeistert von den Geschichten seines Onkels.
Die kleinen Abenteuer,	**von denen** Olafs Onkel	erzählt,	sind ganz alltäglich.

Die Relativpronomen passen in Genus und Numerus zum Nomen. Der Kasus hängt vom Verb oder der Präposition im Relativsatz ab.

	Singular			*Plural*
	maskulin	*neutral*	*feminin*	
Nominativ	der	das	die	die
Akkusativ	den	das	die	die
Dativ	dem	dem	der	denen
Genitiv	dessen	dessen	deren	deren

4.2.6.2 Relativsätze mit *was* und *wo* L12

Mit einem Relativsatz mit *was* kann man **etwas Unbestimmtes** oder **einen ganzen Satz** näher beschreiben.

was steht nach ...	
... *das, etwas, nichts, alles, vieles, ...*	In allen guten Geschichten passiert **etwas**, was niemand erwartet.
... *das* + *Superlativ*	Eine lustige Geschichte ist dann **das Beste**, was uns passieren kann.
... *einem ganzen Satz*	**So nimmt mein Onkel mich mit in seine Welt**, was ich total genieße.

Mit einem Relativsatz mit *wo* kann man **einen Ort** näher beschreiben.

wo steht nach Ortsangeben, wie ...	
... *Städte- oder Ländernamen*	Ein Kollege fährt nach **Shanghai**, wo ich noch nie war.
... *da, dort, überall, ...*	Geschichten gibt es **überall**, wo Menschen leben.

KOMMUNIKATION

Vermutungen äußern L1, L3, L9
Ich nehme an, dass …
… vielleicht / eventuell / wahrscheinlich / …
Der häufigste / wichtigste Grund für … ist vielleicht …
Die häufigsten / wichtigsten Gründe für … sind vielleicht …
An zweiter / dritter / … Stelle … ist vermutlich …
Gleich danach kommt wahrscheinlich …
Am wenigsten wichtig ist vielleicht …
Ich kann mir vorstellen, dass …
… mit Sicherheit / bestimmt …

Verständnis ausdrücken L1, L6
Ich kann gut verstehen, dass …
Ich finde es verständlich, dass …
Ich finde es ganz normal, …
Es ist klar, dass man in so einer Situation …

Unverständnis ausdrücken L1, L6
Ich verstehe nicht so richtig / ganz, dass …
Ich finde es ein bisschen komisch / seltsam, dass …
Für mich ist es nicht normal, …
Ich kann nicht verstehen, dass …

Wissen ausdrücken L2, L11
… wusste / kannte ich schon.
Von … habe ich schon gehört. / gelesen.
Mir war schon bekannt, dass …
Meines Wissens sollte / muss man …
Soviel ich weiß …

Unwissen ausdrücken L2, L9
… wusste / kannte ich noch nicht.
Von … habe ich noch nie gehört. / gelesen.
Für mich war neu, dass …
Dieser Gedanke war neu für mich.
Das habe ich so noch nicht gesehen.

über persönliche Erfahrungen berichten L2, L3
Vor … Monaten / Jahren war ich einmal …
Ich habe / bin selbst schon einmal …
Ich habe etwas Ähnliches erlebt, als …
Bei mir / uns war / ist das so: …
Ich habe erlebt, dass … / Ich erlebe immer wieder, dass …

zustimmen (und begründen) L2, L4, L6
Ich stimme (eher) … zu, denn …
Ich sehe das ähnlich wie …
Ich bin der gleichen Meinung wie …, weil …
Genauso wie … finde ich, dass …

Ich finde den Vorschlag von … sehr gut, weil …
Ich glaube auch, dass … eine gute Idee ist.
Ja, das sehe ich genauso.
Ich finde es auch wichtig, dass …

widersprechen L6
Das sehe ich anders.
Ich weiß nicht, ich finde es wichtiger, dass …

Überraschung ausdrücken L3
Mich überrascht, dass …
Es wundert mich, dass …
Ich bin erstaunt, dass …

Ergebnisse besprechen L3, L9
Ich verbinde mit dem Leben in der Stadt / auf dem Land
   vor allem … Und ihr?
Für mich gehört … Habt ihr das auch so?
Bei der Frage, ob …, war ich mir unsicher.
Mir hat gefehlt, dass …
In meinem Schaubild ist das ähnlich. / ganz anders.
Für mich gehört … auch eher zu …
Wir haben das (etwas) anders verstanden. Für uns wäre
   das eher …
Ich finde es interessant, dass ihr … Wir finden, dass …

über berufliche Erfahrungen sprechen
EXTRA BERUF MODUL 1
Ich habe mal … Und das konnte ich gut!
Ich habe bereits als … gearbeitet. / ein Praktikum bei … /
   in … / eine Ausbildung zum / zur … gemacht.
Das hat mich gelangweilt. / Damit konnte ich gar nichts
   anfangen.

über Interessen sprechen EXTRA BERUF MODUL 1
Ich … gern … Das finde ich spannend.
Ich interessiere mich für …
Ich finde es langweilig, … zu …
Es fällt mir schwer / leicht, … zu …

über Berufswünsche sprechen EXTRA MODUL BERUF 1
Ich würde sehr gern praktisch / theoretisch / im Bereich … /
   in einem Unternehmen / an der Universität arbeiten.
Ich hätte / würde gern …
Ich wollte schon immer mal …
Mein größter Traum wäre …

über Gewohnheiten berichten L4
Bei uns ist es üblich / selbstverständlich, ... zu ...
Normalerweise / In der Regel ...
An besonderen Tagen / Einmal im Jahr / ...
Wenn es etwas zu feiern gibt, dann ...

eine Meinung äußern L4, L6
Ich hätte (keine) Lust, ... zu ...
Ich kann mir (nicht so) gut vorstellen, ... zu ...
Ich finde das Angebot ... (nicht so) toll, da ...
Ich finde schon, dass ...
Man muss aber auch sehen, dass ...

etwas bewerten L4
Ich finde es (un)angenehm / spannend / seltsam / ..., wenn / dass ...
Nicht so gut / Besonders gut gefällt mir, dass ...

Vorschläge machen L4
Ich würde ... vorschlagen.
Was haltet ihr davon, wenn ...?

Gegenvorschläge machen L4
Ich habe einen anderen Vorschlag: ...
Sollen wir vielleicht lieber ...?

sich einigen L4
Wärt ihr mit ... / damit einverstanden?
Können wir uns auf ... / darauf einigen?

einen zeitlichen Ablauf beschreiben L5
Alles beginnt ...
Am Anfang ... / Anfangs ...
Eines Tages ...
Dann ... / Danach ... / Später ... / Seitdem ...
Am Ende ... / Zum Schluss ...

über Erinnerungen berichten L5
Ich werde nie vergessen, wie ...
Ich erinnere mich (gern) an ...

Gefallen ausdrücken L5
... fand ich toll. / super. / praktisch. / schön. / ...
... hat mir gleich / gut gefallen.
... mochte ich sehr / am liebsten.

Wichtigkeit / Unwichtigkeit ausdrücken L5, L11
... ist / war für mich sehr wichtig.
... ist / war etwas ganz Besonderes für mich.
... ist / sind für ... besonders / nicht so wichtig.
... haben eine große Bedeutung.

eine Auswahl erklären L6
Ich verbinde mit ... vor allem, ..., denn ...
... heißt für mich (auch), ..., weil ...
Für mich bedeutet ... (außerdem), ... Schließlich ...

Einschätzungen formulieren L6
Meine / Mein ... wäre(n) sicherlich ...
... würde(n) wahrscheinlich ...
Ich könnte mir (gut) vorstellen, dass ...

über Einstellungen und Werte sprechen L7
Es wäre für mich (nicht) selbstverständlich, ...
Ich hätte ein Problem / kein Problem damit, ...

etwas abwägen L7
Das kommt darauf an, ...
Das ist davon abhängig, ob ...
Schwierig zu sagen, aber ...

um Hilfe bitten L7
Könnten / Würden Sie vielleicht / bitte ...?
Dürfte ich Sie bitten, ...?

auf eine Bitte positiv / negativ reagieren L7
Ja, klar, kein Problem.
Tut mir leid, ich habe leider keine Zeit.

Hilfe anbieten L7
Kann ich Ihnen irgendwie behilflich sein?
Darf ich Ihnen vielleicht helfen?

sich für Hilfe bedanken L7
Ach, das ist (wirklich / sehr) nett von Ihnen.
Vielen Dank für Ihre Hilfe! Das ist nicht selbstverständlich.

auf Dank reagieren L7
Gern geschehen! / Bitte schön!
Keine Ursache! / Nichts zu danken!

Hilfe ablehnen L7
Danke, das ist sehr nett, aber ich komme schon klar.
Ich komme zurecht. Aber danke für das Angebot!

Vorwürfe äußern L8
Ihr habt zu viel / viele ...
Ihr seid dafür verantwortlich, dass ...

Forderungen äußern L8
Ihr solltet (weniger) ...
Warum ... ihr nicht (endlich) ...?

eine Meinung teilen L8
Ich finde es richtig, dass ...
Ich finde es sehr wichtig, dass ...

eine Meinung ablehnen L8
Ich finde es nicht richtig, dass ...
Bei uns (in der Familie) wäre es nicht normal, dass ...

Wertschätzung ausdrücken L9
Ich bewundere ...
Ich habe großen Respekt vor ...

Informationen vergleichen L9
Ich dachte / habe notiert, dass ...
Das steht auch / aber nicht im Artikel / im Text / ...
Im Artikel / Im Text / ... steht (noch), dass ...
Daran habe ich gar nicht gedacht.

Aussagen wiedergeben L9
Hier steht, dass ...
Jemand hat geschrieben: ...

über ein Schulsystem berichten L11
Es gibt bei uns ... Schultypen. Sie heißen ...
Bei uns gehen auch alle / nicht alle Kinder in ...
Die Kinder sind bis zur ... Klasse in ... zusammen.
Nach der ... Klasse verlassen viele Kinder die Schule, um ...
Wenn man studieren möchte, muss man ...

Rückfragen stellen L11
Entschuldigung, was bedeutet ...?
Was meinst du damit? / mit ...?
Ich würde gern wissen, wie lange / ob ...

eine Auswahl begründen L12
Ich habe mich für ... entschieden, weil ...
Ich habe ... gewählt. Ein Grund ist / sind ...

Gefühle beschreiben L12
... hat mich neugierig / nachdenklich / ... gemacht.
... hat (echt) gute Laune gemacht.
... hat mich zum Lachen / ... gebracht.
... hat mich beschäftigt. / überrascht. / ...

über seine Lieblingsgeschichte berichten L12
Ich kenne die Geschichte von ... / aus ...
Die Geschichte spielt in ...
In der Geschichte geht es um ... Sie handelt von ...
Besonders gut gefällt mir an der Geschichte, dass ...
Wenn ich die Geschichte höre / lese / sehe, dann (denke ich an / fühle ich mich) ...

einen Arbeitsvertrag erklären EXTRA BERUF MODUL 4
Mein Arbeitsvertrag beginnt am ...
Die Stelle ist befristet. / unbefristet.
Die Probezeit dauert ...
Ich verdiene monatlich ... Franken / Euro / ...
Ich werde ... Stunden pro Woche / in Teilzeit / Vollzeit arbeiten.
Ich habe insgesamt ... Tage / Wochen Urlaub.
Wenn ich krank bin, brauche ich ...

Eine Diskussion führen

eine Meinung äußern L1
Ich bin der Meinung, dass ...
Meiner Meinung nach ...
Ich glaube / denke / meine, ...

zustimmen L1, L10
Da hast du recht.
Da stimme ich dir zu.
Stimmt, so kann man das auch sehen.
Ja, ganz genau.
Ich bin ganz deiner Meinung.
Da kann ich dir nur zustimmen.

widersprechen L1, L10
Das sehe ich nicht so.
Das kann man so nicht sagen.
Da muss ich dir widersprechen.
Hm, ich weiß nicht, das stimmt meiner Meinung nach nicht.
Tut mir leid, das sehe ich anders.
Da hast du schon recht, aber ...

Vorteile nennen L10
Ein (weiterer) Vorteil (von ...) ist, ...
Sehr nützlich finde ich ..., weil ...
Praktisch / Gut / ... finde ich auch, dass ...

Nachteile nennen L10
Ein (weiterer) Nachteil (von ...) ist, ...
Nicht sehr nützlich finde ich ..., weil ...

ein Fazit ziehen L10
Insgesamt sehen wir mehr Vorteile bei ...
Also, wir finden, es spricht viel für ...
In diesem Punkt waren wir uns nicht einig.

Eine Präsentation halten

eine Person vorstellen L2
Ich stelle Ihnen / euch ... vor.
... postet / schreibt Beiträge / dreht Videos auf ...
... ist in / auf ... aktiv und hat ... Followerinnen und Follower.
... wurde bekannt / berühmt, weil ...
... beschäftigt sich in ihren / seinen Beiträgen mit ... und ...
... macht Werbung für / wirbt für ...
Es lohnt sich auf jeden Fall / mit Sicherheit, ihr / ihm zu folgen. Denn ...

eine Präsentation einleiten L8
Ich möchte euch gern ... vorstellen.
Ich präsentiere euch ...
Ich würde euch gern ... zeigen.

Lösungen vorstellen L8
Normalerweise ... Aber bei ... ist es so, dass ...
In der Regel ... Doch es gibt eine Alternative: ...
... oft ... Mit diesem / dieser ... ist das jedoch anders: ...

Materialien angeben L8
Der / Das / Die ... ist / besteht aus ...
Das ist ein spezielles Material, das ...
Der / Das / Die ... wird aus ... hergestellt.

eine Funktion erklären L8
Das geht so: ...
Der / Das / Die ... funktioniert so: ...
Man benutzt den / das / die ... wie einen ganz normalen / ein ganz normales / eine ganz normale ..., nur dass ...

Einen Kommentar schreiben

ein Verhalten bewerten L9
Ich finde es (nicht) okay / in Ordnung, wenn ...
Es ist unverschämt, ... zu ...

Unsicherheit ausdrücken L9
Also, ich weiß nicht.
Ist das so? / Stimmt das wirklich?
Ich bin unsicher, ob ...

Eine Grafik beschreiben und vergleichen

wichtige Informationen einer Grafik erklären L11
Die Grafik zeigt ... / Die Grafik informiert über ...
Man sieht in der Grafik, dass alle ... / ... % der ...
Ein Teil davon, nämlich ... %, ...
Nur (noch) ... % ...

Auffälligkeiten beschreiben L11
Es fällt auf, dass alle / (deutlich / viel) mehr / weniger Kinder von ...
Auffällig / Interessant ist, dass nur wenige Kinder von ...

Grafiken vergleichen L11
Während in Grafik A ... % ... beginnen / machen / besuchen ..., sind es in Grafik B ... %.
In Grafik B beginnen / machen / besuchen ... (deutlich / viel) mehr / weniger Kinder ... als in Grafik A.
Wenn man die beiden Grafiken vergleicht, kann man sagen, dass nur wenige Kinder, nämlich ... % ... machen / ...

Kritik äußern und darauf reagieren

Kritik äußern EXTRA BERUF MODUL 3
Ich würde gern etwas mit dir besprechen.
Mir ist aufgefallen, dass ...
Ich habe den Eindruck, dass ...
Ich finde nicht in Ordnung, dass ...
Es ist einfach nicht so schön, wenn ...

Kompromisse machen / Lösungen vorschlagen
EXTRA BERUF MODUL 3
Vielleicht könnten wir uns darauf einigen, dass ...
Du solltest vielleicht ...
Was hältst du davon?
Was würdest du von folgender Lösung halten?
Könntest du dir das vorstellen?
Eventuell könntest du ...

sich entschuldigen EXTRA BERUF MODUL 3
Stimmt. Das tut mir wirklich leid.
Entschuldigung. Das kommt nicht mehr vor.

Verständnis zeigen EXTRA BERUF MODUL 3
Das kann ich gut verstehen.
Das geht mir auch / uns allen mal so.
Das ist nicht schlimm.
Ich kann das gut nachvollziehen.

auf Kritik / einen Vorschlag reagieren
EXTRA BERUF MODUL 3
Wenn es dir so wichtig ist, ...
Ich denke das ist (k)eine gute Lösung.
Ich möchte dir gern etwas anderes vorschlagen.
Das klingt gut. Das werde ich machen.
Das ist keine schlechte Idee.

METHODEN

Autogrammjagd

Schritt 1: Gehen Sie im Kursraum herum und finden Sie unter allen Kursteilnehmerinnen und Kursteilnehmern Personen, die die Fähigkeit / die Eigenschaft / … haben, die gesucht ist. Lassen Sie sich jeweils eine Unterschrift geben.

Schritt 2: Wiederholen Sie den Vorgang so oft, bis Sie zu jeder Fähigkeit / jeder Eigenschaft / … eine Unterschrift haben.

Schritt 3: Präsentieren Sie Ihre Ergebnisse im Kurs. Was ist überraschend? Wo gibt es im Kurs Übereinstimmungen? Wo Unterschiede?

Diese Methode eignet sich zum Kennenlernen von Gruppen sowie zum Einschleifen von Redemitteln. Sie kann außerdem als Kommunikationsanlass dienen.

Flüstergespräch

Schritt 1: Unterhalten Sie sich mit der Person, die neben Ihnen sitzt, über das Thema bzw. die Aufgabe. Achten Sie darauf, leise zu sprechen.

Schritt 2: Sie können Notizen machen und Ihre Ideen festhalten.

Schritt 3: Nehmen Sie am Kursgespräch teil, indem Sie Ihre Meinungen oder Ideen präsentieren. Die Liste KOMMUNIKATION im Anhang hilft (→ *eine Meinung äußern, etwas bewerten, Verständnis / Unverständnis ausdrücken*).

Diese Methode eignet sich zum Einstieg in ein neues Thema, zur Aktivierung von Vorwissen und Vorerfahrungen sowie zur Vorbereitung von Diskussionen im Plenum.

Geben & Nehmen

Schritt 1: Schreiben Sie aus einer Auswahl an Themen / Fragen / … eine vorgegebene Anzahl auf einen Zettel. Gehen Sie im Kursraum herum. Wenn ein Signal (z. B. eine Glocke) ertönt, suchen Sie sich eine Gesprächspartnerin / einen Gesprächspartner. Sprechen Sie mit ihr / ihm über die Themen / Fragen / … auf Ihrem Zettel.

Schritt 2: Wenn das Signal wieder ertönt, tauschen Sie die Zettel. Sie arbeiten nun mit den Themen / Fragen / … Ihrer Gesprächspartnerin / Ihres Gesprächspartners weiter. Gehen Sie dann zur nächsten Gesprächspartnerin / zum nächsten Gesprächspartner und führen Sie das nächste Gespräch. Wiederholen Sie den Vorgang so oft wie nötig.

Diese Methode eignet sich zum Einstieg in ein neues Thema, zur Aktivierung von Vorwissen und Vorerfahrungen sowie zur inhaltlichen Vertiefung eines Themas.

Kursspaziergang

Schritt 1: Gehen Sie im Kursraum herum. Wenn ein Signal (z. B. eine Glocke) ertönt, suchen Sie sich eine Gesprächspartnerin / einen Gesprächspartner aus. Führen Sie mit ihr / ihm ein kurzes Gespräch zum Thema bzw. zur Aufgabe.

Schritt 2: Wenn das Signal wieder ertönt, gehen Sie weiter zur nächsten Gesprächspartnerin / zum nächsten Gesprächspartner und führen das nächste Gespräch. Wiederholen Sie den Vorgang so oft wie nötig.

Diese Methode eignet sich zum Meinungsaustausch bzw. als Einstieg in ein leichtes, bereits bekanntes Thema oder zur Erarbeitung und Festigung bereits eingeführter Inhalte

Kursstatistik

Schritt 1: Eine Person stellt eine Frage und präsentiert die Antwortmöglichkeiten (z. B. A, B oder C). Die Anzahl der Antwortmöglichkeiten muss begrenzt sein, damit eine statistische Auswertung möglich ist.

Schritt 2: Die Kursteilnehmerinnen / Kursteilnehmer antworten per Zuruf / Handheben oder schriftlich, indem sie z. B. einen Fragebogen ausfüllen.

Schritt 3: Werten Sie die Ergebnisse aus: Wortmeldungen bzw. schriftliche Antworten werden gezählt. Alternativ können Sie auch eine Umfrage-App nutzen und digital (und anonym) abstimmen.

Schritt 4: Wählen Sie ein oder mehrere Arbeitsmittel (Foto, Illustration, Plakat, Präsentationsprogramm usw.) aus und stellen Sie die Ergebnisse anschaulich dar (z. B. mithilfe eines Säulen-, Balken- oder Tortendiagramms).

Schritt 5: Präsentieren Sie die Ergebnisse im Kurs.

Diese Methode eignet sich zur Abfrage von Meinungen, Stimmungsbildern usw.

Reißverschluss

Schritt 1: Teilen Sie sich in zwei gleich große Gruppen auf: A und B. Bilden Sie zwei Reihen. Stehen Sie so, dass Ihnen eine Person zum Gespräch gegenübersteht.

Schritt 2: Wenn ein Signal (z. B. eine Glocke) ertönt, sprechen Sie mit der Person, die Ihnen gegenübersteht.

Schritt 3: Beim nächsten Signal rücken Sie einen Platz bzw. eine Person nach rechts (eine Person wechselt ans andere Ende). Wiederholen Sie den Vorgang so oft wie nötig.

Diese Methode eignet sich zum Meinungsaustausch bzw. als Einstieg in ein leichtes, bereits bekanntes Thema oder zur Erarbeitung und Festigung bereits eingeführter Inhalte (neue Wortfelder, Grammatikstrukturen, Redemittel).

Schneeballmethode

Schritt 1: Notieren Sie auf ein Kärtchen Stichpunkte (z. B. Begriffe, Vorschläge usw.) zum Thema bzw. zur Aufgabe.

Schritt 2: Arbeiten Sie zu zweit und einigen Sie sich auf die wichtigsten vier Stichpunkte. Halten Sie sie auf einem weiteren Kärtchen fest.

Schritt 3: Suchen Sie zusammen mit Ihrer Partnerin / Ihrem Partner ein weiteres Paar und einigen Sie sich zu viert auf die wichtigsten sechs Punkte. Halten Sie sie auf Kärtchen fest.

Schritt 4: Präsentieren Sie Ihre Ergebnisse im Kurs. Die Liste KOMMUNIKATION im Anhang hilft (→ *Wichtigkeit ausdrücken*).

Diese Methode unterstützt Meinungsbildungs-, Entscheidungs- und Problemlösungsprozesse.

Wirbelgruppen

Schritt 1: Bilden Sie Gruppen. Tauschen Sie sich ca. 5 Minuten über das Thema bzw. die Aufgabe aus.

Schritt 2: Wenn ein Signal (z. B. eine Glocke) ertönt, werden neue Gruppen gebildet. Jede neu gebildete Gruppe besteht aus jeweils einem Mitglied der alten Gruppen. Tauschen Sie sich wieder über das Thema bzw. die Aufgabe aus. Der Vorgang kann mehrfach wiederholt werden.

Diese Methode eignet sich für Diskussionen mit größeren Gruppen zu Themen mit verschiedenen Aspekten / aus verschiedenen Perspektiven.

Lösung Lektion 3, Aufgabe 1a: 1. Liebe, 2. Familie, 3. Beruf, 4. Haus-/Wohnungskauf, 5. Probleme mit der Wohnung, 6. Ausbildung / Studium

Lösung Lektion 10, Aufgabe 1a: 1b, 2a, 3b, 4b, 5a, 6b

LERNWORTSCHATZ

- Akk. = Akkusativ
- Dat. = Dativ
- Gen. = Genitiv
- etw. = etwas
- jdm. = jemandem; jdn. = jemanden
- (nur Sg.) / (nur Pl.) = Diese Wörter kommen so nur im Singular / im Plural vor.
- Präp. = Präposition
- ugs. = umgangssprachlich
- Ⓐ = österreichisches Deutsch
- ⒸⒽ = schweizerisches Deutsch

MODUL 1

1 Ohne Hobby glücklich?

1
falls *(Präp.)* Mein Hobby ist Schlafen, falls das ein Hobby ist.
erholen (sich) An einem freien Tag erhole ich mich von der letzten Party.
die Modelleisenbahn, -en
der / das Kajak, -s

3
eventuell ≈ vielleicht, wahrscheinlich
an|nehmen (nimmt an, nahm an, hat angenommen) Ich nehme an, dass …

4
an|geben (gibt an, gab an, hat angegeben) ≈ nennen; Matteo findet es langweilig, „Schlafen" als Hobby anzugeben.
altmodisch ≈ nicht modern
fragen (sich) Natalia fragt sich, ob jeder ein Hobby haben muss.
die Erholung *(meist nur Sg.)* Für ihn ist sein Hobby nicht immer nur Erholung, weil er immer besser werden will.
raten (rät, riet, hat geraten)
mutig

5
verständlich Ich finde es verständlich, dass …
seltsam Ich finde es ein bisschen komisch / seltsam, dass …

6
halten von *+ Dat.* (hält, hielt, hat gehalten) Was hältst du davon?
die Bedingung, -en
der Rat *(nur Sg.)* jdm. einen Rat geben
der Ratschlag, ⸚e jdm. einen Ratschlag geben
höflich

7
gratis ≈ kostenlos; Alle Freizeitangebote sind gratis.
verbringen (verbringt, verbrachte, hat verbracht) Wir müssen zwei Stunden pro Tag draußen verbringen.
aus|fallen (fällt aus, fiel aus, ist ausgefallen) Das Internet fällt einen Monat lang aus.
ewig Wir können ewig leben.
das Alter *(nur Sg.)* Wenn wir ewig leben könnten, würden wir anders über das Alter denken.

8
der Zweck, -e
laut *(Präp.)* Laut Umfragen gehörte in den 1950er-Jahren „Aus dem Fenster schauen" zu den beliebtesten Freizeitbeschäftigungen der Deutschen.
die Umfrage, -n
die Freizeitbeschäftigung, -en
das Ranking, -s die Bestenliste; Heute findet man diese Beschäftigung in keinem Hobby-Ranking.
sorgen für *+ Akk.* Ein Hobby sorgte nur dafür, dass die Zeit vergeht.
vergehen (vergeht, verging, ist vergangen) Ein Hobby sorgte nur dafür, dass die Zeit vergeht.
die Art, -en Mit einem Hobby wollte man seine freie Zeit auf eine angenehme Art verbringen.
knapp Heute ist freie Zeit knapp.
behaupten
klagen über *+ Akk.* Die meisten klagen darüber, dass ihre Zeit nicht für alles reicht.
reichen
ständig ≈ häufig
das Angebot, -e
leisten (sich) Ein Hobby ohne Zweck kann man sich da kaum leisten.
erfolgreich
die Leistung, -en Freizeit und Leistung gehören zusammen.
der Halbmarathon, -s ein Lauf über 21,0975 Kilometer
nähen
posten einen Beitrag in den sozialen Netzwerken veröffentlichen
das Ergebnis, -se

10
der Druck, - Für mich bedeutet Hobby Leistung und Druck.

2 Raus aus dem Alltag

1
der Alltag *(nur Sg.)* raus aus dem Alltag
die Umwelt *(nur Sg.)*
die Reiseplanung, -en
betreffen (betrifft, betraf, hat betroffen) Das betrifft die Frage, wie man dort hinkommt
die Flugreise, -n
vorzugsweise ≈ in erster Linie
ökologisch

der Bauernhof, ¨-e
das Camping *(nur Sg.)* Lehnwort aus dem Englischen
das Netzwerk, -e das soziale Netzwerk
das Reiseziel, -e
populär
die Masse, -n Massen von Touristen
die Folge, -n ≈ Konsequenz
leiden … Natur und Umwelt leiden …
lokal ≈ regional
die Bevölkerung, -en … die lokale Bevölkerung lehnt den
   Tourismus immer mehr ab.
ab|lehnen … die lokale Bevölkerung lehnt den Tourismus
   immer mehr ab.
die Serie, -n Filme und Serien haben immer mehr Einfluss
   auf den Tourismus.
der Tourismus *(nur Sg.)*
der Handlungsort, -e Handlungsort der Fantasy-Serie
   Game of Thrones
das Erlebnis, -se
die Vorbereitung, -en
die Kosten *(nur Pl.)*
das Abenteuer, -
der Trend, -s Mikroabenteuer liegen im Trend.
die Tourist:in der Tourist / die Touristin
erkunden das eigene Stadtviertel als Tourist:in erkunden
die Spur, -en den Stars auf der Spur
zuliebe Der Umwelt zuliebe
das Ähnliche Ich habe etwas Ähnliches erlebt, als …
erleben

2
beschäftigen (sich) mit + Dat.
der Influencer, - / die Influencerin, -nen
der Podcast, -s
der Follower, – / die Followerin, -nen in den sozialen
   Netzwerken; Er möchte einen engen Kontakt zu seinen
   Followern …
der Beitrag, ¨-e ≈ Podcast; Hier könnt ihr den Beitrag hören.

3
vor|haben ≈ planen; Im Radiobeitrag geht es darum,
   was die beiden vorhaben.
testen Er testet keine Produkte …
werben für + Akk. (wirbt, warb, hat geworben)

4
ähnlich Ich sehe das ähnlich wie …

6
der Sonnenaufgang, ¨-e
zelten
das Picknick, -s
die Decke, -n die Decke für das Picknick
das Gebäck, -e
der Kompass, -e
der Müllbeutel, -

die Playlist, -s
die Regenjacke, -n
der Schlafsack, ¨-e
die Taschenlampe, -n
das Taschenmesser, -
die Thermoskanne, -n
die Trinkflasche, -n

7
drehen ein Video drehen
verlinken Produkte verlinken

8
der Inhalt, -e
die Werbung, -en … macht Werbung für …
lohnen (sich)
die Sicherheit, -en mit Sicherheit
folgen jdm. in den sozialen Netzwerken folgen

3 Neustart als Landärztin

1
erstaunen Ich bin erstaunt, dass …

3
der Nachwuchs *(nur Sg.)*
der Heimatort, -e
übernehmen eine Praxis übernehmen
der Patient, -en / die Patientin, -nen
auswendig kennen
die Kindheit *(nur Sg.)*
-jährig
verabschieden (sich)
die Klinik, -en
die Karriere, -n Karriere machen
die Gemeinschaft, -en
allmählich
der Hausarzt, ¨-e / die Hausärztin, -nen
ohnehin
verlassen (verlässt, verließ, hat verlassen)
bereit Ich bin jederzeit bereit, dir zu helfen.
ernst Würden ältere Patient*innen sie ernst nehmen?
besprechen (bespricht, besprach, hat besprochen)
die Entscheidung, -en Seine Reaktion half ihr bei der
   Entscheidung für den Umzug.
begeistert
überzeugen Ihre zehnjährige Tochter mussten sie
   langsam überzeugen.
positiv
beeinflussen Das alles hat mich positiv beeinflusst.
allerdings Natalia muss allerdings sehr viel arbeiten.
selbstständig Sie muss als selbstständige Ärztin auch
   die Verwaltung ihrer Praxis organisieren.
die Verwaltung, -en ≈ Administration
die Gegend, -en Sie ist die einzige Ärztin in der Gegend.
versorgen Sie hat viele Patient*innen zu versorgen.

erledigen
der Papierkram *(nur Sg.) (ugs. abwertend)* den Papierkram erledigen
der Feierabend, -e Feierabend haben / machen
das Abendbrot *(nur Sg.)* Abendbrot essen
gesellschaftlich
der Status Man hat einen ähnlichen Status wie der Pastor …
der Pastor, -en / die Pastorin, -nen
der Bürgermeister, – / die Bürgermeisterin, -nen
begegnen Die Menschen begegnen einem mit Respekt.
die Distanz, -en
gewöhnen (sich) an + Akk. Daran habe ich mich noch nicht gewöhnt.
der Mangel an + Dat. hier Ärztemangel, zu wenig Ärzt*innen
die Infrastruktur *(meist im Pl.)*
die Versorgung *(meist im Sg.)*
der Einwohner, – / die Einwohnerin, -nen

8
das Gebäude, – alte Gebäude
die Einsamkeit *(nur Sg.)*
die Bildungschance, -n
die Einkaufsmöglichkeit, -en
der Lärm *(nur Sg.)*
die Verbindung, -en Bahnverbindung, Busverbindung, Zugverbindung
der Empfang, ¨e Internetempfang
der Stau, -s
der Arbeitsplatz, ¨e
der Wohnraum, ¨e
verbinden mit + Dat. (verbindet, verband, hat verbunden) Ich verbinde mit dem Leben in der Stadt vor allem …
das Schaubild, -er ≈ Grafik, In meinem Schaubild ist das ähnlich. / ganz anders.

MODUL 2

4 Gemeinsam essen

1
gemeinsam
das Fondue, -s Käsefondue
der Grill, -s
die Kohle, -n
die Schale, -n eine große Schale Reis
die Vorspeise, -n
überhaupt
die Schüssel, -n

2
üblich Bei uns ist es üblich, …
selbstverständlich Bei uns ist es selbstverständlich, …
normalerweise

die Regel, -n ≈ normalerweise; In der Regel …
besonderer, besonderes, besondere an besonderen Tagen

3
die Öffnungszeit, -en
spüren Gemeinschaft spüren
entscheiden (entscheidet, entschied, hat entschieden)
die Liebe *(nur Sg.)* Das Essen kommt mit einer großen Portion Liebe auf den Tisch.
das Besondere *(nur Sg.)* Das Besondere an dem Café Ess(t)räume ist, dass …

4
der / die Berufstätige, -n
die Prise eine Prise Humor
der Humor *(nur Sg.)*
die Diskussion über + Akk.
der Eintopf, ¨e
duften duftendes Essen
ausprobieren
decken ein gedeckter Tisch
genießen (genießt, genoss, hat genossen)
traditionell
der Pudding, -e/-s
das Dessert, -s
das Gefühl, -e Familiengefühl
die Runde, -n Dinner-Runde
das Dinner, -
der Gang, ¨e 5-Gänge-Menü
das Menü, -s
jeweils
wechseln Platz wechseln
ausgehen Alle gehen aus und treffen sich mit Freunden oder Bekannten.
nämlich
solo Solo-Dinner
der Einzeltisch, -e
die Wahl, -en nach Wahl
die Reservierung, -en
angenehm
unangenehm

5
die Scheibe, -n eine Scheibe Brot

6
die Tradition, -en
wohlfühlen (sich)
die Rolle, -n eine Rolle spielen
der Besitzer, – / die Besitzerin, -nen Cafébesitzer*in
individuell
persönlich
die Öffentlichkeit *(nur Sg.)*
einsam sich einsam fühlen

verraten (verrät, verriet, hat verraten) Außerdem verrät er Mona, wie sich aus einer alten Tradition sein erfolgreiches Angebot entwickelt hat.
entwickeln
voraus im Voraus
ausgebucht Das Angebot ist immer schon im Voraus ausgebucht.

10
vegetarisch
vegan
die Nuss, ¨-e
der Alkohol (nur Sg.)
gemütlich
das Motto
das Fingerfood
die Dekoration, -en
vor|schlagen (schlägt vor, schlug vor, hat vorgeschlagen
  Ich würde .... vorschlagen.
das Zaziki griechisches Gericht aus Joghurt, Salatgurken und Knoblauch
einverstanden sein mit + Dat. Wärt ihr damit einverstanden?
einigen (sich) auf + Akk. Können wir uns darauf einigen?
zubereiten
der Veganer, – / die Veganerin, -nen

5   Im Schrank

1
die Bedingung, -en
produzieren ... unter welchen Bedingungen Kleidung produziert wird.
halten Mir ist wichtig, dass meine Kleidung lange hält.
das Kleidungsstück, -e
recyceln aus recyceltem Material
das Material, -ien
bestehen aus + Dat. (besteht, bestand, hat bestanden)
die Marke, -n Markenkleidung
zustimmen Ich stimme jdm. zu
die Jogginghose, -n
die Kontrolle, -n
trennen (sich) von + Dat.
an|probieren

2
die Kurzgeschichte, -n
liebevoll
das Auf und Ab ≈ ständiger Wechsel zwischen Erfolg und Misserfolg
ungewöhnlich
die Beziehung zu + Dat.

3
der Schritt, -e
das Schaufenster, –
entdecken
die Wärme (nur Sg.)
das Herz, -en
klopfen das Herz klopft
nicken
lächeln lächelnd
einfarbig
weit Die Jacke ist mir zu weit.
perfekt das perfekte Team
die Wäsche (nur Sg.) in die Wäsche müssen
der Sand, -e / ¨-e
die Träne, -n Tränen in den Augen haben
enttäuscht sein von + Dat.
der Atem (nur Sg.)
auf|heben (hebt auf, hob auf, hat aufgehoben)
zittern die Hände zittern
leuchten die Augen leuchten
schütteln den Kopf schütteln
kariert
bio Bio-Baumwolle
die Baumwolle, -n
die Sorge, -n sich Sorgen machen
das Zuhause
weitergehen
anfangs
eines Tages
seitdem

6
weg|werfen (wirft weg, warf weg, hat weggeworfen)
behalten (behält, behielt, hat behalten)

8
das Fahrzeug, -e
elektronisch
das Möbelstück, -e
der Gegenstand, ¨-e

6   Getrennt und doch zusammen

1
das Zusammenleben
gegenseitig
gründen eine Familie gründen
die Freiheit, -en weniger Freiheiten haben
die Hausarbeit, -en
auf|teilen (sich) sich die Hausarbeit aufteilen
führen ein Gespräch / eine Beziehung führen
der Kompromiss, -e
schließen (schließt, schloss, hat geschlossen)
  einen Kompromiss schließen
schließlich

2

zusammen|ziehen (zieht zusammen, zog zusammen, ist zusammengezogen) Die meisten Paare ziehen irgendwann zusammen.
entscheiden (sich) gegen + Akk. (entscheidet, entschied, hat entschieden)
die Großstadt, ¨-e
das Beziehungsmodell
fest in einer festen Beziehung sein
die Weise Auf diese Weise …
das Alltagsproblem, -e
alleinerziehend

3

auf|hängen (hängt auf, hing auf / hängte auf, hat aufgehängt / aufgehangen) Wäsche aufhängen
herum|liegen (liegt herum, lag herum, hat herumgelegen) (ugs. abwertend) Sie lässt gern alles herumliegen.
die Sauberkeit (nur Sg.)

4

wischen den Boden wischen
der Boden, ¨
bügeln
die Spülmaschine, -n
ein|räumen die Spülmaschine einräumen
aus|räumen die Spülmaschine ausräumen
staubsaugen
ab|räumen den Tisch abräumen
zusammen|legen Wäsche zusammenlegen

6

miteinander miteinander reden

7

die Kerze, -n eine Kerze anzünden
an|zünden

8

zusammen sein (mit jdm.)
auf|geben (gibt auf, gab auf, hat aufgegeben) seine Wohnung aufgeben
die Kleinstadt, ¨-e
entfernt
der Tagesablauf, ¨-e
zusammen|wohnen
mittlerweile
gewohnt Ich bin es gewohnt, dass
verabreden (sich) mit + Dat.
füreinander füreinander da sein
unterstützen jdn. unterstützen
vor Kurzem
vermissen
undenkbar
bewusst
die Rücksicht auf + Akk. Rücksicht auf jdn. nehmen

lösen Probleme lösen
der Weg, -e jdm. aus dem Weg gehen
Lebensumstände (nur Pl.)
an|kommen auf + Akk. (kommt an, kam an, ist angekommen) Mittlerweile denke ich, dass es auf die Lebensumstände ankommt.
verstehen (sich) mit + Dat. (versteht, verstand, hat verstanden) Er und meine Tochter verstehen sich gut.
laufen (läuft, lief, ist gelaufen) Ich bin froh, dass alles gut läuft.
eingespielt Unser Alltag zu zweit ist sehr gut eingespielt.
der Konflikt mit + Dat.
vermeiden (vermeidet, vermied, hat vermieden) Konflike vermeiden
momentan In der momentanen Situation führe ich lieber eine LAT-Beziehung.

MODUL 3

7 Hilfsbereit

1

der / die Obdachlose, -n
das Blut (nur Sg.) Blut spenden
spenden
der Einkauf, ¨-e
das Bewerbungsschreiben, –
der Kopfhörer, -
aus|leihen (leiht aus, lieh aus, hat ausgeliehen) Kopfhörer ausleihen

2

sinnvoll etwas Sinnvolles tun
kosten Zeit kosten
bitten um + Akk. (bittet, bat, hat gebeten) um Hilfe bitten

3

glücklich Würdest du sagen, dass Helfen glücklich macht?
abhängig sein von + Dat. Das ist davon abhängig, ob …

5

nach|fragen
die Schulden (nur Pl.)
der Sozialarbeiter, – / die Sozialarbeiterin, -nen
die Beratungsstelle, -n
organisiert gut organisiert sein
der Antrag, ¨-e einen Antrag stellen
stellen
umgehen mit + Dat.

6

die Wand, ¨-e eine Wand streichen
streichen (streicht, strich, hat/ist gestrichen)
defekt

nach|schauen
das Smartphone, -s

7
die Beratung, -en
finanziell
an|nehmen (nimmt an, nahm an, hat angenommen)
  Hilfe annehmen
der Wert auf + Akk. Wert auf etw. legen
die Unabhängigkeit *(nur Sg.)*
enttäuschen
die Arbeit Arbeit machen
unsicher unsicher wirken
wirken
sich etw. klar|machen
die Gesellschaft, -en
funktionieren
menschlich

8
bloß Hätte ich das bloß früher gewusst!
ziemlich ziemlich spät

9
erziehen den Hund besser erziehen
das Taschentuch, ¨er

10
behilflich Kann ich Ihnen irgendwie behilflich sein?
geschehen (geschieht, geschah, ist geschehen)
  Gern geschehen!
die Ursache, -n Keine Ursache!
klar|kommen (kommt klar, kam klar, ist klargekommen) Danke, ich komme schon klar.
zurecht|kommen (kommt zurecht, kam zurecht, ist zurechtgekommen)

8 Wer ist schuld am Klimawandel?

1
das Benzin *(nur Sg.)*
(das) CO_2
der Energieverbrauch *(meist nur Sg.)*
der Verbrauch *(meist nur Sg.)*
die Erde, -n
das Klima *(nur Sg.)*
der Konsum *(nur Sg.)*
der Plastikverbrauch *(meist nur Sg.)*
das Plastik *(nur Sg.)*
der Regenwald, ¨er
die Ressource, -n
der Strom *(nur Sg.)*
konsumieren
reduzieren
erwärmen (sich)
verändern (sich)
verbrauchen
verschwenden
verzichten auf + Akk.
zerstören
verantwortlich sein für + Akk. Ihr seid dafür
  verantwortlich, dass ...

2
das E-Auto, -s
der Wocheneinkauf, ¨e
anstrengend zu anstrengend sein
klimafreundlich
die Alternative, -n
die Generation, -en
die Jugend *(nur Sg.)*
demonstrieren
engagiert
der Vorwurf, ¨e
ungerecht
das Engagement, -s

3
durchschnittlich
exportieren
das Prozent, -e
weltweit
das Tempolimit, -s
verschrotten
der Wasserstoff *(meist nur Sg.)* das Wasserstoff-Auto

4
vor|werfen (wirft vor, warf vor, hat vorgeworfen)
der Planet, -en
der Klimawandel *(nur Sg.)*
widersprechen (widerspricht, widersprach, hat widersprochen)
die Schuld Meine Tochter gibt meiner Generation die Schuld.
die Kritik an + Dat.
völlig ≈ ganz
besitzen (besitzt, besaß, hat besessen)
umweltschädlich
die Bedingung, -en unter schlechten Bedingungen arbeiten
surfen im Internet surfen
streamen Filme und Musik streamen
gebraucht Unsere Familie hatte einen gebrauchten Wagen.
die Avocado, -s
sparsam sparsam leben
die Umweltzerstörung gegen Umweltzerstörung aktiv sein
aktiv politisch aktiv sein
einsetzen (sich) für + Akk.
die Atomkraft *(meist nur Sg.)*
die Förderung, -en Förderung von Kohle
auf die Straße gegen etw. gehen
etw. richtig machen
die Entwicklung, -en

überlegen
verteidigen

5
das Duschgel, -e/-s
das Shampoo, -s
speziell Das ist ein spezielles Material, das …

9 Von A nach B

1
die Dienstleistung, -en
die Fitness *(nur Sg.)*
die Geduld *(nur Sg.)*
der Nerv, -en starke Nerven brauchen
der Paketzusteller, – / die Paketzustellerin, -nen
die Tonne, -n Paketzusteller*innen tragen pro Tag zwei
 bis drei Tonnen.
das Callcenter, –
bearbeiten
der Kassierer, – / die Kassiererin, -nen
scannen Kassierer*innen scannen bis zu 3.500 Artikel
 pro Stunde.
der Artikel, – Kassierer*innen scannen bis zu 3.500 Artikel
 pro Stunde.
die Servicekraft, ¨e
die Gastronomie *(nur Sg.)*
der Fahrradkurier, -e / die Fahrradkurierin, -nen
der Respekt *(nur Sg.)* vor + Dat. Ich habe großen Respekt vor …
bewundern Ich bewundere …
vor|stellen (sich) Ich kann mir vorstellen, dass …
bestimmt … mit Sicherheit / bestimmt …

2
um die um die 150 bis 200 Pakete
räumen ≈ etw. an einen Ort bringen
die Stufe, -n Pro Tag läuft er 4.000 Stufen hoch und runter.
das Paketzentrum, -zentren
der Bezirk, -e
laden (lädt, lud, hat geladen) in ein Fahrzeug laden
ordentlich
das Chaos *(nur Sg.)*
los|fahren (fährt los, fuhr los, ist/hat losgefahren)
das Klo, -s
der Ärger *(nur Sg.)*
klingeln
die Haustür, -en
die Rettung *(meist nur Sg.)* Er ist meistens meine Rettung.
an|nehmen (nimmt an, nahm an, hat angenommen)
 ein Paket annehmen
hupen
der Fußgänger, – / die Fußgängerin, -nen
winken
entgegen|kommen (kommt entgegen, kam entgegen,
 ist entgegengekommen)

das Treppenhaus, ¨er
bedanken (sich) Sie bedanken sich ja nicht mal.
das Trinkgeld, -er
meckern
verfolgen Er hatte sein Paket mit einer App verfolgt.
unglaublich
sauschwer
die Hölle, -n Warum zur Hölle bestellt man 20 Kilo Mehl?
der Klick, -s
der Großeinkauf, ¨e
schleppen ≈ etw. Schweres mühsam tragen
die Semmel, -n Leberkässemmel
der Finger, – auf die Finger schauen
schuften *(umg.)* ≈ hart, schwer arbeiten
die Runde, -n gerade so über die Runden kommen
der Stopp, -s Der letzte Stopp auf meiner Tour.
quatschen Ich habe aber nicht viel Zeit zum Quatschen.
der Durchschnitt *(nur Sg.)* Im Durchschnitt habe ich für
 jedes Paket drei Minuten.
das Ende, -n zu Ende sein
aus|laden (lädt aus, lud aus, hat ausgeladen)
die Retoure, -n
zu|stellen

8
die Regel, -n klare Regeln
extra
unverschämt Es ist unverschämt, … zu …
der Gedanke, -n Dieser Gedanke war neu für mich.

MODUL 4

10 Einfach Kult!

1
die Schallplatte, -n
der Kunststoff, -e
das Vinyl *(nur Sg.)*
die Abkürzung, -en Abkürzung eines Wortes
die LP, -s kurz für Langspielplatte
die Langspielplatte, -n
das Exemplar, -e
der Sprung, ¨e einen Sprung in der Platte haben
springen (springt, sprang, ist gesprungen) von einem
 Thema zum anderen springen

2
der Kult einfach Kult – Dinge, die begeistern
begeistern
präsentieren
führen ≈ an der Spitze einer Organisation stehen
zwar Irene Studer führt ein Musikgeschäft – und zwar
 sehr erfolgreich.
liebenswert
zahlreich

die Bühne, -n
live Live-Konzert
der Jazz (nur Sg.)
der Auftritt, -e
der DJ, -s
musikalisch
die Atmosphäre (nur Sg.)
maximal
der Zuschauer, – / die Zuschauerin, -nen
familiär
die Sammlung, -en

3
das Comeback, -s
aufgeregt
stolz
halten (sich) an + Akk. (hält, hielt, hat gehalten)
  Irene hält sich beim Hören an die Reihenfolge der Stücke.
die Reihenfolge, -n
das Stück, -e hier: Lied
der Streamingdienst, -e
verschwinden (verschwindet, verschwand,
  ist verschwunden)
feierlich
das Ritual, -e ein feierliches Ritual
das Cover, –
das Kunstwerk, -e
der Sound, -s
digital
das Format, -e digitale Formate
technisch technische Probleme
ab|spielen
der Sammler, – / die Sammlerin, -nen
der / das Download, -s
der Code, -s der Download-Code
die Konkurrenz (nur Sg.)

4
offline

5
die Gelegenheit, -en
ideal
die Länge, -n
häufig

8
einig In diesem Punkt waren wir uns nicht einig.

11 Bildungs(um)wege

1
der Akademiker, – / die Akademikerin, -nen
der Nichtakademiker, – / die Nichtakademikerin, -nen
die Promotion, -en
der Master, –
der Bachelor (nur Sg.)
der Studienbeginn (meist nur Sg.)
die Grundschule, -n
allgemein allgemeine Schulpflicht
die Schulpflicht (nur Sg.)
promovieren
ab|schließen (schließt ab, schloss ab, hat abgeschlossen)
  ein Studium abschließen

3
zukünftig zukünftiger Beruf
die Schulzeit, -en
der Start, -s
der Abschluss, ⸚e
erfahren (erfährt, erfuhr, hat erfahren)
das Arbeiterkind, -er
der Umweg, -e
der Bildungsweg, -e
die Hochschule, -n
die Herausforderung, -en
die Hauptschule, -n
unterrichten
die Realschule, -n
das Gymnasium, Gymnasien
die Unterstützung, -en
sogenannt-
die Voraussetzung für + Akk.
das Abendgymnasium, -gymnasien
jobben
tagsüber
die Ausnahme, -n die Ausnahme sein
der / die Studierende, -n
gebildet
komplett
die Förderung, -en ≈ Unterstützung, Hilfe
der Vorwurf, ⸚e einen Vorwurf machen
um Himmels willen
ängstlich
die Nachhilfe (nur Sg.)
die Motivation, -en
die Herkunft, ⸚e
die Chance, -n
der Erfolg, -e
der Mut (nur Sg.) jdm. Mut machen
fördern
das Verständnis (nur Sg.)
das Schulsystem, -e
gerecht
der Schultyp, -en
die Mittelschule, -n
die Gesamtschule, -n

7
beruflich
die Bedeutung, -en eine Bedeutung haben
öffentlich
staatlich
erfüllen Voraussetzungen erfüllen

12 Erzähl doch mal!

1
cool *(ugs.)*
frech
fröhlich
hübsch
kompliziert
kreativ
kritisch
merkwürdig
neugierig
optimistisch
sozial
tolerant
vernünftig
zuverlässig
überraschen … hat mich überrascht.

2
der Kontinent, -e
der Zuhörer, – / die Zuhörerin, -nen
höchstens
vor|lesen (liest vor, las vor, hat vorgelesen)

3
verbinden (verbindet, verband, hat verbunden)
die Beobachtung, -en
die Wanderung, -en
extrem
die Großfamilie, -n
um|drehen sich nach jdm. umdrehen
handeln
die Werte *(nur Pl.)*

heraus|finden (findet heraus, fand heraus, hat herausgefunden)
der Streit, -e
der Standpunkt, -e
nach|denken (denkt nach, dachte nach, hat nachgedacht) jdn. zum Nachdenken bringen
die Stimmung, -en
aus|machen Was eine gute Geschichte ausmacht
wahnsinnig Ich höre ihm wahnsinnig gern zu.
erfinden (erfindet, erfand, hat erfunden)
die Story, -s
alltäglich
das Ereignis, -se
erfolglos
unheimlich die unheimliche Stimme
die Stimme, -n
die Überraschung, -en
erwarten
das Wort, -e in wenigen Worten zusammenfassen
zusammen|fassen
der Held, -en
gelingen (gelingt, gelang, ist gelungen)
analysieren
befinden (sich) (befindet, befand, hat befunden)
aus|lösen Geschichten lösen Gefühle aus.
die Freude, -n
die Neugier *(nur Sg.)*
das Mitgefühl *(nur Sg.)*
die Wut *(nur Sg.)*
das Gehirn, -e
verrückt

7
mitten in + Dat.
geschehen (geschieht, geschah, ist geschehen)
  Im Kopf geschieht etwas.
entstehen (entsteht, entstand, ist entstanden)
nächst- Und was passiert als Nächstes?
herum|laufen (läuft herum, lief herum, ist herumgelaufen)
unruhig

QUELLENVERZEICHNIS

Cover: © Getty Images/DigitalVision/Jose Luis Pelaez Inc
Umschlagkarte: Kartografie-Service: © www.landkarten-erstellung.de HF/AB
Inhalt IV: von oben: © ptnphotof - stock.adobe.com; © detailblick-foto - stock.adobe.com; © missty - stock.adobe.com; © mavoimages - stock.adobe.com; © InsideCreativeHouse - stock.adobe.com; © Getty Images/iStock/jacoblund
Inhalt VI: von oben: © Anton - stock.adobe.com; © Shutterstock.com/Dmytro Zinkevych; © Drazen - stock.adobe.com; © Krakenimages.com - stock.adobe.com; © Danon - stock.adobe.com; © Seventyfour - stock.adobe.com

Kursbuch:
S. 1: Fiona © ptnphotof - stock.adobe.com; Erik © detailblick-foto - stock.adobe.com; Natalia © missty - stock.adobe
S. 2: Fiona © ptnphotof - stock.adobe.com; Sascha © rostock-studio - stock.adobe.com; Elias © Robert Kneschke - stock.adobe.com; Matteo © georgerudy - stock.adobe.com
S. 3: Fiona © ptnphotof - stock.adobe.com
S. 4: Mann mit Tasse © Getty Images/E+/lechatnoir; Maximilian © Rido - stock.adobe.com
S. 5: Matteo © georgerudy - stock.adobe.com; Fiona © ptnphotof - stock.adobe.com
S. 6: Frau © Getty Images/E+/pixelfit; Weltkarte © fotolia/kartoxjm; Zug © Getty Images/iStock/Say-Cheese; Flugzeug © Getty Images/E+/spooh; Dubrovnik © Grustamank - stock.adobe.com; Hobbitwohnung © Marlene - stock.adobe.com; Schwimmer © Getty Images/iStock/Maryviolet; Paar © Getty Images/iStock/AscentXmedia
S. 7: Simone © Getty Images/iStock/Blumbaker; Erik © detailblick-foto - stock.adobe.com; Paar © Getty Images/iStock/franckreporter
S. 8: Felix © Getty Images/iStock/Poike; Nadine © pikselstock - stock.adobe.com
S. 9: 1 © Getty Images/iStock/AscentXmedia; 2 © Getty Images/iStock/halbergman; 3 © Getty Images/Stockbyte/Stockbyte; 4 © Getty Images/E+/gilaxia; Smartphone © Thinkstock/iStock/Nik_Merkulov; Thermosflasche © Thinkstock/iStock/Namepic
S. 10: Kartons links © Getty Images/iStock/EgudinKa; Kartons rechts © Getty Images/iStock/Gleb Kosarenko
S. 11: © missty - stock.adobe.com
S. 12: Ü6a © missty - stock.adobe.com
S. 14: Fiona © ptnphotof - stock.adobe.com; Mann © Westend61 - stock.adobe.com
S. 16: Tür © Getty Images/iStock/Jorm Sangsorn; Bitte nicht stören © beautiful-photo.de - stock.adobe.com; Nikolausstiefel © Stefan Körber - stock.adobe.com; Tür mit Hufeisen © Getty Images/iStock/catnap72; Tür mit Knoblauch © Getty Images/iStock/SbytovaMN; Mann © Getty Images/iStock/tommaso79
S. 17: Kilian © mavoimages - stock.adobe.com; Guido © InsideCreativeHouse - stock.adobe.com; Laura © Getty Images/iStock/jacoblund
S. 18: A © Getty Images/E+/SolStock; B © Getty Images/E+/alvarez; C © Getty Images/E+/Edwin Tan; D © Helga Bragina - stock.adobe.com; Kilian © mavoimages - stock.adobe.com
S. 20: © mavoimages - stock.adobe.com
S. 22: oben © KseniaJoyg - stock.adobe.com; unten © InsideCreativeHouse - stock.adobe.com
S. 26: oben © Ideca Productions - stock.adobe.com
S. 27: Laura 2x © Getty Images/iStock/jacoblund; Said © Getty Images/E+/filadendron
S. 28: 1 © contrastwerkstatt - stock.adobe.com; 2 © gustavofrazao - stock.adobe.com; 3 © kay fochtmann - stock.adobe.com
S. 30: Guido © InsideCreativeHouse - stock.adobe.com
S. 32: Elefant © Getty Images/iStock/BirdHunter591; Kamel © Getty Images/iStock/f4f; Sand © Getty Images/iStock/MR.BUDDEE WIANGNGORN; C. Morgenstern © picture-alliance/dpa
S. 33: Jeremy © Anton - stock.adobe.com; Bente © Shutterstock.com/Dmytro Zinkevych; Mirko © Drazen - stock.adobe.com
S. 34: A © Getty Images/iStock/Halfpoint; B © Getty Images/E+/fotografixx; C © Iryna - stock.adobe.com; D © Getty Images/iStock/DragonImages
S. 35: A, B © Getty Images/iStock/Mirel Kipioro; C © Getty Images/E+/FG Trade; D © Getty Images/iStock/pamspix
S. 36: © Anton - stock.adobe.com
S. 38: Infografik © picture alliance/dpa/dpa-infografik GmbH/dpa-Themendienst | dpa-infografik GmbH; Foto © shutterstock.com/Dmytro Zinkevych
S. 41: Demo © IMAGO / Eckhard Stengel
S. 43: © Drazen - stock.adobe.com
S. 45: 1 © JackF - stock.adobe.com; 2 © Getty Images/E+/NicolasMcComber; 3 © Getty Images/E+/FG Trade
S. 46: von links © Anton - stock.adobe.com; © Getty Images/E+/alvarez; © Getty Images/E+/supersizer
S. 47: A © LIGHTFIELD STUDIOS - stock.adobe.com; B © Gorodenkoff - stock.adobe.com
S. 48: Geschenke © piixypeach - stock.adobe.com
S. 49: Irene © Krakenimages.com - stock.adobe.com; Rabea © Danon - stock.adobe.com; Olaf © Seventyfour - stock.adobe.com
S. 50: Schallplatte © Getty Images/E+/TokenPhoto
S. 51: Irene © Krakenimages.com - stock.adobe.com
S. 53: Irene © Krakenimages.com - stock.adobe.com; A © Getty Images/iStock/adamkaz; B © Getty Images/iStock/StefaNikolic; C © Getty Images/E+/franckreporter; D © Getty Images/iStock/PeopleImages
S. 55: © Danon - stock.adobe.com
S. 57: oben © Danon - stock.adobe.com; unten © Getty Images/E+/skynesher
S. 58: 1. Reihe von links: © ptnphotof - stock.adobe.com; © detailblick-foto - stock.adobe.com; © missty - stock.adobe.com; © mavoimages - stock.adobe.com; 2. Reihe von links: © InsideCreativeHouse - stock.adobe.com; © Getty Images/iStock/jacoblund; © Anton - stock.adobe.com; © Shutterstock.com/Dmytro Zinkevych; 3. Reihe von links: © Drazen - stock.adobe.com; © Krakenimages.com - stock.adobe.com; © Danon - stock.adobe.com
S. 59: oben © Seventyfour - stock.adobe.com; unten © Getty Images/iStock/fizkes
S. 60: oben © Getty Images/E+/kali9
S. 62: © Krakenimages.com - stock.adobe.com
S. 63: Frau © Getty Images/iStock/jacoblund; Mann © Getty Images/E+/Phynart Studio
S. 64: Gehweg © Getty Images/iStock/Evgeni Schemberger; Geschirr © Getty Images/iStock/Ivan Bajic; Robin Gosens © Alamy Stock Photo/MB Media Solutions; Sarah Wiener © Alamy Stock Photo/Panther Media GmbH

Arbeitsbuch
S. 1: Ü1 © Getty Images/iStock/Mystockimages; Ü2 von oben: © pikselstock - stock.adobe.com; © Getty Images/iStock/Nattakorn Maneerat; © contrastwerkstatt – stock.adobe.com; Ü3b © Getty Images/iStock/Sinan Kocaslan
S. 2: Ü4 © Gorilla - stock.adobe.com; Ü5 von oben: © Getty Images/E+/ljubaphoto; © Westend61 - stock.adobe.com; © goodluz - stock.adobe.com; © Minerva Studio - stock.adobe.com; © Rido - stock.adobe.com
S. 3: © sindret - stock.adobe.com
S. 4: oben © Getty Images/iStock/stockfour; unten © Getty Images/E+/alvarez
S. 5: Ü13: Cover Lothar Seiwert „Zeit ist Leben – Leben ist Zeit" mit freundlicher Genehmigung des Heyne Verlags; München; Ü14 von oben: © Getty Images/E+/gradyreese; © Rido - stock.adobe.com; © Getty Images/iStock/FG Trade; © vladdeep - stock.adobe.com; © Getty Images/iStock/mheim3011; © Syda Productions - stock.adobe.com
S. 6: oben © Getty Images/iStock/g-stockstudio; Ü1 © Getty Images/iStock/YakobchukOlena; Ü3 © pressmaster - stock.adobe.com
S. 7: © Getty Images/iStock/Egor Novikov
S. 8: © pkazmierczak - stock.adobe.com
S. 9: Ü3 © CandyBox Images - stock.adobe.com; Ü4 © VadimGuzhva - stock.adobe.com
S. 11: Ü10 © StockPhotoPro - stock.adobe.com; Ü11 © Getty Images/iStock/xeipe
S. 12: oben © daliu - stock.adobe.com; Ü12 © fotolia/BEAUTYofLIFE; Ü14 © Getty Images/E+/AleksandarNakic
S. 13: © Getty Images/iStock/Yelizaveta Tomashevska
S. 14: Ü1 © fotolia/pure-life-pictures; Ü3 © iStock/RossHelen
S. 15: © Getty Images/E+/South_agency
S. 16: oben © Getty Images/E+/MStudioImages; unten © Getty Images/E+/sturti
S. 17: 1. Reihe: links © Getty Images/iStock/DMEPhotography; rechts © Getty Images/E+/NicolasMcComber; 2. Reihe: links © pikselstock - stock.adobe.com; rechts © Thinkstock/iStock/gpointstudio
S. 18: © Getty Images/E+/Ivan Pantic
S. 19: © Getty Images/iStock/doble-d
S. 25: Ü1 © Getty Images/iStock/SolStock; Ü3: Fahnen © Getty Images/iStock/mehmetbuma; Fotos: oben © saksit - stock.adobe.com; unten © exclusive-design - stock.adobe.com
S. 26: Ü5 von oben: © New Africa - stock.adobe.com; © Lindsay_Helms - stock.adobe.com; © Corinna Gissemann - stock.adobe.com;